21世纪高等职业教育创新型精品规划教材(汽车类)

汽车构造与拆装实训教程

Training Course on
Automobile Construction, Disassembly and Assembly

主　编　倪书波
副主编　徐　萌　杨　辉　刘宏峰
参　编　杜晓辉　鲁言超　李维娟　付贺阳
　　　　何　雪　邢福荣　李臣华

天津大学出版社
TIANJIN UNIVERSITY PRESS

内 容 提 要

本书从“汽车构造”课程的主要拆装项目中选取了拆装工量具、发动机部分、底盘部分共二十一个项目。对每个项目不仅介绍了操作过程，而且添加了与本项目相关的理论知识要点。为了教学便利还编写了学生工作页，以提高学生自我学习、自我管理的能力。

本书既可作为职业院校汽车运用与维修专业的教学用书，也可作为职业技能培训的参考书。

图书在版编目(CIP)数据

汽车构造与拆装实训教程/倪书波主编．—天津：天津大学出版社，2010.1(2018.8 重印)

21 世纪高等职业教育创新型精品规划教材．汽车类

ISBN 978-7-5618-3247-9

Ⅰ．汽…　Ⅱ．倪…　Ⅲ．①汽车-构造-高等学校：技术学校-教材②汽车-装配(机械)-高等学校：技术学校-教材　Ⅳ．U463　U472

中国版本图书馆 CIP 数据核字(2009)第 184373 号

出版发行	天津大学出版社
地　　址	天津市卫津路 92 号天津大学内(邮编：300072)
电　　话	发行部：022-27403647
网　　址	publish.tju.edu.cn
印　　刷	北京虎彩文化传播有限公司
经　　销	全国各地新华书店
开　　本	169mm×239mm
印　　张	14.25
字　　数	304 千
版　　次	2010 年 1 月第 1 版
印　　次	2018 年 8 月第 7 次
定　　价	33.00 元

前　　言

近年来，我国的汽车工业飞速发展、汽车保有量持续增加，这对汽车专业技能人才的数量和素质都提出了更高、更新的要求。

“汽车构造”是汽车类专业一门重要的专业核心课程，也是技能训练的首要和基础环节。为了充分体现职业教育办学特色，注重实训教学环节的重要性和动手能力的培养，在编写本书过程中，我们力求体现以下两点原则。

一是以保障教学效率、培养学生的学习能力和操作技能为目标，以理论与实践相结合为原则，合理安排教材的知识结构和技能结构，打破以往“大而全”的模式，将课程内容分成若干模块，对理论知识以够用为度，让学生通过实际拆装，正确认知汽车结构及零件，并通过实训，锻炼学生运用科学的思维方法，综合应用所学知识和技能解决工作岗位和社会活动中遇到的实际问题，以培养其自我学习能力和创新能力，同时培养学生良好的职业道德和职业素养，培养热爱科学、实事求是、严肃认真、一丝不苟的工作作风，良好的团队协作能力和创新能力。

二是力求图文并茂、通俗易懂。每个项目都有明确的教学目标、教学重难点和教学方法，并附有学生工作页，使教师和学生的教学、使用更加容易和方便。

全书共选取了二十一个项目课题，其中包括拆装工量具的认识和使用，发动机部分、底盘部分各具体总成或部件的拆装、调整等内容。

本书由倪书波主编；编写分工为：付贺阳（项目一、十五）、杨辉（项目二、十四）、杜晓辉（项目三、十一、十二、十三）、鲁言超（项目四、五、六）、李维娟（项目七、八、九、十）、邢福荣（项目十六）、何雪（项目十七）、徐萌（项目十八、十九、二十、二十一），由徐萌、杨辉、刘宏峰汇总编纂，倪书波、李臣华审校。

鉴于编者的经验、水平有限，书中难免出现缺点和不足，敬请读者批评指正。

编者

2009 年 6 月

目　　录

项目一　常用的汽车拆装工具

第一步：布置任务

一、项目要求

1. 项目名称

常用的汽车拆装工具。

2. 计划课时

8课时。

3. 器材及工具准备（根据学生分小组情况准备套数）

①常用拆装工具：各种扳手、改锥、手锤、钳子各8套。

②专用工具：活塞环拆装器4个、气门弹簧拆装架4个、拉器4个、滑脂枪4支。

③工装设备：千斤顶4个、汽车举升器4台、起重吊车4辆。

二、教学主要内容及目的

教学内容及目的如下：

①熟悉汽车维修中常用工具、专用工具及工装设备的名称和规格；

②掌握汽车维修过程中工具的正确选用方法；

③了解汽车维修中工具的维护和保养方法。

三、相关知识准备

汽车修理中要使用各种工具，这些工具只有使用得当才能保证工作安全和准确。这就要求学生不仅要了解工具的功能和用法，还要能够正确选择适合的工具，并注意培养良好的工作习惯，例如保持工具放置有序、用后清洁、涂油并放回正确的位置等等。

1. 手动工具

(1)手工工具的类型

1)扳手类

①开口扳手，是最常见的一种扳手，又称呆扳手，如图1-1所示。其开口的中心和本体中心成15°，这样既能适应人手的操作方向，又可降低对操作空间的要求。其规格是以两端开口的宽度S(mm)来表示的，如8×10(mm)、12×14(mm)等。扳手通常是成套装备，有8件一套、10件一套等。扳手用45、50钢锻造，并经热处理而成。

②梅花扳手，其两端是花环式的，其孔壁一般呈6或12边形，可将螺栓和螺母头部套住，扭转力矩大，工作可靠，不易滑脱，携带方便，如图1-2所示。使用时，扳动

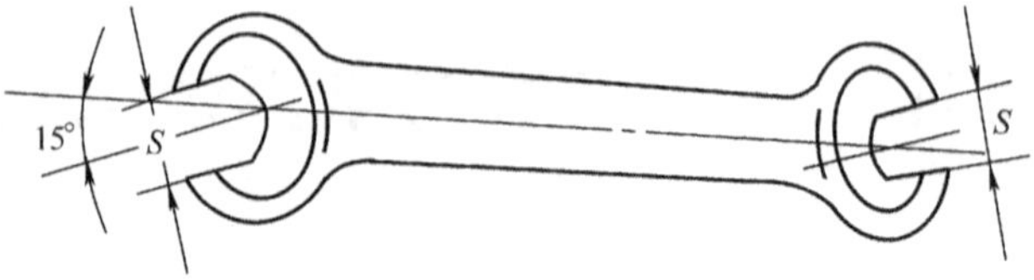

图 1-1　开口扳手

30°后，即可换位再套，因而适用于狭窄场合下操作。与开口扳手相比，梅花扳手强度高，使用时不易滑脱，但套上、取下不方便。其规格以闭口尺寸 S(mm)来表示，如 8×10(mm)、12×14(mm)等。此种扳手也是成套装备，有 8 件一套、10 件一套等。这种扳手用 45 钢或 40Cr 钢锻造，并经热处理制成。

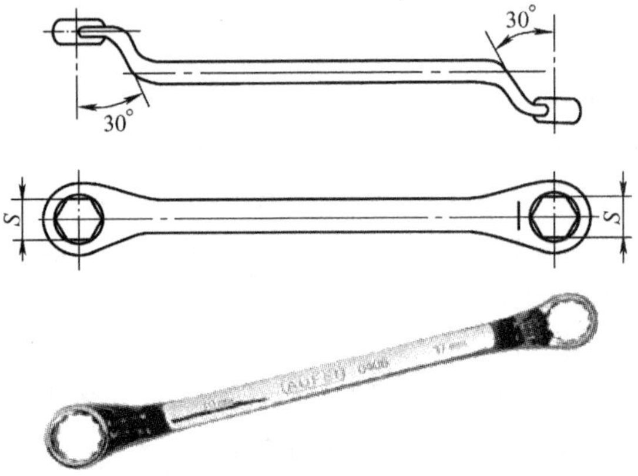

图 1-2　梅花扳手

③套筒扳手，如图 1-3 所示。其制作材料、环孔形状与梅花扳手相同，适用于拆装位置狭窄或需要一定扭矩的螺栓或螺母。套筒扳手由套筒头、滑头手柄、棘轮手柄、快速摇柄、接头和接杆等组成。各种手柄适用于各种不同的场合，以操作方便或提高效率为原则。常用套筒扳手的规格是 10～32 mm。在汽车维修中还采用了许多专用套筒扳手，如火花塞套筒、轮毂套筒、轮胎螺母套筒等，如图 1-4 和图 1-5 所示。

④活动扳手，如图 1-6 所示。其开口尺寸能在一定范围内任意调整，使用场合与开口扳手相同，但操作起来不太灵活。其规格是以长度×最大开口宽度(mm)来表示的，常用的有 250×30(mm)等，通常由碳素钢或铬钢制成。

⑤扭力扳手，它是一种可读出所施扭矩大小的专用工具，如图 1-7 所示。其规格是以最大可测扭矩来划分的，常用的有 294 N·m、490 N·m 两种。扭力扳手除用来控制螺纹件旋紧力矩外，还可以用来测量旋转件的启动转矩，以检查配合、装配情况。

⑥内六角扳手，是用来拆装内六角螺栓(螺塞)的，如图 1-8 所示。规格以六角形对边尺寸表示，有 3～27 mm 13 种。汽车维修作业中使用成套的内六角扳手拆装

M4～M30 的内六角螺栓。

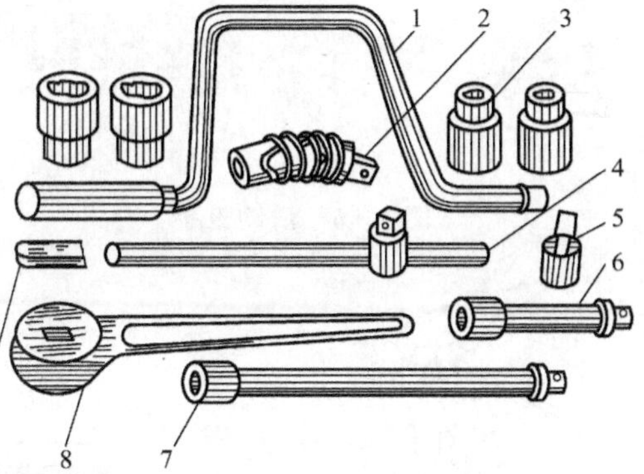

图 1－3　套筒扳手

1—快速摇柄　2—万向接头　3—套筒头　4—滑头手柄

5—旋具接头　6—短接杆　7—长接杆　8—棘轮手柄　9—直接杆

图 1－4　专用套筒

(a)叉形凸缘及转向螺母套筒头　(b)专用套筒头

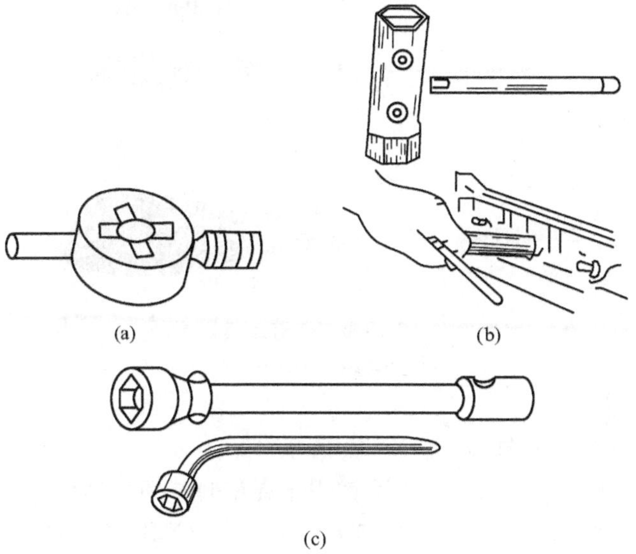

图 1－5　专用套筒扳手

(a)气门芯扳手　(b)轮胎螺栓套筒扳手　(c)火花塞套筒扳手

图 1－6　活动扳手

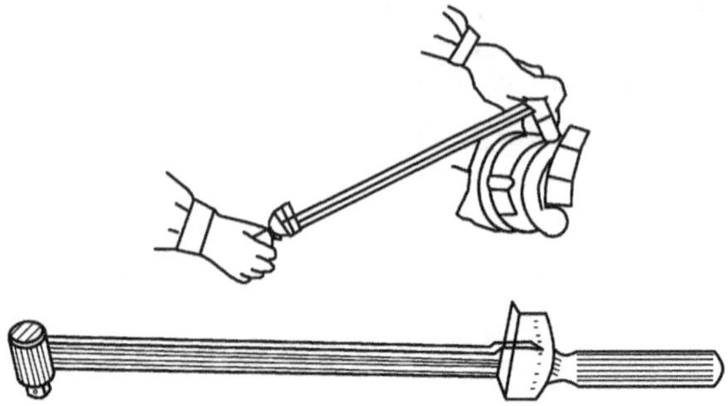

图 1－7　扭力扳手及使用

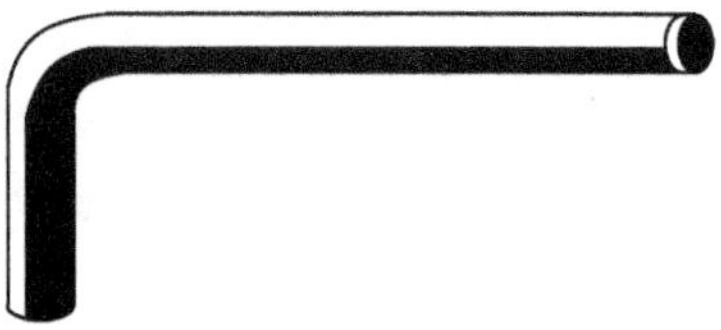

图 1－8　内六角扳手

2)起子(参见图 1－9)

起子有两种:一字起子(平口改锥、一字形螺丝刀、一字形螺钉旋具)和十字形起子(十字改锥、十字槽螺钉旋具)。

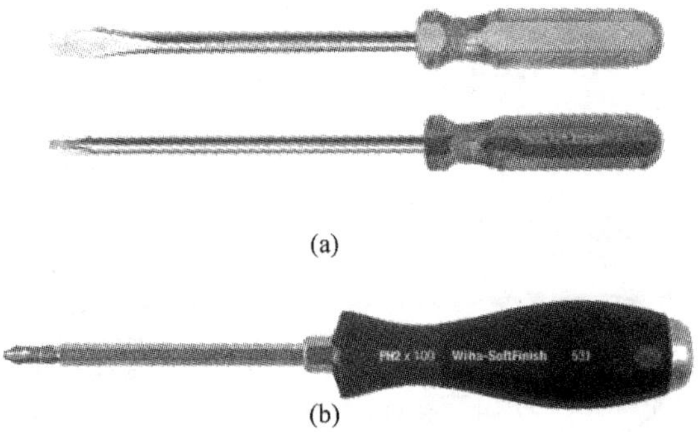

图 1－9　螺钉旋具

(a)一字起子　(b)十字起子

3)手锤和手钳

手锤有钳工锤和圆顶锤,如图 1－10 所示。

手钳如图 1－11 所示。其中,尖嘴钳用于在密封空间里操作或夹小零件;鲤鱼钳夹紧零件时,要用防护布遮盖易损件;剪钳(钳子)用于切割细导线。

(2)手动工具的选用

①选择扳手的优先顺序为套筒扳手、梅花扳手、开口扳手、活动扳手。

②根据工作场所,依次选用棘轮手柄(狭窄空间中用,但扭矩小)、滑动手柄(速度

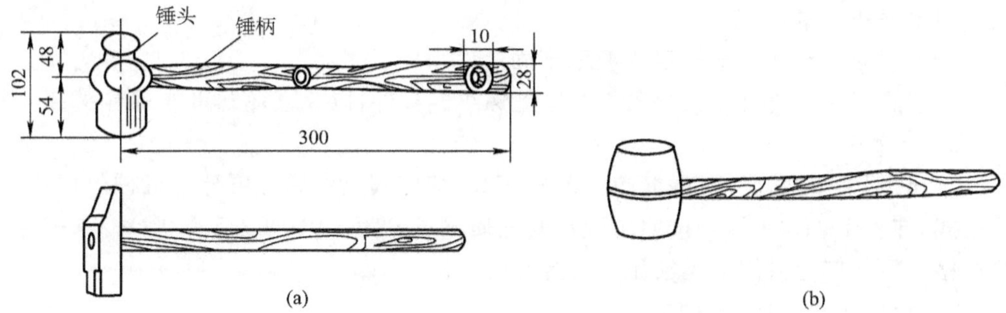

图 1-10　手锤

(a)钳工锤　(b)圆头锤

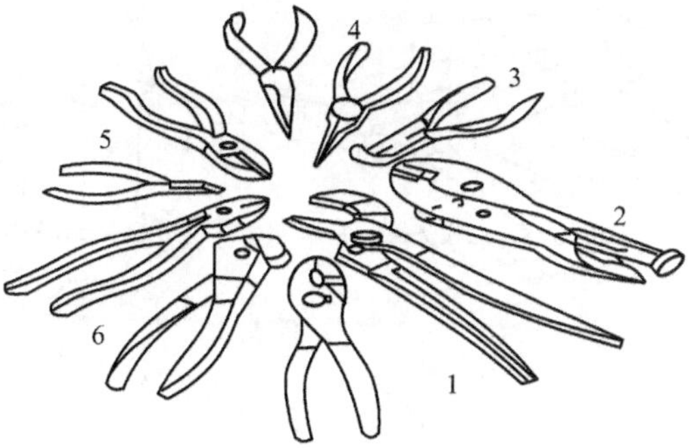

图 1-11　常用钳子类型

1—鲤鱼钳　2—夹紧钳　3—钩钳　4—尖嘴钳　5—组合钢丝钳　6—剪钳

最快)、旋转手柄(能迅速工作,但是很难用于狭窄空间)。

③根据扭矩大小选择:手柄长,用较小的力就能得到较大扭矩;但若用超长手柄,螺栓可能被剪断。

(3)使用注意事项

1)扳手

①选用的扳手的开口尺寸必须与螺栓或螺母的尺寸相符合,扳手开口过大易滑脱并损伤螺件的六角。在进口汽车维修中,应注意扳手公英制的选择。

②为防止扳手损坏和滑脱,应使拉力作用在开口较厚的一边,这一点对受力较大的活动扳手尤应注意。

③通用扳手是按人手的力量来设计的,遇到较紧的螺纹件时,不能用锤击打扳手;除套筒扳手外其他扳手都不能套装加力杆,以防损坏扳手或螺纹连接件。

2)起子

①起子规格的选择以沟槽的宽度为原则。

②使用时,除施加扭力外,还应施加适当的轴向力,以防脱滑损伤零件。

③不可以带电操作。

④不可用起子撬任何物品。

3)手锤和手钳

①手锤的锤头和锤把一定要楔塞牢固。

②切忌用手钳代替扳手松紧 M5 以上螺纹连接件,以免损坏螺母或螺栓头部。

2. 千斤顶

千斤顶是一种最常用、最简单的起重工具,按照其工作原理可分为机械丝杆式和液压式,如图 1-12 所示。按照所能顶起的质量可分为 3 000 kg、5 000 kg、9 000 kg 等规格。目前广泛使用的是液压式千斤顶。

(1)液压式千斤顶使用方法

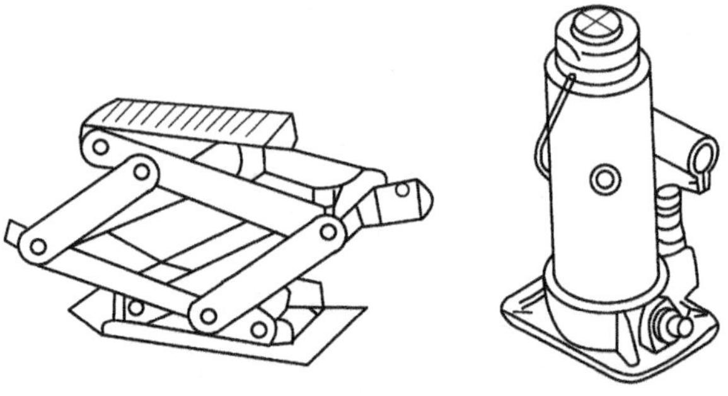

(a) (b)

图 1-12 千斤顶

(a)机械丝杆式 (b)液压式

①起顶汽车前,应把千斤顶顶面擦拭干净,拧紧液压开关,把千斤顶放置在被顶部位的下部,并使千斤顶与被顶部位相互垂直,以防千斤顶滑出而造成事故。

②旋转顶面螺杆,改变千斤顶顶面与被顶部位的原始距离,使起顶高度符合汽车需要的顶置高度。

③用三角形垫木将汽车着地车轮前后塞住,防止汽车在起顶过程中发生滑溜事故。

④用手上下压动千斤顶手柄,被顶汽车逐渐升到一定高度,在车架下放入搁车凳(禁止用砖头等易碎物支垫汽车)。落车时,应先检查车下是否有障碍物,并确保操作人员的安全。

⑤徐徐拧松液压开关,使汽车缓慢、平稳地下降,架稳在搁车凳上。

(2)液压千斤顶使用注意事项

①汽车在起顶或下降过程中,禁止在汽车下面作业。

②应徐徐拧松液压开关,使汽车缓慢下降,否则易发生事故。

③在松软路面上使用千斤顶起顶汽车时,应在千斤顶底座下加垫一块有较大面积且能承受压力的材料(如木板等),防止千斤顶由于汽车重压而下沉。千斤顶与汽车接触位置要正确、牢固。

④千斤顶把汽车顶起后,当液压开关处于拧紧状态时,若发生自动下降故障,则

应立即查找原因，及时排除故障后方可继续使用。

⑤发现千斤顶缺油时，应及时补充规定的油液（不能用其他油液或水代替）。

⑥千斤顶不能用火烘烤，以防皮碗、皮圈损坏。

⑦千斤顶必须垂直放置，以免因油液渗漏而失效。

3. 汽车举升器

为了改善劳动条件，增大作业空间，汽车举升器在汽车维修中使用日益广泛。汽车举升器按立柱数可分为单立柱式、双立柱式和四立柱式（图 1－13）；按结构特点可分为电动机械举升器和电动液压举升器。

图 1－13　四立柱式举升器

汽车举升器使用注意事项如下。

①车辆的总质量不能大于举升器的起升能力。

②根据车型和停车位置的不同，尽量使汽车的重心与举升器的重心相接近；严防偏重，为了打开车门，汽车与立柱间应留有一定的距离。

③转动、伸缩、调整举升臂至汽车底盘指定位置并接触牢靠。

④汽车举升前，操作人员应检查汽车周围人员的动向，防止意外事故发生。

⑤汽车举升时，要在汽车离开地面较低位置进行反复升降，无异常现象时方可举升至所需高度。

⑥汽车举升后，应落槽于棘牙之上并立即进行锁紧。

4. 起重吊车（图 1－14）

（1）吊车的类型

常用的吊车有门式、悬臂式、单轨式和梁式 4 种类型。在汽车拆装实训中使用最多的是悬臂式吊车，它分为机械式和液压式两大类。

①机械式悬臂吊车：通过手柄转动绞盘和棘轮，收缩或放长铁链使重物上升或下降，可作短距离移动。

②液压式悬臂吊车：起吊时，由于油泵的作用，使压力油进入工作油缸内，推动顶杆外移，使重物起吊；打开放油阀，工作缸内的油流回油箱，压力降低，使重物下降。

（2）吊车使用注意事项

①吊运的重物不允许超过额定载荷。

(a)　　　　　　　　(b)

图 1－14　起重吊车

(a)机械式悬臂吊车　(b)手动液压式吊车

②钢丝绳及绳扣应安装牢固。

③吊件应尽量靠近地面，以减小晃动。下放吊件时，要平稳，不可过急。

④严禁用吊车拖拉非起吊范围内的吊件。

5. 专用工具

活塞环拆装钳是一种专门用于拆装活塞环的工具，如图 1－15 所示。维修发动机时，必须使用活塞拆装钳拆装活塞环。

使用活塞环拆装钳时，将拆装钳上的环卡卡住活塞环开口，握住手把稍稍均匀地用力，使拆装钳手把慢慢地收缩，环卡将活塞环徐徐地张开，使活塞环能从活塞环槽中取出或装入。

使用活塞环拆装钳拆装活塞环时，用力必须均匀，避免用力过猛而导致活塞环折断，同时还能避免伤手事故。

6. 气门弹簧拆装架

气门弹簧拆装架是一种专门用于拆装顶置气门弹簧的工具，如图 1－16 所示。使用时，将拆装架托架抵住气门，压环对正气门弹簧座，然后压下手柄，使得气门弹簧被压缩。这时可取下气门弹簧锁销或锁片，慢慢地松抬手柄，即可取出气门弹簧座、气门弹簧和气门等。

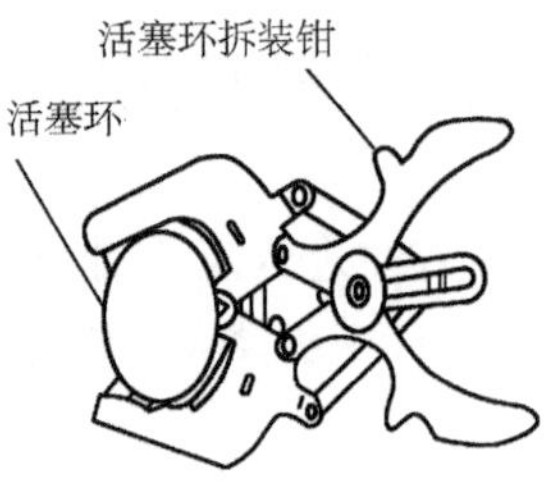

图 1－15　活塞环拆装钳

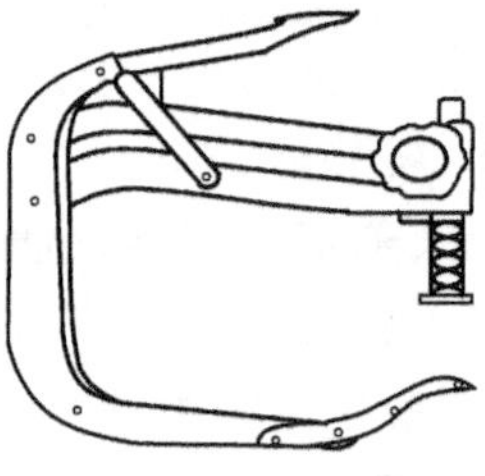

图 1－16　气门弹簧拆装架

7. 拉器

拉器是用于拆卸以过盈配合安装在轴上的齿轮或轴承等零件的专用工具。常用拉器为手动式，在一杆式弓形叉上装有压力螺杆和拉爪。使用时，在轴端与压力螺杆之间垫一垫板，用拉器的拉爪拉住齿轮或轴承，然后拧紧压力螺杆，即可从轴上拉下齿轮等过盈配合安装零件，如图 1－17 所示。

8. 滑脂枪

滑脂枪又称黄油枪(图 1－18)，是一种专门用来加注润滑脂(黄油)的工具。使用方法如下。

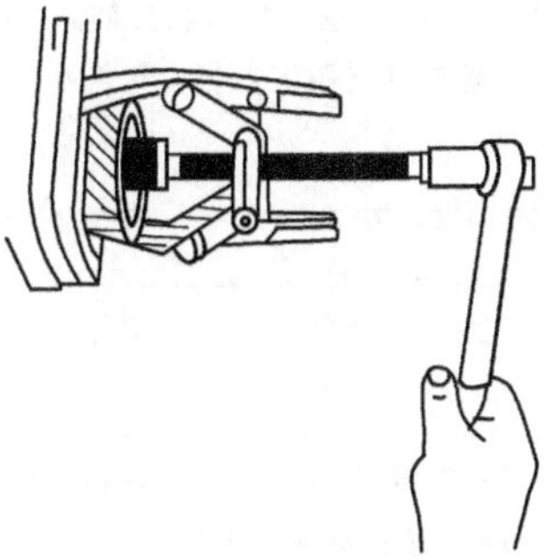

图 1－17　拉器

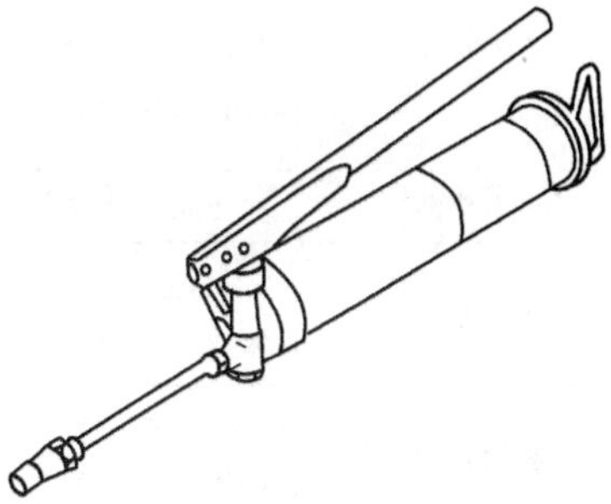

图 1－18　黄油枪

(1)填装黄油

①拉出拉杆使柱塞后移，拧下滑脂枪缸筒前盖。

②把干净黄油分成团状，徐徐装入缸筒内，且使黄油团之间尽量相互贴紧，便于将缸筒内的空气排出。

③装回前盖，推回拉杆，柱塞在弹簧作用下前移，使黄油处于压缩状态。

(2)注油方法

①把滑脂枪接头对正被润滑的黄油嘴(滑脂嘴)，直进直出，不能偏斜，以免影响黄油加注，减少润滑脂的浪费。

②注油时，如注不进油，应立即停止，并查明堵塞的原因，排除后再进行注油。

(3)加注润滑脂时，不进油的原因

①滑脂枪缸筒内无黄油或压力缸筒内的黄油间有空气。

②滑脂枪压油阀堵塞或注油接头堵塞。

③滑脂枪弹簧过软而造成弹力不足，或弹簧折断而失效。

第二步：制订计划

教师辅助学生以小组方式，根据课时、人数及教学任务，由学生自己进行信息收集(通过专业书籍或网络等各种途径查找相关知识资料，或学习本项目的相关知识)，讨论并制订出本项目中课题的工作计划。

例如：

<table>
<tr><td rowspan="2">受众分析</td><td>年级</td><td>二年级</td><td>专业</td><td>汽车制造与装配</td><td>人数</td><td>40人/班</td></tr>
<tr><td>学生知识结构</td><td colspan="5">①有一定的逻辑思维能力和计算能力；
②接受了安全操作教育；
③掌握了本项目的理论知识；
④具有自学能力</td></tr>
<tr><td rowspan="10">制订计划</td><td rowspan="3">教师布置课题分组</td><td>组别</td><td>课　题</td><td>课时</td><td>人数</td><td>组长</td></tr>
<tr><td>1</td><td>常用拆装工具</td><td>4</td><td>20</td><td></td></tr>
<tr><td>2</td><td>专用工具、工装设备</td><td>4</td><td>20</td><td></td></tr>
<tr><td>学生计划</td><td colspan="5">学生根据自己本组的课题采用各种途径进行信息收集，制订练习计划以及小组的任务分配和轮岗时间。例如：学生根据工具使用练习板自行选择工具，并进行扭转练习、举升器的使用练习</td></tr>
<tr><td>学生讲解</td><td colspan="5">每组学生选派一人讲解本组计划</td></tr>
<tr><td>教师辅助</td><td colspan="5">教师评价各个计划的可实施性，对不可实施的计划教师提出意见，由学生进行修改，再评价、再修改直到可以实施</td></tr>
<tr><td>实操指导</td><td colspan="5">学生根据自己的计划进行工作，教师观察其操作情况并作指导，及时纠正错误的操作。根据各组的不同情况有针对性地作进一步深入讲解</td></tr>
<tr><td>岗位轮换</td><td colspan="5">教师控制整个项目的课时，每组课时结束进行课题轮换。每组组长根据自己的课题课时控制小组内的岗位轮换时间。每组学生可根据自己的题目再进行分组，但必须选出小组长</td></tr>
<tr><td>备注</td><td colspan="5"></td></tr>
</table>

第三步：实施课题任务

学生根据计划完成自己的任务，教师巡视并作指导。

(1)学生根据练习板上不同螺栓和螺母形状选择工具。

(2)学生利用扭矩扳手进行扭矩练习，并用普通扳手达到规定扭矩的练习。

(3)教师给一组扭矩值和不同螺栓、螺母，抽查学生练习情况。

(4)每位同学拆装一道活塞环、一个气门以考核活塞环拆装钳、气门弹簧拆装架的使用情况。

(5)正确使用千斤顶，将汽车车桥顶起，并可靠支撑。

第四步：检查实训过程

①教师根据实训内容可先进行演示教学，或者进行操作步骤讲解。学生进行实际操作时，教师巡视检查学生操作情况，及时指出学生的操作错误或注意事项。

②学生在操作时，同组成员可观察操作情况并互相提醒，操作的同学可随时查看工作计划或工作页，做到自我检查，保证操作的规范性和准确性。

③学生计划完成后，首先要进行自检，小组成员对本次任务进行评价，然后教师检查学生的完成效果。

第五步：评价总结阶段

一、自我评价

学生自我评价，同时对组内其他同学提出问题，交流心得，并按标准实施各种方式的考核。

二、课题考核

1. 考核要求

①能够快速、准确地选择各种类别、型号的工具，并能够正确地运用。

②使用中工具摆放整齐有序，使用结束及时清点擦拭工具。

2. 考核

(1)操作考核(60 min)

具体考核内容及配分评分标准如下所示。

序号	考核项目	配分	考核内容	评分标准	扣分	得分	备注
1	操作准备	10	工具结构原理的熟练程度	出现问题酌情扣分			
			工具的认知程度	出现问题酌情扣分			
			工具整理及工位整洁情况	出现问题酌情扣分			
2	工作态度	20	迟到、早退、旷课	迟到早退每次扣5分，旷课一节扣20分			
			嬉戏打闹	出现问题酌情扣分			
			认真、严谨、团结、协作	出现问题酌情扣分			
3	操作过程	50	正确选择工具类别、型号	选择错误扣10分			因违规操作发生重大人身和设备事故，此题按0分计
			操作规范、合理有序	每项扣3分			
			操作安全	出现问题酌情扣分			

续表

序号	考核项目	配分	考核内容	评分标准	扣分	得分	备注
4	操作结果	20	任务完成时间	出现问题酌情扣分			
			任务完成质量	出现问题酌情扣分			
5	分数合计	100					

(2)理论考核(45 min)

①常用扳手有哪几种？在使用上有何区别？其规格各应如何表示？(30 分)

②常用的钳子有哪几种？各有何用途？(15 分)

③液压千斤顶如何使用？(15 分)

④车用举升器的类型有哪些？应如何使用？(15 分)

⑤专用拆装工具有哪些？有何用途？(25 分)

项目二　常用的汽车拆装量具

第一步：布置任务

一、项目要求

1. 项目名称

常用的汽车拆装量具。

2. 计划课时

8 课时。

3. 器材及工具准备(根据学生分小组情况准备套数)

各种规格型号的游标卡尺、卡钳、百分表、内径百分表、弹簧秤、塞尺、千分尺、钢板尺各 10 套(规格尽量齐全)。

二、教学主要内容及目的

教学内容及目的如下：

①熟悉汽车维修中常用量具的名称、规格和工作原理；

②掌握汽车维修过程中量具的正确使用方法和读数方法；

③了解汽车维修中常用量具的维护和存放方法。

三、相关知识准备

汽车修理时需要使用各种量具,这些量具只有使用得当才能保证工作安全和测量准确。因此不仅要了解量具的功能和用法,还要能根据测量对象和其他条件,正确选择合适的量具,并应注意培养良好的工作习惯。例如,保持量具放置有序、用后清洁、涂油并放回正确的位置等。

1. 基本测量原则

为了实现正确可靠的测量,在实际测量中,应尽可能遵守以下基本测量原则。

①阿贝原则。被测尺寸线应与标准尺寸线相重合或在其延长线上,否则将会带来较大的测量误差。

②最小变形原则。测量器具与被测零件都会因实际温度偏离标准温度和受力(重力和测量力)而产生变形,形成测量误差。测量中考虑最小变形原则着重在测量力引起的接触变形、自重变形、热变形。

③最短测量链原则。为保证一定的测量准确度,测量链的环节应该最少,即测量链最短,可使总的测量误差控制在最小的程度。

④基准统一原则。测量基准要与加工基准和使用基准统一。即工序测量应以工艺基准作为测量基准,终结测量应以设计基准作为测量基准。

2. 测量器具的主要技术性能指标

①量具的标称值。即标注在量具上用以标明其特性或指导其使用的量值。如标在量块上的尺寸、标在刻线尺上的尺寸等。

②量程。测量仪表或仪器所能测试各种参数的范围。量程大的仪器使用起来比较方便,但仪器的线性误差将随之变大,使仪器的准确度下降。

③灵敏度。测量器具对被测量值变化的反应能力称为灵敏度。

④测量力。测量时,大部分计量器具的测量头都需要加一定的压力来与被测量面(或线、点)相接触才能进行测量,这个压力就叫做测量力。测量力及其变动会影响测量结果的精度。因此,绝大多数采用接触测量法的测量器具,都具有测量力稳定机构。

⑤示值误差。计量器具指示出来的测量值与被测量值的实际数值之差,称为示值误差。例如用百分尺测量轴的直径得读数值为 41.675 mm,而其真值为 41.678 mm,则百分尺的示值误差等于 41.675－41.678＝－0.003 mm。

⑥回程误差。测量器具对同一个尺寸进行正向和反向测量时,由于结构上的原因,其指示值不可能完全相同,这种误差称做回程误差。该项误差是由于测量器具中测量系统的间隙、变形和摩擦等原因引起的。

3. 常用量具

(1) 钢板尺

钢直尺是一种最简单的长度量具,它的长度有 150 mm、300 mm、500 mm 和 1 000 mm四种规格,其中 150 mm 规格钢直尺外形如图 2－1 所示。一般分度值为 1 mm,标度单位为 cm,读数时可以准确读到 mm 位,mm 位以下的数值是估计值。合格的钢直尺必须符合表2－1的规定。

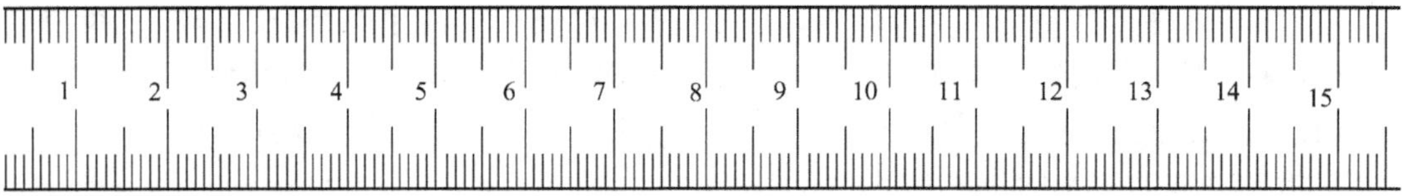

图 2－1　150 mm 钢直尺

表 2－1　钢直尺规格

钢直尺规格(mm)	150	300	500	1 000
允许误差(mm)	±0.1		±0.15	±0.2

钢直尺可用于测量零件的长度、螺距、宽度、内外孔直径、深度以及零件加工时的画线等。如果用钢直尺直接去测量零件的直径尺寸(轴径或孔径),则测量精度较低。其原因是:除了钢直尺本身的读数误差比较大以外,还由于钢直尺无法正好放在零件直径的正确位置。所以,零件直径尺寸的测量,最好利用钢直尺和内外卡钳配合起来进行。

钢板尺使用注意事项如下:

①尽量使待测物贴近钢尺的刻度线,读数时视线要垂直钢尺(图 2－2);

②一般不要用钢尺的端点作为测量的起点，因为端边易受磨损而给测量带来误差；

③钢尺的刻度可能不够均匀，在测量时要选取不同起点进行多次测量，然后取平均值。

图 2-2　正确的钢直尺读数方法

(2)卡钳

卡钳是间接读数量具。按用途不同，卡钳分为内卡钳和外卡钳两种；按结构不同，卡钳又分为紧轴式卡钳和弹簧式卡钳两种。图 2-3 是常见的两种内、外卡钳。内卡钳是用来测量内径和凹槽的，外卡钳是用来测量外径和平行面的。它们本身都不能直接读出测量结果，而是把测量得的长度尺寸（直径也属于长度尺寸），在钢直尺上进行读数(图 2-4)，或在钢直尺上先取下所需尺寸，再去检验零件的直径是否符合要求。

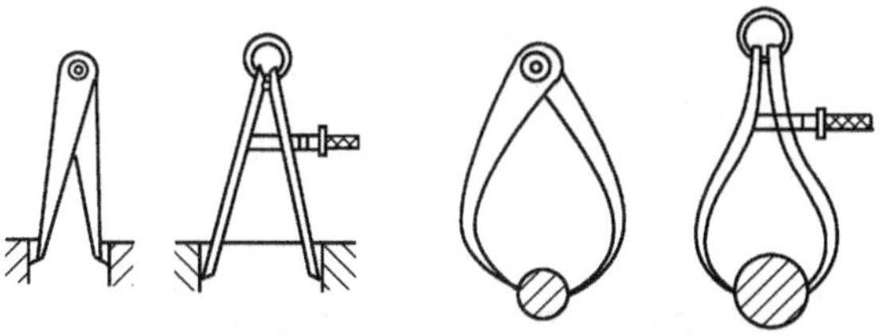

(a)　(b)

图 2-3　常用卡钳类型

(a)内卡钳　(b)外卡钳

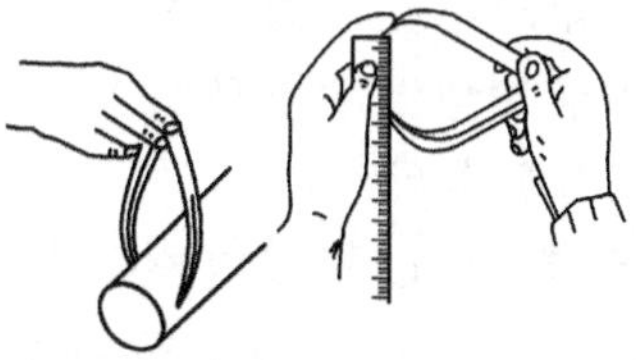

图 2-4　卡钳的使用

测量时操作卡钳的方法对测量结果影响很大。正确的操作方法是：用内卡钳时，用拇指和食指轻轻捏住卡钳的销轴两侧，将卡钳送入孔或槽内。用外卡钳时，右手的中指挑起卡钳，用拇指和食指撑住卡钳的销轴两边，使卡钳在自身的重量下两量爪滑过被测表面。卡钳与被测表面的接触情况，凭手的感觉。手有轻微感觉即可，不宜过松，也不要用力使劲卡卡钳。

使用大卡钳时，要用两只手操作，右手握住卡钳的销轴，左手扶住一只量爪进行测量。

测量轴类零件的外径时，须使卡钳的两只量爪垂直于轴心线，即在被测件的径向平面内测量。测量孔径时，应使一只量爪与孔壁的一边接触，另一量爪在径向平面内左右摆动找最大值。

校好尺寸后的卡钳应轻拿轻放，以防止尺寸变化。把量得的卡钳放在钢直尺、游标卡尺或千分尺上量取尺寸。测量精度要求高的用千分尺，一般用游标卡尺，测量毛坯之类的用钢直尺校对卡钳即可。

卡钳使用注意事项如下：

①改变卡钳两脚尖之间的微小距离时，不要直接用手拉动。可把卡钳的某一脚在较硬的物体上轻轻敲动即可(增大间距，敲内侧；减小间距，敲外侧)；

②从圆筒上取下卡钳时，必须小心操作，不能用力和震动，以防两脚尖之间的距离发生改变而增大测量误差。

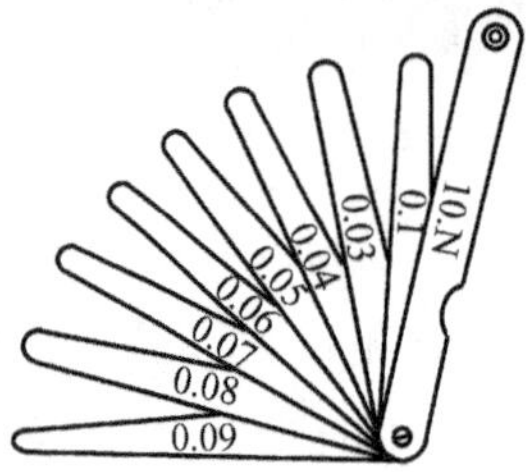

图 2-5　塞尺

(3)塞尺

塞尺又称厚薄规，主要用来检验活塞与汽缸、活塞环槽和活塞环、气门间隙、齿轮啮合间隙等两个结合面之间的间隙大小。塞尺是由许多厚薄不一的薄钢片组成(图 2-5)，每把塞尺中的每片具有两个平行的测量平面，且都有厚度标记，以供组合使用。

测量时，根据结合面间隙的大小，用一片或数片重叠在一起塞进间隙内。例如用 0.04 mm 的一片能插入间隙，而 0.05 mm 的一片不能插入间隙，这说明间隙在 0.04～0.05 mm 之间，所以塞尺也是一种界限量规。

塞尺使用注意事项如下：

①根据结合面的间隙情况选用塞尺片数，但片数越少越好；

②测量时不能用力太大，以免塞尺弯曲和折断；

③不能测量温度较高的工件。

(4) 游标卡尺

游标卡尺可以测量内外尺寸、深度、孔距、环行壁厚和沟槽，其精度分 0.10 mm、0.05 mm、0.02 mm 三种，测量范围有 0～125 mm、0～150 mm、0～200 mm、0～300 mm等。游标卡尺结构如图 2-6 所示。

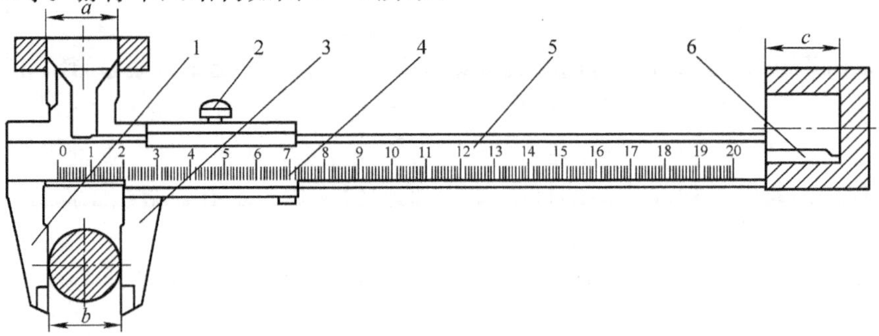

图 2-6　游标卡尺

a—测量内表面尺寸　*b*—测量外表面尺寸　*c*—测量深度尺寸

1—尺框　2—固定螺钉　3—内外量爪　4—游标　5—尺身　6—深度尺

游标卡尺读数方法如下。

①先读整数——看游标零线的左边，主尺上与游标零线最近的一条刻线的数值，即被测尺寸的整数部分。

②再读小数——看游标零线的右边，游标第 n 条刻线与主尺刻线对齐，则被测尺寸的小数部分为 $n \times i$，其中 i 为分度值。(简单判断游标卡尺分度值方法为先确定游标上的格数 n(可直接读出)，分度值等于游标格数的倒数，即 $i=1/n$)

③得出被测尺寸——整数部分＋小数部分。

例：读出图 2－7 游标卡尺的读数。

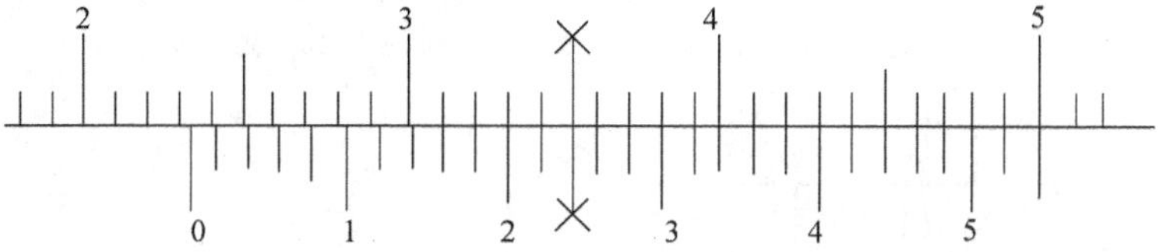

图 2－7　游标卡尺(0.02 mm)的读数

整数部分为 23 mm；小数部分为 12×0.02＝0.24 mm；则被测尺寸为 23＋0.24＝23.24 mm。

游标卡尺使用注意事项如下。

①使用前，应先将游标卡尺的卡口合拢，检查游标尺的零线和主刻度尺的零线是否对齐。若对不齐说明卡口有零误差，应调零。

②推动游标刻度尺时，不要用力过猛，卡住被测物体时应松紧适当，更不能卡住物体后再移动物体，以防卡口受损。

③用完后两卡口要留有间隙，绝不可将副尺固定螺丝锁定，然后将游标卡尺放入包装盒内，而不能随便放在桌上，更不能放在潮湿的地方。

(5)千分尺(螺旋测微器)

千分尺是一种比游标卡尺更精密的量具，测量精度为 0.01 mm。千分尺的测微螺杆的移动量为 25 mm，所以千分尺的测量范围一般为 25 mm。为了使千分尺能测量更大范围的长度尺寸，以满足工业生产的需要，千分尺的尺架做成各种尺寸，以形成不同测量范围的千分尺。测量范围有 0～25 mm、25～50 mm、50～75 mm 等规格。常用的千分尺分为外径千分尺(图 2－8)和内径千分尺(图 2－9)。

它主要由尺架、测量装置、测力装置和锁紧装置等组成。一般千分尺均附有调零的专用小扳手，测量下限不为零的千分尺还附有用于调整零位的标准棒。

外径千分尺的读数方法如图 2－10 所示。外径千分尺固定套管上有两组刻线，两组刻线之间的横线为基线，基线以下为毫米刻线，基线以上为半毫米刻线；活动套管上沿圆周方向有 50 条刻线，每一条刻线表示 0.01 mm。

测量时，读数方法分三步。

①先读出固定套管上露出刻线的整毫米数和半毫米数(0.5 mm)(注意看清露出的是上方刻线还是下方刻线，以免相差 0.5 mm)。

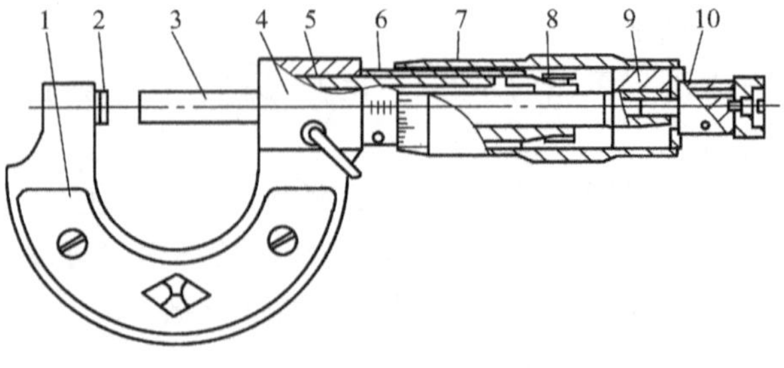

图 2-8　外径千分尺

1—尺架　2—砧座　3—测微螺杆　4—锁紧装置　5—螺纹轴套
6—固定套管　7—微分筒　8—螺母　9—接头　10—测力装置

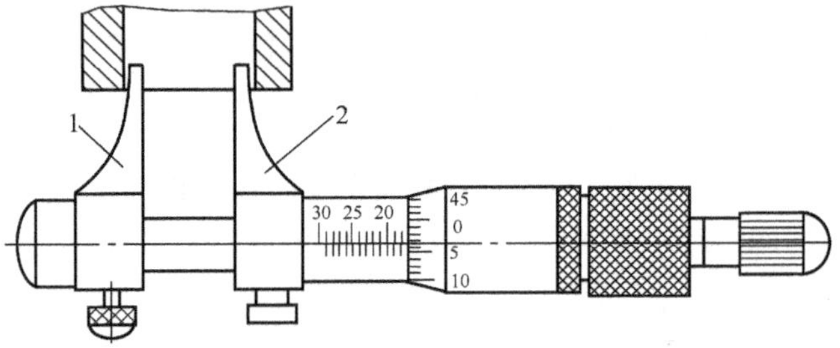

图 2-9　内径千分尺

1—尺框　2—量尺

②看准微分筒上哪一格与固定套管纵向刻线对准，将刻线的序号乘以0.01 mm，即为小数部分的数值。

③上述两部分读数相加，即为被测工件的尺寸。

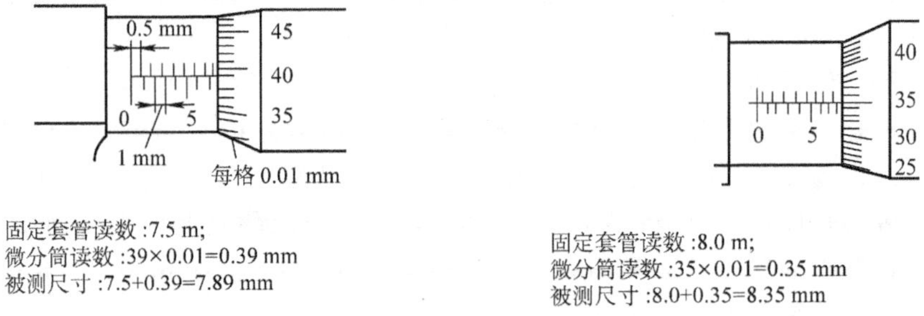

图 2-10　外径千分尺的读数方法

千分尺使用注意事项如下。

①校对零点。将砧座与螺杆接触，看圆周刻度零线是否与纵向中线对齐，且微分筒左侧棱边与尺身的零线重合，如有误差应调整。

②合理操作。手握尺架，先转动微分筒，当测量螺杆快要接触工件时，必须使用端部棘轮，严禁再拧微分筒。当棘轮发出嗒嗒声时应停止转动。

③防止回程误差。由于螺丝和螺母不可能完全密合，螺旋转动方向改变时它的接触状态也改变，两次读数将不同，由此产生的误差叫回程误差。为防止此误差，测

量时应向同一方向转动，使十字线和目标对准，若移动十字线超过了目标，就要多退回一些，重新再向同一方向转动。

(6) 百分表

百分表常用来测量机器零件的各种几何形状偏差和表面相互位置偏差，也可测量工件的长度尺寸。其具有外廓尺寸小、重量轻和使用方便等特点。百分表的结构如图 2-11 所示。

其工作原理是将测量杆的直线位移，经过齿条和齿轮传动转变为指针的角位移。百分表的刻度盘圆周刻成 100 等分，其分度值为 0.01 mm，当大指针转动 1 周，则测杆的位移为 1 mm，表盘和表圈是一体的，可任意转动，以便使指针对零位，小指针用以指示大指针的回转圈数。常见百分表的测量范围为 0～3 mm、0～5 mm 和 0～10 mm等。

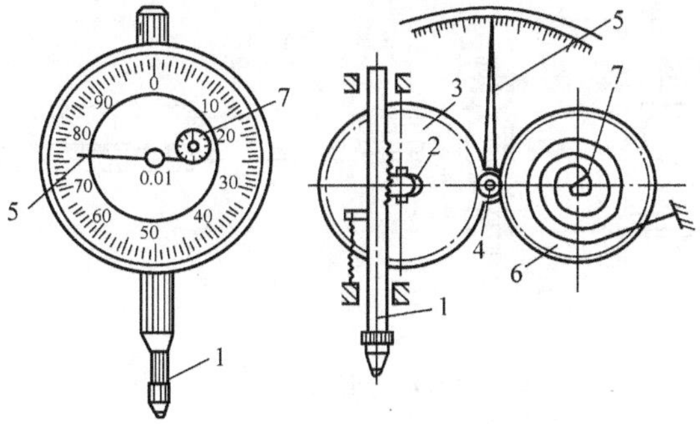

图 2-11 百分表的结构

1—测量杆 2、4—小齿轮 3、6—大齿轮 5—大指针 7—小指针

在使用时，百分表一般要固定在表架上，如图 2-12 所示。用百分表进行测量时，必须首先调整表架，使测杆与零件表面保持垂直接触且有适当的预缩量，并转动表盘使指针对正表盘上的“0”刻度线；然后按一定方向缓慢移动或转动工件，测杆则会随零件表面的移动自动伸缩。测杆伸长时，表针顺时针转动，读数为正值；测杆缩短时，表针逆时针转动，读数为负值。

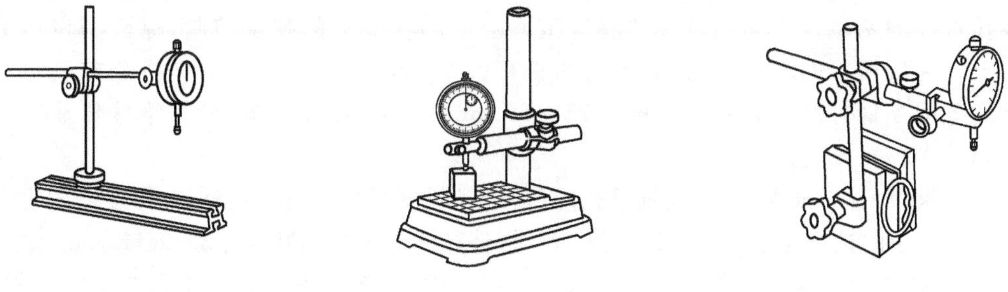

(a) (b) (c)

图 2-12 安装在专用夹持架上的百分表

(a)普通表座 (b)万能表座 (c)磁力表座

百分表使用注意事项如下。

①使用前，应检查测量杆活动的灵活性。

②要严格防止水、油和灰尘渗入表内，测量杆上也不要加油，免得粘有灰尘的油污进入表内，影响表的灵活性。

③不使用时，应使测量杆处于自由状态，避免表内的弹簧失效。如内径百分表上的百分表，不使用时，应拆下来保存。

(7) 内径百分表(又称量缸表)

内径百分表是内量杠杆式测量架和百分表的组合，它是用比较法来测量孔径及其几何形状偏差的。其主要是用来测量汽缸的尺寸精度和形状精度，也可以用来测量轴孔。

内径百分表测量架的内部结构，由图 2－13 可见。在三通管 3 的一端装着活动

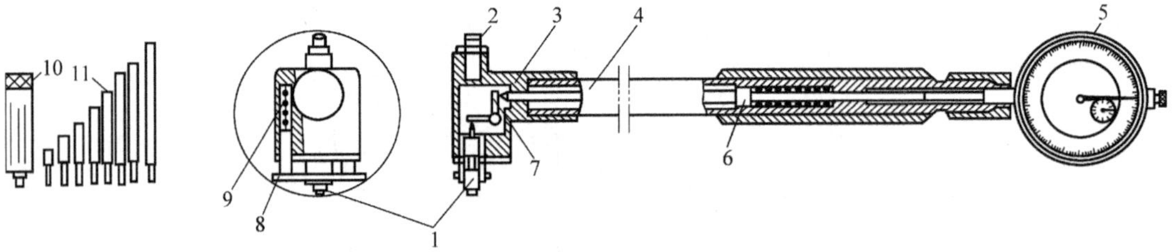

图 2－13　内径百分表

1—活动测量头　2—可换测量头　3—三通管　4—连杆　5—百分表　6—活动杆

7—杠杆　8—定心护桥　9—弹簧　10—加长接杆　11—接杆

测量头 1，另一端装着可换测量头 2，垂直管口一端，通过连杆 4 装有百分表 5。活动测量头 1 的移动，使传动杠杆 7 回转，通过活动杆 6 推动百分表的测量杆，使百分表指针产生回转。由于杠杆 7 的两侧触点是等距离的，当活动测量头移动 1 mm 时，活动杆也移动 1 mm，推动百分表指针回转一圈。所以，活动测量头的移动量，可以在百分表上读出来。两触点量具在测量内径时，不容易找正孔的直径方向，定心护桥 8 和弹簧 9 就起了一个帮助找正直径位置的作用，使内径百分表的两个测量头正好在内孔直径的两端。活动测量头的测量压力由活动杆 6 上的弹簧控制，保证测量压力一致。为测量不同缸径，常备有不同的接杆及加长接杆。量缸表的规格是按测量直径的范围来划分的，如 18～35 mm、35～50 mm、50～160 mm 等，汽车维修作业中常用 50～160 mm 这种。

测量时，首先根据汽缸(或轴承孔)直径选择长度尺寸合适的接杆，并将接杆固定在量缸表下端的接杆座上；然后校正量缸表，将外径千分尺调到被测汽缸(或轴承孔)的标准尺寸，再将量缸表校正到外径千分尺的尺寸，并使伸缩杆有 2 mm 左右的压缩行程，旋转表盘使指针对准零位后即可进行测量(如图 2－14)。

注意：测量过程中，必须前后摆动量缸表以确定读数最小时的直径位置，同时还应在一定角度内转动量缸表以确定读数最大时的直径位置。

(8)弹簧秤(弹簧测力计)

弹簧秤是利用弹簧的形变与外力成正比的关系制成的测量作用力大小的装置。

弹簧秤分压力和拉力两种类型。压力弹簧秤的托盘承受的压力等于物体的重力,秤盘指针旋转的角度指示所受压力的数值。拉力弹簧秤的下端和一个钩子连在一起(这个钩子是与弹簧下端连在一起的),弹簧的上端固定在壳顶的环上。将被测物挂在钩上,弹簧即伸长,而固定在弹簧上的指针随着下降。由于在弹性限度内,弹簧的伸长与所受之外力成正比,因此作用力的大小或物体重力可从弹簧秤的指针指示的外壳上的标度数值直接读出。

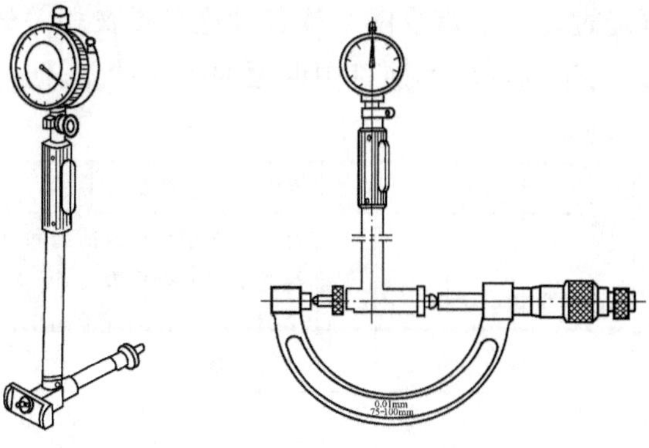

(a)　　　(b)

图 2-14　内径百分表的使用

(a)内径百分表　(b)用外径千分尺调整尺寸

弹簧秤使用注意事项如下:

①在使用时应注意所测的重力或力不要超过弹簧秤的量度范围;

②检查在弹簧秤未挂物体时指针是否指在零刻度,若不在零刻度可进行修正;

③未挂物体前,最好轻轻地来回拉动挂钩几次,防止弹簧指针卡在外壳上;

④勿使弹簧和指针跟外壳摩擦,以免误差过大。

4. 量具的维护和保养

量具是用来测量工件尺寸的工具,在使用过程中应加以精心的维护与保养,才能保证零件测量精度,延长量具的使用寿命。

①在使用前应擦干净,用完后必须拭洗干净、涂油并放入专用量具盒内。

②量具在使用过程中,应放在规定的地方,不要与工具、刀具等堆放在一起,避免碰伤量具。

③量具是测量工具,绝对不能作为其他工具的代用品。

④不能用精密量具去测量毛坯尺寸、运动着的工件或温度过高的工件,测量时用力要适当。

⑤量具如有问题,不能私自拆卸修理,应由实习指导教师处理。精密量具必须定期送计量部门鉴定。

第二步:制订计划

教师辅助学生以小组方式,根据课时、人数及教学任务,由学生自己进行信息收

集(通过专业书籍或网络等各种途径查找相关知识资料复习或学习本项目的相关知识),讨论制订出本项目中课题的工作计划。

例如:

<table>
<tr><td rowspan="2">受众分析</td><td>年级</td><td>二年级</td><td>专业</td><td>汽车制造与装配</td><td>人数</td><td>40人/班</td></tr>
<tr><td>学生知识结构</td><td colspan="5">①有一定的逻辑思维能力和计算能力;
②接受了安全操作教育;
③掌握了本项目的理论知识;
④具有自学能力</td></tr>
<tr><td rowspan="11">制订计划</td><td rowspan="5">教师布置课题分组</td><td>组别</td><td>课　题</td><td>课时</td><td>人数</td><td>组长</td></tr>
<tr><td>1</td><td>百分表、内径百分表的使用</td><td>2</td><td>10</td><td></td></tr>
<tr><td>2</td><td>钢板尺、卡钳、塞尺、弹簧秤的使用</td><td>2</td><td>10</td><td></td></tr>
<tr><td>3</td><td>游标卡尺的使用</td><td>2</td><td>10</td><td></td></tr>
<tr><td>4</td><td>螺旋测微器的使用</td><td>2</td><td>10</td><td></td></tr>
<tr><td>学生计划</td><td colspan="5">学生根据自己本组的课题采用各种途径,进行信息收集并制订练习计划以及小组的任务分配和轮岗时间。例如:学生可根据所选量具计划测量过程</td></tr>
<tr><td>学生讲解</td><td colspan="5">每组学生选派一人讲解本组计划</td></tr>
<tr><td>教师辅助</td><td colspan="5">教师评价各个计划的可实施性,对不可实施的计划教师提出意见,由学生进行修改,再评价、再修改直到可实施</td></tr>
<tr><td>实操指导</td><td colspan="5">学生根据自己的计划进行工作,教师观察其操作情况并作指导,及时纠正错误的操作。根据各组的不同情况有针对性地作进一步的深入讲解</td></tr>
<tr><td>岗位轮换</td><td colspan="5">教师控制整个项目的课时,每组课时结束进行课题轮换。每组组长根据自己的课题课时控制小组的岗位轮换时间</td></tr>
<tr><td>备注</td><td colspan="5">每组学生可根据自己的题目再进行分组,但必须选出小组长</td></tr>
</table>

第三步:实施课题任务

学生根据计划完成自己的任务,教师巡视并作指导。

①学生根据所选的练习板或练习工件选择测量工具。

②学生根据自己制订的练习计划进行实际测量。

③学生对所测量的工件做好记录或填写工作页。

第四步:检查实训过程

①教师根据实训内容可先进行演示教学,或者进行操作步骤讲解。学生进行实践操作时,教师巡视检查操作情况,及时指出学生的错误操作或注意事项。

②学生在操作时,同组成员可观察操作情况或互相提醒;操作的学生可随时查看工作计划或工作页,做到自我检查,保证操作的规范性和准确性。

③学生计划完成后,首先要进行自检,小组成员对本次任务进行评价;然后教师

检查学生的完成效果。

第五步:评价总结阶段

一、自我评价

学生自我评价,同时对组内其他同学提出问题,交流心得,并按标准实施各种方式的考核。

二、课题考核

1. 考核要求

①能够正确地选用各种类别、型号的量具。

②能够迅速、准确地读出量具所指示的数值。

③使用中量具摆放整齐有序,结束及时擦拭保存量具。

2. 考核

(1)操作考核(45 min)

考核内容及配分、评分标准如下表所示。

序号	考核项目	配分	考核内容	评分标准	扣分	得分	备注
1	操作准备	10	对量具结构原理的熟悉程度	出现问题酌情扣分			
			量具的认知程度	出现问题酌情扣分			
			量具整理情况、工位整洁	出现问题酌情扣分			
2	工作态度	20	迟到、早退、旷课	迟到、早退每次扣5分,旷课一节扣20分			
			嬉戏打闹	出现问题酌情扣分			
			认真、严谨、团结、协作	出现问题酌情扣分			
3	操作过程	50	正确选择量具类别、型号	选择错误扣10分			
			测量前调零	未调零扣10分			
			测量位置正确	不准确酌情扣分			
			操作规范、合理有序	每项扣3分,扣完为止			
			操作安全	出现问题酌情扣分			

续表

序号	考核项目	配分	考核内容	评分标准	扣分	得分	备注
4	操作结果	20	任务完成时间	出现问题酌情扣分			
			任务完成质量	出现问题酌情扣分			
5	分数合计	100					

(2)理论考核(45 min)

①游标卡尺的功用是什么？应如何使用？(25 分)

②外径千分尺有何用途？应如何使用？(25 分)

③百分表有何用途？应如何使用？(25 分)

④内径百分表有何用途？应如何使用？(25 分)

项目三　发动机总成的拆装

第一步:布置任务

一、项目要求

1. 项目名称

发动机总成的拆装。

2. 计划课时

8 课时。

3. 器材及工具准备

①桑塔纳轿车 4 辆。

②发动机的专用吊具 4 台。

③其他常用工具、设备。

二、教学主要内容及目的

①熟练掌握桑塔纳发动机的各个组成部分。

②会使用常用工具、设备和专用吊具。

③掌握发动机的拆装顺序。

三、相关知识准备

一般汽油发动机由曲柄连杆机构、配气机构、点火系、启动系、燃油供给系、冷却系、润滑系和附件组成。

曲柄连杆机构主要由机体组、活塞连杆组、曲轴飞轮组组成,其作用是将燃料燃烧所产生的热能,经机构由活塞的直线往复运动转变为曲轴旋转运动而对外做功。

配气机构主要由进、排气门,气门弹簧,挺杆,凸轮轴和正时齿轮等组成,其作用是使新鲜气体及时进入汽缸,并使燃烧所产生的废气及时排出汽缸。

汽油机燃料供给系主要由燃油箱,汽油泵,汽油滤清器,化油器,空气滤清器,进、排歧管,排气消声器等组成,其作用是向汽缸内提供已配好的可燃混合气,并控制进入汽缸内可燃混合气的数量,以调节发动机输出功率和转速,最后将燃烧后的废气排出汽缸。

冷却系分为风冷式和水冷式两种,汽车发动机多用水冷式。水冷式发动机的冷却系主要由水泵、散热器、风扇、分水管、节温器和水套等组成,其作用是利用冷却水冷却高温零件,并通过散热器将热量散发到大气中去,从而保证发动机在正常温度状态下工作。

桑塔纳发动机外形如图 3－1 所示，桑塔纳发动机纵剖视如图 3－2 所示。

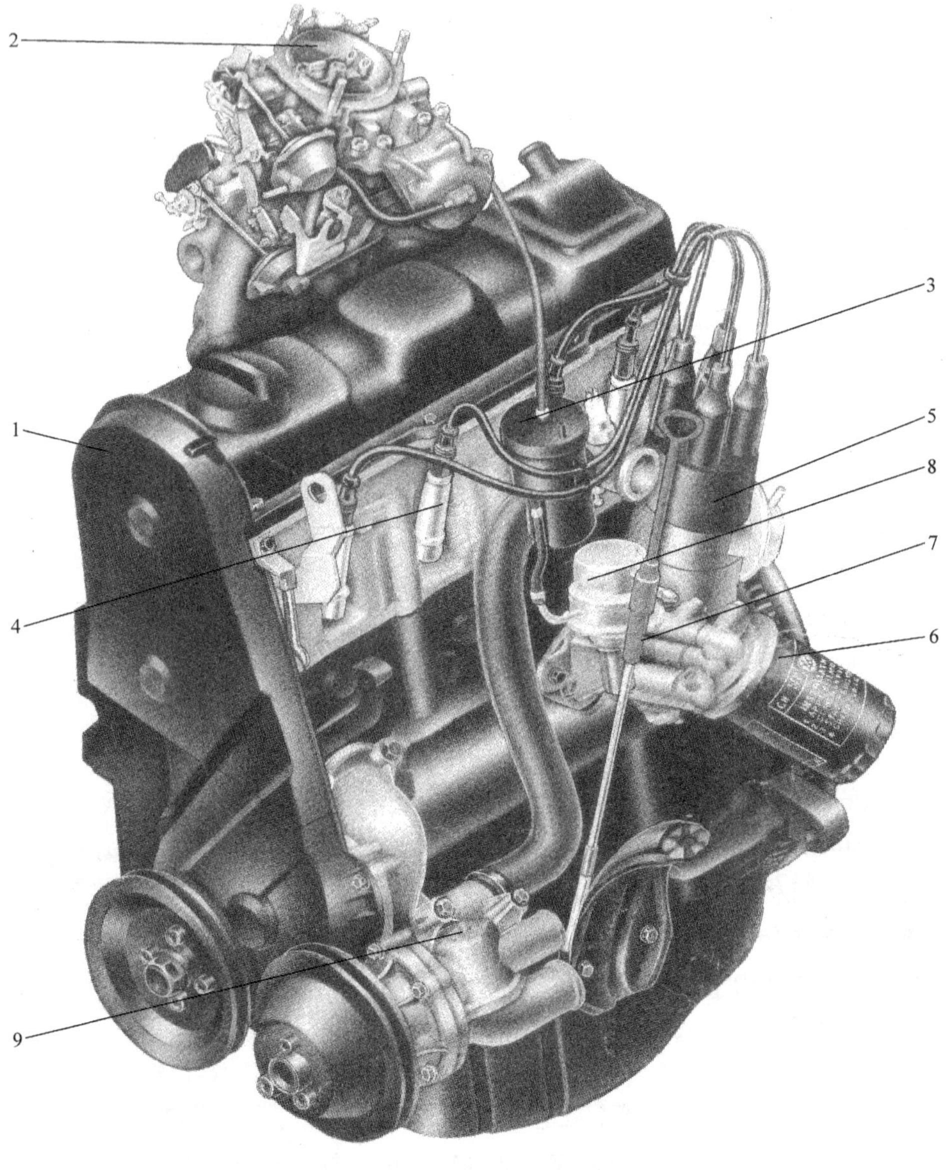

图 3－1　桑塔纳发动机外形图

1—正时齿形带护罩　2—化油器　3—油气分离器　4—火花塞　5—分电器

6—机油滤清器　7—机油标尺　8—汽油泵　9—水泵组件

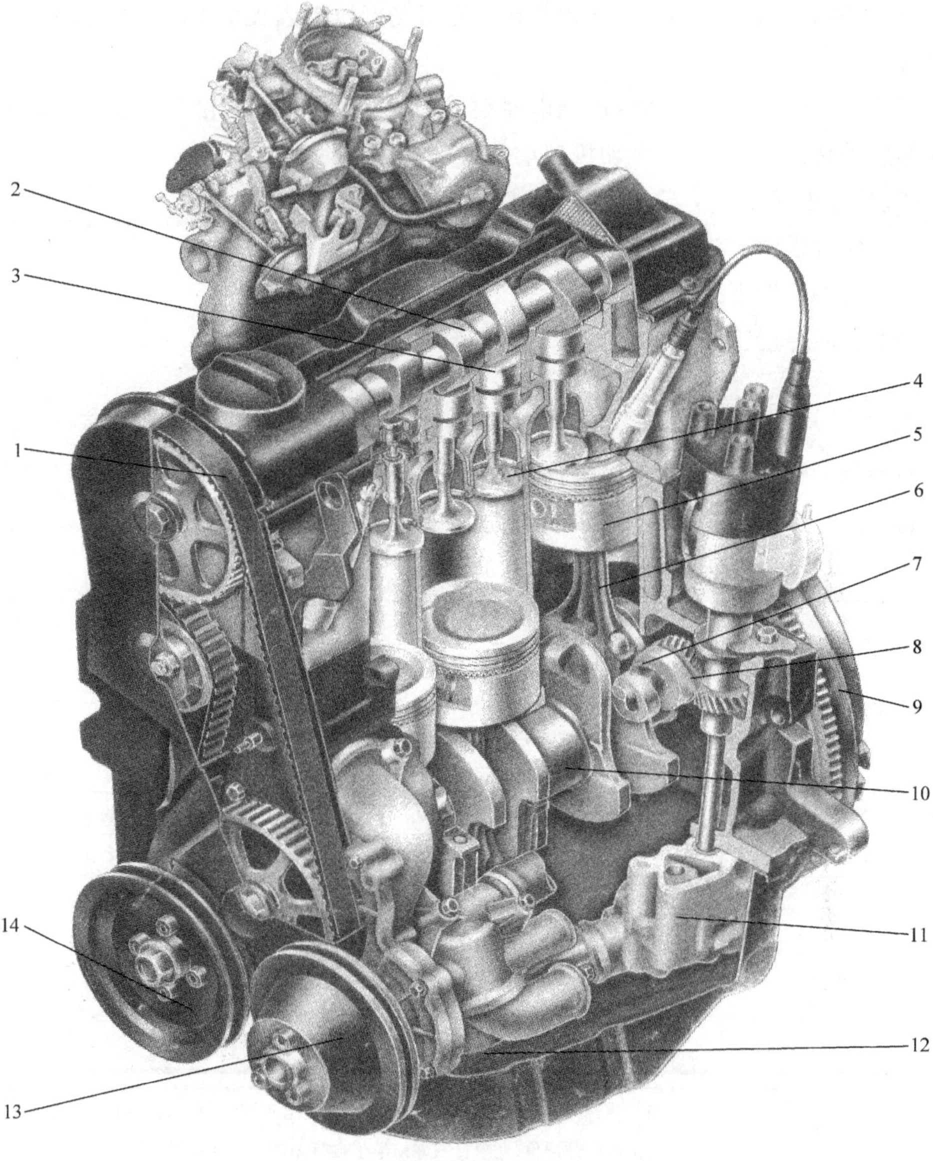

图 3－2　桑塔纳发动机纵剖视图

1—正时齿形带与带轮　2—凸轮轴　3—液压挺柱　4—气门　5—活塞　6—连杆
7—中间轴　8—传动齿轮　9—飞轮　10—曲轴　11—齿轮式机油泵　12—机油集滤器
13—水泵带轮　14—曲轴带轮

润滑系主要由机油泵、润滑油道、集滤器、机油滤清器、限压阀、油底壳等组成，其作用是将润滑油分送至各个摩擦面，以减小摩擦力，减缓机件磨损，并清洗、冷却摩擦表面，从而延长发动机使用寿命。

点火系（柴油机为压燃式，没有点火系）主要由电源、点火开关、点火线圈、高压线、分电器和火花塞等组成，其作用是按一定时刻向汽缸内提供电火花以点燃缸内的可燃混合气。

启动系主要由启动机和启动继电器组成，其作用是带动飞轮旋转以获得必要的动能和启动转速，使静止的发动机启动并转入自行运转状态。

四、注意事项

①操作过程中应注意安全。

②注意保管拆下的零部件。

③要使用专用工具。

第二步：制订计划

教师辅助学生以小组方式，根据课时、人数及教学任务，由学生自己进行信息收集（通过专业书籍、说明书或网络等各种途径查找相关知识资料复习或学习本项目的相关知识），讨论并制订出本项目中课题的工作计划。例如：

<table>
<tr><td rowspan="2">受众分析</td><td>年级</td><td>二年级</td><td>专业</td><td>汽车制造与装配</td><td>人数</td><td>40人/班</td></tr>
<tr><td>学生知识结构</td><td colspan="5">①有一定的逻辑思维能力；
②具有自学能力；
③掌握了发动机的详细结构及原理；
④掌握了常用工具和发动机吊具的使用方法</td></tr>
<tr><td rowspan="8">制订计划</td><td rowspan="2">教师布置课题分组</td><td>组别</td><td>课　题</td><td>课时</td><td>人数</td><td>组长</td></tr>
<tr><td>1～8</td><td>发动机总成拆装</td><td>8</td><td>每组5人</td><td></td></tr>
<tr><td>学生计划</td><td colspan="5">学生根据本项目及组别的课题安排和实训设备情况进行信息收集并制订工作计划。例如：
①根据项目要求写出操作过程的先后步骤；（可在课前完成）
②根据每个课题列出所需的工具、设备数量；
③写出组内分工计划及轮岗计划</td></tr>
<tr><td>学生讲解</td><td colspan="5">每组学生选派一人讲解本组计划，其他组提出不同见解。每组可重新制订计划，定稿后交给教师评价（此项可在课前学生自行完成，也可由教师组织完成）</td></tr>
<tr><td>教师辅助</td><td colspan="5">教师评价各个计划的可实施性，对不可实施的计划教师提出意见，由学生进行修改，再评价、再修改直到可实施</td></tr>
<tr><td>实操指导</td><td colspan="5">学生根据自己的计划进行工作，教师观察其操作情况，指导并及时纠正错误的操作。根据各组的不同情况有针对性地作进一步的深入讲解</td></tr>
<tr><td>岗位轮换</td><td colspan="5">教师控制整个项目的课时，每组课时结束后进行课题轮换</td></tr>
<tr><td>备注</td><td colspan="5"></td></tr>
</table>

第三步:实施课题任务

①在学生操作前,教师根据实训内容可先进行演示教学,或者进行操作步骤讲解。

②不同组别的同学根据自己制订的计划进行本组的课题操作作业,完成后由教师安排课题轮换。

③教师观看学生的操作过程,并进行有针对性的指导。当第一轮操作结束后,教师可对学生存在的问题进行集中讲解,避免其他学生出现类似错误或不规范操作。

本项目的操作步骤如下。

1. 桑塔纳发动机总成的拆卸

一般是先将发动机与变速器脱开,再用专用吊具将发动机从汽车上吊下来。

拆卸步骤如下。

①从蓄电池上拆下搭铁线。

②将暖风开关拨到“暖气”位置。

③打开散热器盖。

④从冷却液泵大循环进口处拆开,将冷却液放入干净容器中,以便再用。

⑤从汽缸盖出液口拔掉通往散热器的冷却液软管。

⑥在三通接头处拆下热敏开关和电扇上的连接导线。

⑦拆下散热器上部左、右角的固定支架,将散热器连同风扇和护风罩一起取出。

⑧拔掉交流发电机接线插头。

⑨拆下化油器进油管、出油管和回油管。

⑩从分电器上拆下各高压线和接线插头。

⑪拆下空气滤清器,用塑料膜封好化油器上口,以免掉进灰尘或物件。

⑫拆下化油器油门操纵拉索和片簧插片。

⑬拆下真空管路:拔下真空罐上的真空管、分电器上点火提前装置的真空管和进气歧管上的制动真空加力真空管。

⑭拆下热敏开关接线、进气歧管电预热塞接线和电源接线柱的接线。

⑮从化油器上拔下冷却液软管。

⑯拆下冷却液温度表传感器上的接线和机油压力开关上的接线。

⑰松开支架上固定螺栓,拆下离合器操纵钢丝绳。

⑱松开发动机左、右支脚橡胶块上的固定螺栓。

⑲拆下发动机前支脚固定螺栓、排气管接头连接螺栓和启动机的接线。

⑳拆下启动机的固定螺栓。

㉑松开发动机与变速器的连接螺栓。

㉒拆下齿带护罩。

㉓用吊具将发动机吊起少许，使发动机与支座脱离，拔出发动机与变速器连接螺栓，使发动机与变速器脱离后，转动发动机，并逐渐吊起。这时应注意在吊起发动机过程中不要碰坏其他部件。

2. 桑塔纳发动机总成的安装顺序

发动机的安装顺序，基本上与拆卸步骤相反，但必须注意下列事项。

①安装前，检查离合器分离轴承的磨损情况，必要时应更换。

②安装前，分离轴承和传动花键上应涂一薄层润滑脂，但分离轴承座的导套不涂。

③更换发动机支脚固定螺栓的自锁螺母。

④将发动机装入支座后，先不扭紧固定螺栓，摇动发动机使之摆正位置后再扭紧固定螺栓。

⑤调整离合器踏板自由行程，使其在 15～25 mm 范围内。

第四步：检查实训过程

①学生进行实际操作时，教师巡视检查学生操作情况，及时指出学生的操作错误或注意事项。

②学生在操作时，同组成员可观察操作情况并互相提醒；操作的学生可随时查看工作计划或工作页，做到自我检查，保证操作的规范性和准确性。

③学生计划完成后，首先要进行自检，小组成员对本次任务进行评价；然后教师检查学生的完成效果。

第五步：评价总结

一、自我评价

学生自我评价，同时对组内其他同学提出问题，交流心得，并按标准实施各种方式的考核。

二、课题考核

1. 考核要求

①正确使用各种常用和专用工具。

②按正确的操作规程拆卸和安装发动机的总成。

2. 考核

(1)操作考核(40 min)

具体考核内容及配分、评分标准如下表所示。

序号	考核项目	配分	考核内容	评分标准	扣分	得分	备注
1	操作准备	10	对结构原理的熟练程度	出现问题酌情扣分			
			零件的认知程度	出现问题酌情扣分			
			工具整理情况、工位整洁	出现问题酌情扣分			
2	工作态度	20	迟到、早退、旷课	迟到、早退每次扣5分,旷课一节扣20分			
			嬉戏打闹	出现问题酌情扣分			
			认真、严谨、团结、协作	出现问题酌情扣分			
3	操作过程	50	正确使用工量具	工量具使用错误酌情扣分			因违规操作发生重大人身和设备事故,此题按0分计
			拆装顺序要求符合标准	顺序错误酌情扣分			
			间隙、力矩要求合适	出现问题酌情扣分			
			操作规范、有序	出现问题酌情扣分			
			操作安全	出现问题酌情扣分			
4	操作结果	20	任务完成时间	出现问题酌情扣分			
			任务完成质量	出现问题酌情扣分			
5	分数合计	100					

(2)理论考核(30 min)

①发动机的结构是什么?(50分)

②发动机安装时应注意哪些事项。(50分)

项目四　发动机机体组的拆装

第一步：布置任务

一、项目要求

1. 项目名称

发动机机体组的拆装。

2. 计划课时

8 课时。

3. 器材及工具准备

要准备以下器材和工具：

①桑塔纳轿车或发动机 8～10 台；

②常用工具 10 套，桑塔纳专用工具 4 套；

③相关挂图或图册若干、幻灯片及课件等。

二、教学内容及目的

教学内容及目的如下：

①掌握发动机的解体方法、步骤；

②熟练进行发动机外部附件的拆卸；

③熟悉机体组各部件的名称、作用和结构特点。

三、技术标准及要求

①曲轴带轮紧固螺栓拧紧力矩为 20 N・m；

②齿形带后防护罩紧固螺栓拧紧力矩为 10 N・m，张紧轮拧紧力矩为 45 N・m；

③曲轴齿形带轮、中间轴齿形带轮两者紧固螺栓拧紧力矩均为 80 N・m；

④汽缸盖的拧紧分四次来进行：第一次 40 N・m，第二次 60 N・m，第三次 75 N・m，第四次旋紧 90 N・m。

四、相关知识准备

1. 发动机的基本结构

各种发动机基本相同的五大基本结构为曲柄连杆机构、配气机构、冷却系、润滑系、启动系。

2. 曲柄连杆机构的组成

曲柄连杆机构分为机体组、活塞连杆组和曲轴飞轮组三部分。机体组的主要零部件有汽缸体、汽缸套、汽缸盖、汽缸垫、油底壳等；活塞连杆组的主要零部件有活塞、活塞环、活塞销、连杆等；曲轴飞轮组主要有曲轴、飞轮和扭转减振器等。

3. 汽缸体

汽缸体是组装发动机各机构和系统的基础件，用来保持发动机各运动件相互之间的准确位置关系。汽缸体一般是由铸铁材料制成，也有的用铝合金制成的。

4. 汽缸套

汽缸套分为干式和湿式汽缸套。干式缸套不直接与冷却水接触，壁厚一般为1～3 mm；湿式缸套则与冷却水直接接触，壁厚一般为5～9 mm。

5. 汽油机燃烧室

汽油机燃烧室是由活塞顶部及缸盖上相应的凹部空间组成。

对燃烧室的基本要求：一是结构要尽可能紧凑，冷却面积要小，以减小热量损失及缩短火焰行程；二是使混合气在压缩终了时具有一定的涡流运动，以提高混合气燃烧速度，保证混合气及时和充分燃烧。

汽油机常见的燃烧室形状有楔形、盆形和半球形三种类型。

6. 汽缸垫

汽缸垫安装时应使带卷边一面朝向易修整的或较硬的平面（不易产生压痕），因此：

①汽缸盖和汽缸体同为铸铁材料时，卷边应朝向汽缸盖（易修整）；

②铝合金汽缸盖、铸铁汽缸体，卷边应朝向汽缸体（硬面）；

③汽缸盖、汽缸体同为铝合金时，卷边应朝向湿式缸套的凸沿（硬面）。

五、注意事项

拆装发动机机体组时须注意如下事项：

①在拆卸和拧紧缸盖螺栓时，应按规定进行；

②拆卸齿形带时应使1缸处于压缩上止点；

③观察汽缸垫的安装方向（OPEN、TOP 向上）；

④观察离合器装配标记并做好装配记号。

第二步：制订计划

教师辅助学生以小组方式，根据课时、人数及教学任务，由学生自己进行信息收集（通过专业书籍、说明书或网络等各种途径查找相关资料或学习本项目的相关知识），讨论并制订出本项目中课题的工作计划。

例如：

<table>
<tr><td rowspan="2">受众分析</td><td>年级</td><td>二年级</td><td>专业</td><td>汽车制造与装配</td><td>人数</td><td>40人/班</td></tr>
<tr><td>学生知识结构</td><td colspan="5">①有一定的逻辑思维能力；
②具有自学能力；
③掌握了机体组拆装的安全操作规程；
④掌握了机体组的相关理论知识；
⑤会使用常规的操作工具</td></tr>
<tr><td rowspan="11">制订计划</td><td rowspan="5">教师布置
课题分组</td><td>组别</td><td>课　题</td><td>课时</td><td>人数</td><td>组长</td></tr>
<tr><td>1</td><td>V形皮带及齿形带的拆卸</td><td>2</td><td>10</td><td></td></tr>
<tr><td>2</td><td>发动机外部附属件的拆卸</td><td>2</td><td>10</td><td></td></tr>
<tr><td>3</td><td>发动机机体的解体</td><td>2</td><td>10</td><td></td></tr>
<tr><td>4</td><td>发动机机体组的装配</td><td>2</td><td>10</td><td></td></tr>
<tr><td>学生计划</td><td colspan="5">学生根据本项目及本组的课题安排及实训设备情况，进行信息收集，制订工作计划。例如：
①根据项目要求写出整个操作过程的步骤；（可在实训课前完成）
②根据每个课题列出所选用的工件总成及工具；
③写出组内分工计划或轮岗计划</td></tr>
<tr><td>学生讲解</td><td colspan="5">每组学生选派一人讲解本组计划，其他组提出不同见解。每组可重新制订计划，定稿后交给教师评价（此项也可在课前由学生自行完成，也可由教师组织完成）</td></tr>
<tr><td>教师辅助</td><td colspan="5">教师评价各个计划的可实施性，对于不可实施的计划，教师提出意见，由学生进行修改，再评价、再修改直到可实施。</td></tr>
<tr><td>实操指导</td><td colspan="5">学生根据自己的计划进行工作，教师观察其操作情况，作指导，并及时纠正其错误。根据各组的不同情况有针对性地作进一步地讲解</td></tr>
<tr><td>岗位轮换</td><td colspan="5">教师控制整个项目的课时，每组课时结束进行课题轮换。每组组长根据自己的课题课时控制小组的岗位轮换时间</td></tr>
<tr><td>备注</td><td colspan="5"></td></tr>
</table>

第三步：实施课题任务

①在学生作业前，教师根据实训内容可先进行演示教学，或者进行操作步骤讲解。

②不同组别的同学根据自己制订的计划进行不同的课题操作作业，完成任务后由教师统一安排课题轮换。

③教师观看学生的操作过程，进行有针对性的指导，例如V形皮带及齿形带的拆卸方法、汽缸盖螺栓的拆装顺序等。当第一轮操作结束后，教师可对学生存在的问题进行集中讲解，避免其他学生出现类似错误或不规范操作。

本项目的操作步骤如下。

1. V形皮带及齿形带的拆卸

①旋松发动机撑紧臂的固定螺栓，拆卸水泵和发动机的传动V形皮带。

②拆卸水泵带轮、曲轴带轮，拆卸齿形带上防护罩，注意观察正时标记。

③旋松齿形带张紧轮紧固螺母，转动张紧轮的偏心轴，使齿形带松弛，取下齿形带（见图 4－1）。

④拆下曲轴齿形带轮及中间轴齿形带后防护罩。

拆卸后的发动机前端零部件如图 4－2 所示。

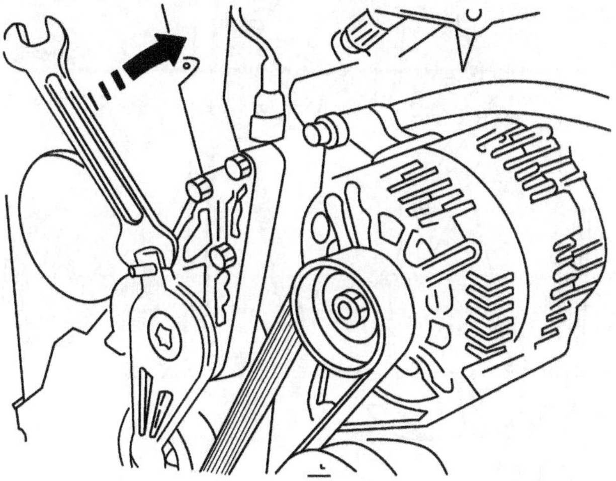

图 4－1　用专用工具扳动张紧轮

2. 发动机外部附件的拆卸

①拆卸水泵上尚未拆卸的连接管。

②拆卸水泵、发电机、启动机、分电器、汽油泵、机油滤清器、化油器、进排气歧管、火化塞等。

3. 发动机机体解体

①放出油底壳内机油，拆下油底壳，更换机油密封衬垫。

②拆卸机油泵和机油滤清器。

③拆卸气门室罩，更换气门室罩密封垫。

④拆下汽缸盖，其螺栓应从两端向中间分次、交叉拧松。

⑤拆卸离合器总成。

4. 发动机机体的装配

按照与拆卸相反的顺序进行装配。各部件应按规定力矩拧紧。

①安装油底壳，安装机油滤清器、机油泵。

②安装汽缸盖，其螺栓应从中间向两端分次、交叉拧紧。

③装复发动机的外部附件。

④安装 V 形皮带及齿形带，检查皮带的紧张度。

第四步：检查实训过程

①学生进行实际操作时，教师巡视检查学生操作情况，及时指出学生的错误操作

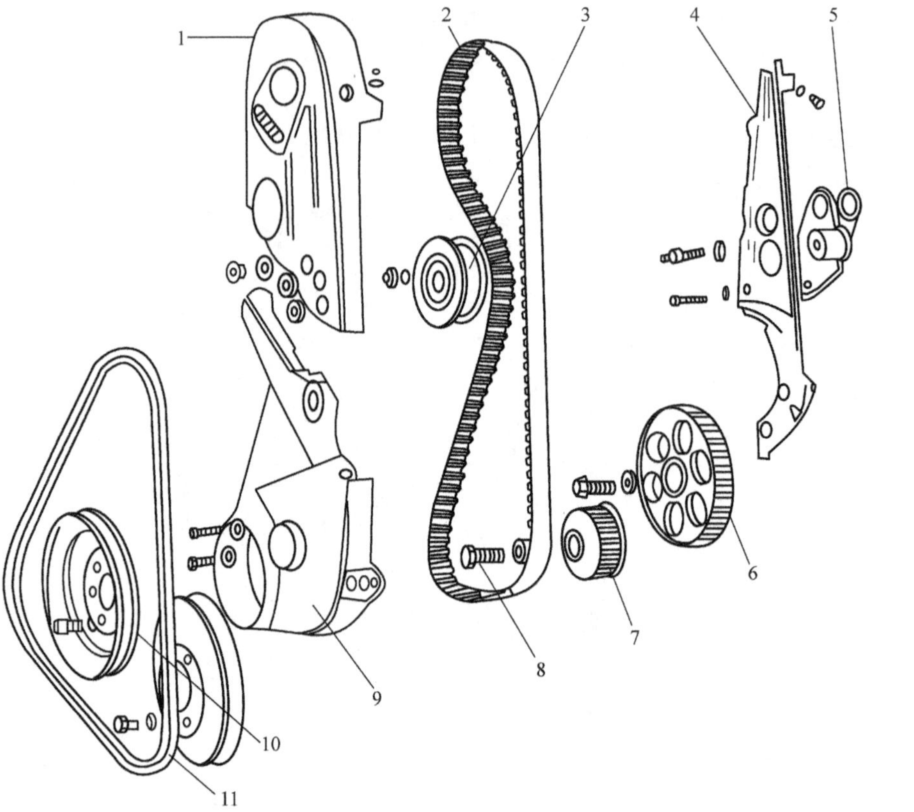

图 4-2　拆卸后的发动机前端零部件

1—齿形带上面护罩　2—齿形带　3—齿形带张紧轮　4—齿形带后护罩　5—塞盖　6—中间轴齿形带轮
7—主轴齿形带轮　8—主轴齿形带轮紧固螺栓　9—齿形带下护罩　10—主轴带轮　11—V形皮带

并讲明注意事项。

②学生在操作时，同组成员观察操作情况并互相提醒；操作的学生随时查看工作计划或工作页，做到自我检查，保证操作的规范性和准确性。

③学生计划完成后，首先要进行自检，小组成员对本次任务进行评价；然后教师检查学生的完成效果。

第五步：评价总结

一、自我评价

学生自我评价，同时对组内其他同学提出意见或建议，交流心得。

二、课题考核

1. *考核要求*

①能按正确的操作步骤进行拆装。

②必须按标准施加力矩。

2. 考核

(1)操作考核(40 min)

具体考核内容及配分、评分标准如下表所示。

序号	考核项目	配分	考核内容	评分标准	扣分	得分	备注
1	操作准备	10	对结构原理的掌握程度	出现问题酌情扣分			
			零件的认知程度	出现问题酌情扣分			
			工具整理情况、工位整洁	出现问题酌情扣分			
2	工作态度	20	迟到、早退、旷课	迟到、早退每次扣5分,旷课一节扣20分			
			嬉戏打闹	出现问题酌情扣分			
			认真、严谨、团结、协作	出现问题酌情扣分			
3	操作过程	50	发动机机体组解体及装配顺序	拆卸顺序错误酌情扣分			因违规操作发生重大人身和设备事故,此题按0分计
			按照技术要求紧固螺栓	不按要求拧紧力矩每处扣5分			
			正确使用工具、仪器	工具使用不当每项扣2分			
			操作安全	出现问题酌情扣分			
4	操作结果	20	任务完成时间	出现问题酌情扣分			
			任务完成质量	出现问题酌情扣分			
5	分数合计	100					

(2)理论考核(40 min)

①各种发动机基本相同的五大基本构造是什么?(25分)

②发动机机体组的组成是什么?(25分)

③对汽油机燃烧室的基本要求是什么?(25分)

④汽缸垫安装应注意哪些问题?(25分)

项目五　活塞连杆组的拆装

第一步：布置任务

一、项目要求

1. 项目名称

活塞连杆组的拆装。

2. 计划课时

4 课时。

3. 器材及工具准备

要准备以下器材和工具：

①桑塔纳发动机 8～10 台；

②常用工具 10 套、桑塔纳专用工具 4 套、机油少许；

③相关幻灯片、挂图或图册等若干。

二、教学内容及目的

教学内容及目的如下：

①熟悉曲柄连杆机构的装配关系和运动情况；

②掌握活塞连杆组的拆装要领。

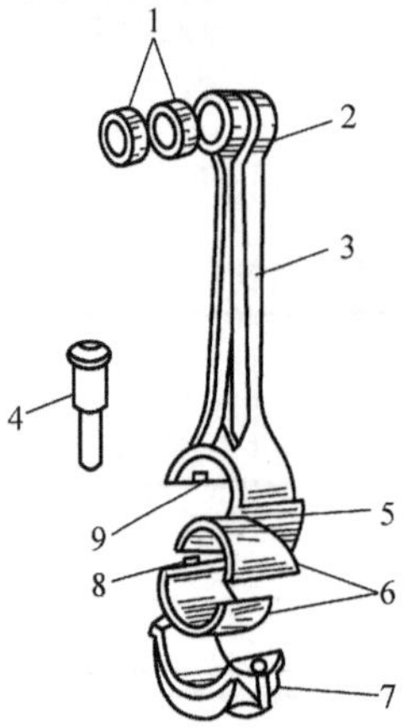

图 5-1　连杆组件

1—连杆衬套　2—连杆小头
3—杆身　4—连杆螺栓
5—连杆大头　6—连杆轴瓦
7—连杆盖　8—轴瓦上的凸键
9—凹槽

三、技术标准及要求

活塞连杆组的技术标准如下：

①活塞环的侧隙为 0.02～0.05 mm；

②活塞环的端隙为：第一道气环 0.03～0.45 mm，第二道气环 0.25～0.40 mm，油环 0.25～0.50 mm，磨损极限值为 1.0 mm；

③3 道环不要装错，3 道环的开口要错开 120°。

四、相关知识准备

1. 活塞连杆组的组成（参见图 5-1）

活塞连杆组由活塞、活塞环、活塞销、连杆和连杆轴瓦等组成。

2. 活塞相关的知识

①要求：质量尽可能小，导热性好，要有足够的强度和刚度，耐热性和耐磨性好，热膨胀系数要小。

②材料及构造：活塞由铝合金材料制成，分为顶

部、头部和裙部(其中顶部和环槽部通常称为头部)。

③形状:冷态下,裙部断面为长轴垂直于活塞销座孔轴线的椭圆形,纵向为上小下大的近似圆锥形。

3. 活塞环

活塞环分为气环和油环。气环的作用为密封和导热。油环为刮油和密封。第一道环多为镀铬环,以减缓活塞环和汽缸壁的磨损。

4. 活塞环的三隙

活塞环的三隙指的是端隙、侧隙和背隙。端隙是指活塞环平装在汽缸内时两端头的间隙。侧隙(又称边隙)指活塞环与环横侧壁之间的间隙。背隙是指活塞和活塞环装入汽缸后,活塞环内圆柱面与活塞环槽底面的间隙,可近似以环槽深度减去环断面宽度的差值代替。

活塞环的检验,包括活塞环弹力检验、活塞环的漏光度检验及活塞环三隙的检验。

五、注意事项

活塞拆装时要注意以下事项:

①拆卸、安装活塞时一定要注意各缸记号,若无记号必须做标记;

②安装活塞销时要用专用工具或加热到 60 ℃进行;

③活塞销挡圈开口要与活塞销孔上的缺口错开;

④3 道环的开口要错开。

第二步:制订计划

教师辅助学生以小组方式,根据课时、人数及教学任务,由学生自己进行信息收集(通过专业书籍、说明书或网络等各种途径查找相关资料,或学习本项目的相关知识),讨论并制订出本项目中课题的工作计划。

例如:

<table>
<tr><td rowspan="2">受众分析</td><td>年级</td><td>二年级</td><td>专业</td><td colspan="2">汽车制造与装配</td><td>人数</td><td>40 人/班</td></tr>
<tr><td>学生知识结构</td><td colspan="6">①有一定的逻辑思维能力;
②具有自学能力;
③掌握了活塞连杆组拆装的安全操作规程;
④掌握了活塞连杆组拆装的相关理论知识及注意事项;
⑤会使用常规的操作工具</td></tr>
<tr><td rowspan="5">制订计划</td><td rowspan="5">教师布置课题分组</td><td>组别</td><td colspan="2">课　题</td><td>课时</td><td>人数</td><td>组长</td></tr>
<tr><td>1</td><td colspan="2">活塞连杆组的拆卸</td><td>1</td><td>10</td><td></td></tr>
<tr><td>2</td><td colspan="2">活塞连杆组的分解</td><td>1</td><td>10</td><td></td></tr>
<tr><td>3</td><td colspan="2">活塞连杆组的装合</td><td>1</td><td>10</td><td></td></tr>
<tr><td>4</td><td colspan="2">将活塞连杆组件装入汽缸</td><td>1</td><td>10</td><td></td></tr>
</table>

续表

制订计划	学生计划	学生根据本项目及本组的课题安排及实训设备情况，进行信息收集并制订工作计划。例如： ①根据项目要求写出整个操作过程的步骤；(可在实训课前完成) ②根据每个课题列出所需的工具，根据本组人数选择设备数量； ③写出组内分工计划或轮岗计划
	学生讲解	每组学生选派一人讲解本组计划，其他组提出不同见解。每组可重新制订计划，定稿后交给教师评价(此项可在课前由学生自行完成，也可由教师组织完成)
	教师辅助	教师评价各个计划的可实施性，对于不可实施的计划教师提出意见，由学生进行修改，再评价、再修改直到可以实施
	实操指导	学生根据自己的计划进行工作，教师观察其操作情况并作指导，及时纠正其错误。根据各组的不同情况有针对性地作进一步的讲解
	岗位轮换	教师控制整个项目的课时，每组课时结束进行课题轮换。各组组长根据自己的课题课时控制小组的岗位轮换时间
	备注	

第三步:实施课题任务

①在学生操作之前，教师应根据实训内容先进行演示教学，或者进行操作步骤讲解。在本实训项目中，教师只对活塞连杆组的拆卸、分解、装合、将活塞连杆组件装入汽缸等四个课题操作中的注意事项加以强调并作演示即可。

②不同组别的同学根据自己制订的计划进行课题操作作业，完成任务后由教师统一安排课题轮换。

③教师观看学生的操作过程，进行有针对性的指导。当第一轮操作结束后，教师可对学生存在的问题进行集中讲解，避免其他学生出现类似的错误或不规范操作。

本项目的操作步骤如下。

1. 活塞连杆组的拆卸

活塞连杆组拆卸步骤如下。

①转动曲轴，将准备拆卸的连杆对应的活塞转到下止点。

②拆卸连杆螺母，取下连杆轴承盖，并按顺序放好。

③用橡胶锤或手锤木柄推出活塞连杆组(应事先刮去汽缸上台阶，以免损坏活塞环)，注意不要硬撬、硬敲，以免损伤汽缸。

④取出活塞连杆组后，应将连杆轴承盖、螺栓、螺母按原位装回，并注意连杆的装配标记，标记应朝向皮带盘。在活塞、连杆和连杆轴承盖上打上对应缸号。

2. 活塞连杆组的分解(参见图 5－2、图 5－3)

活塞连杆组的分解步骤如下。

①用活塞环装卸钳拆下活塞环，观察活塞环上的标记，“TOP”朝向活塞顶。

②将活塞连杆组浸入 60 ℃热水中，并在热状态下拆下活塞销使活塞连杆组分解。

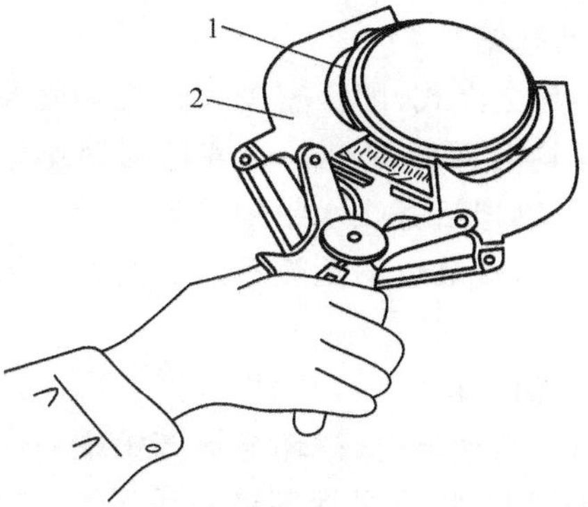

图 5-2　活塞环的拆装

1—活塞环　2—活塞环卡钳

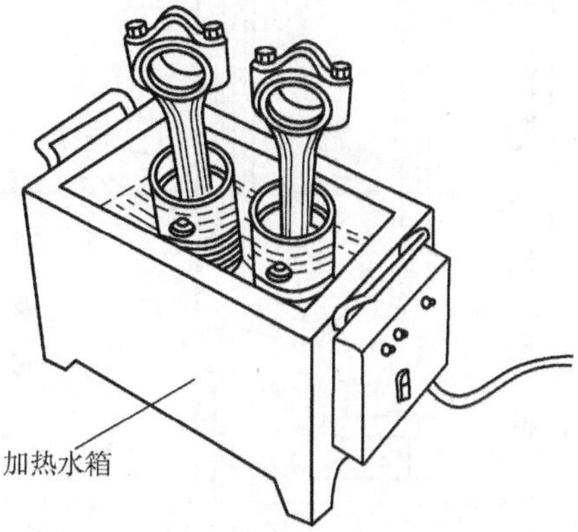

图 5-3　活塞销的拆装加热设备

3. 活塞连杆组的装合(参见图 5-4、图 5-5)

(1)活塞连杆组的检验

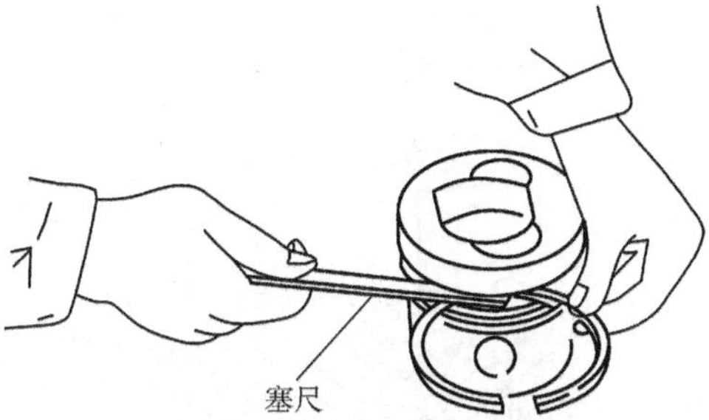

图 5-4　活塞环侧隙的测量

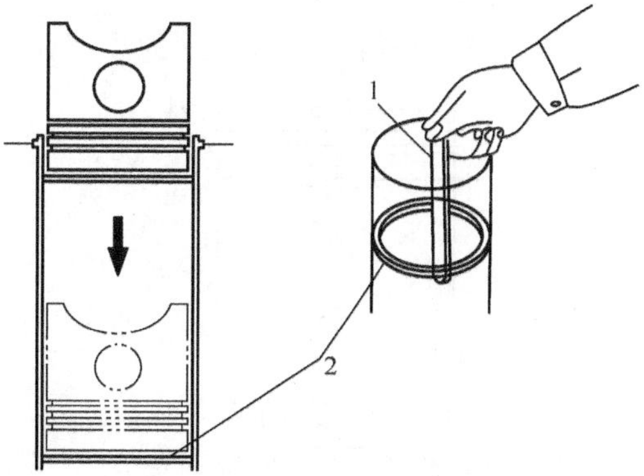

图 5-5　活塞环端隙的测量

1—厚薄规　2—活塞环

活塞连杆组的检验步骤及要求如下。

①活塞椭圆度的检验。许多活塞都制成椭圆形，其短轴在活塞销方向上。活塞椭圆度的检验，应在椭圆度检验仪上进行。椭圆度的值是 0.40。

②活塞环的检验。用厚薄规检查活塞环与环槽的侧隙，新装时侧隙为 0.02～0.05 mm，若达到 0.15 mm 时必须更换。再用厚薄规检查活塞环与环槽的端隙：将活塞环垂直压进汽缸，使其离汽缸顶面 15 mm，对于新环，第一道气环端隙为 0.03～0.45 mm，第二道气环为 0.25～0.40 mm，油环为 0.25～0.50 mm，磨损极限值为

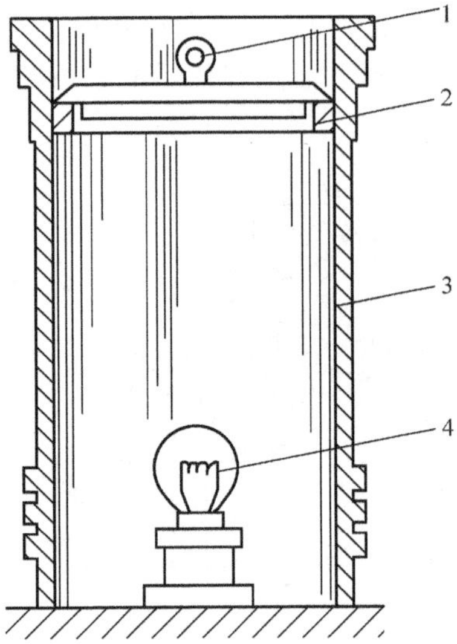

图 5-6　活塞环漏光度的检查

1—遮光板　2—活塞环

3—汽缸　4—灯泡

1.0 mm。同时还应进行活塞环弹力及漏光度的检查(参见图 5-6)。

(2)清洗零件

彻底清洗各零件,并用压缩空气吹干净。

(3)装活塞销

活塞销是全浮式,即活塞销和连杆铜套及活塞销座之间均为间隙配合。活塞销与销座装配时有点紧,可以把活塞在水中加热到 60 ℃(即略烫手,但长时间接触也不觉烫手),此时用大拇指应可压入。

(4)装上活塞销锁环

装上活塞销锁环后,锁环与活塞销端面应有 0.15 mm 的间隙,以满足活塞销和活塞热胀冷缩的需要。

(5)安装活塞环

第一道环是矩形环,第二道是锥形环,第三道是油环(组合环),要用活塞环装卸钳依次装好。注意:"TOP"朝向活塞顶。

4. 将活塞连杆组件装入汽缸(参见图 5-7、图 5-8)

将活塞连杆组件装入汽缸的步骤如下。

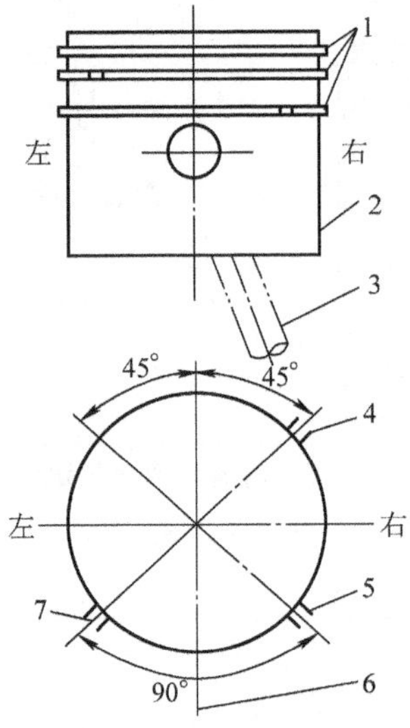

图 5-7　活塞环的开口方向

1—活塞环　2—活塞　3—连杆

4—第一道环开口　5—第三道环开口

6—活塞销轴线　7—第二道环开口

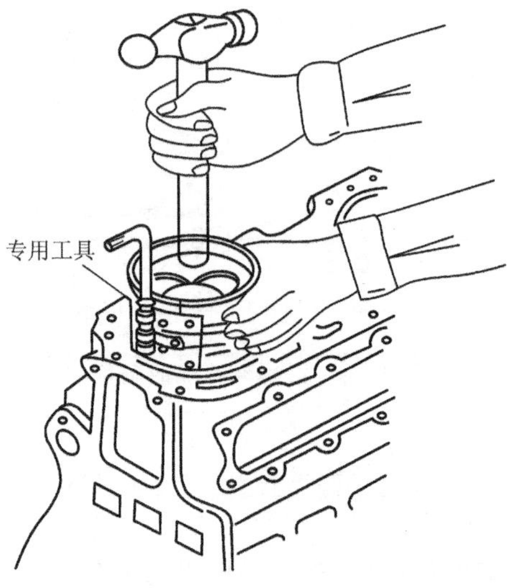

图 5-8　向发动机上安装活塞连杆组

①将第一缸曲柄转到下止点位置，取第一缸的活塞连杆总成，在瓦片、活塞环处加注少许机油，转动各环使润滑油进入环槽，并检验各环开口位置是否处于规定方位。

②用夹具收紧各环，按活塞和连杆上标记指示的方向将活塞连杆总成从汽缸顶部放入缸筒，用手引导连杆使其对准曲轴轴颈，用木锤柄将活塞推入。

③取第一缸的连杆轴承盖(带有轴瓦)，使标记朝前装在连杆上，并按规定力矩交替拧紧连杆螺母。

④依同样方法，将其余各缸活塞连杆组件装入相应汽缸。

注：

a. 装配活塞连杆组前应将汽缸清洗干净，防止杂质对汽缸造成损伤。

b. M8×1 的连杆螺栓为预应力螺栓，在按规定力矩拧紧连杆螺母时，连杆螺栓在弹性变形范围内被拉长，螺栓和螺母之间有较大而稳定的摩擦力，所以螺母不需要防松装置。有些螺母须加锁销锁止，但在修理过程中一旦拆过连杆螺母，就必须更换。

第四步：检查实训过程

①教师在实训前发给学生有关本项目的工作页(见附件)。

②学生进行实施计划实践操作时，教师巡视检查学生操作情况，及时指出学生的操作错误并讲解注意事项。

③学生在操作时，同组成员观察操作情况并互相提醒；操作者随时查看工作计划或工作页，做到自我检查，以保证操作的规范性和准确性。

④学生计划完成后，首先要进行自检，小组成员对本次任务进行评价；然后教师检查学生的完成效果。

第五步：评价总结

一、自我评价

学生自我评价，同时对组内其他同学提出意见或建议，交流心得。

二、课题考核

1. 考核要求

①正确拆装活塞与连杆、活塞销；

②活塞环“三隙”检查方法正确。

2. 考核

(1)操作考核(40 min)

具体考核内容及配分、评分标准如下表所示。

序号	考核项目	配分	考核内容	评分标准	扣分	得分	备注
1	操作准备	10	对结构原理的掌握程度	出现问题酌情扣分			
			零件的认知程度	出现问题酌情扣分			
			工具整理情况、工位整洁	出现问题酌情扣分			
2	工作态度	20	迟到、早退、旷课	迟到、早退每次扣5分,旷课一节扣20分			
			嬉戏打闹	出现问题酌情扣分			
			认真、严谨、团结、协作	出现问题酌情扣分			
3	操作过程	50	组装活塞连杆组	组装顺序错误酌情扣分			因违规操作发生重大人身和设备事故,此题按0分计
			拆除汽缸盖及油底壳	拆卸方法不正确每次扣3分			
			拆卸活塞及连杆	拆卸方法不正确酌情扣分 不做标记扣3分 摆放不按顺序扣3分			
			拆卸活塞销	拆卸方法不正确扣5分			
			检查活塞环的“三隙”	检查方法不正确扣3分 检查结果不正确扣3分			
			正确使用工具、仪器	工具、仪器使用不当每项扣2分			
			操作安全	出现问题酌情扣分			
4	操作结果	20	任务完成时间	出现问题酌情扣分			
			任务完成质量	出现问题酌情扣分			
5	分数合计	100					

(2)理论考核(30 min)

①活塞连杆组由哪些部件组成?(25分)

②活塞的形状如何?(25分)

③对活塞有哪些要求?(25分)

④活塞环的三隙指什么?(25分)

项目六　气门间隙的检查与调整

第一步:布置任务

一、项目要求

1. 项目名称

气门间隙的检查与调整。

2. 计划课时

8 课时。

3. 器材及工具准备

要准备以下器材及工具:

①解放 CA1091 型载货汽车发动机 8 台,不同形式配气机构发动机各 1 台;

②常用工具 8 套,一字改锥及塞尺各 8 把;

③棉纱、撬棒、手摇柄若干。

二、教学内容及目的

教学内容及目的如下:

①能够准确确定 1 缸压缩上止点;

②能够对可调气门间隙进行熟练调整;

③掌握气门间隙调整的原则和方法。

三、技术标准及要求

技术标准及要求如下。

①气门间隙为:冷机,进气门 0.20～0.25 mm,排气门 0.25～0.30 mm。

②解放 CA1091 发动机发动顺序为 1—5—3—6—2—4。

四、相关知识准备

1. 配气机构的作用

按照发动机各缸的做功次序和每一汽缸工作循环的要求,定时开启和关闭各汽缸的进、排气门,配合发动机各缸实现进气、压缩、做功和排气的工作过程。

2. 配气机构的组成

配气机构由气门组和气门传动组组成,如图 6-1 所示。气门组包括气门、气门导管、气门弹簧、气门弹簧座等。气门传动组主要由凸轮轴、挺柱、推杆、摇臂轴、摇臂及调整螺钉等组成。

3. 为何要留有气门间隙

如果没有气门间隙,冷态时气门关闭严密,但当发动机启动后温度升高,气门及

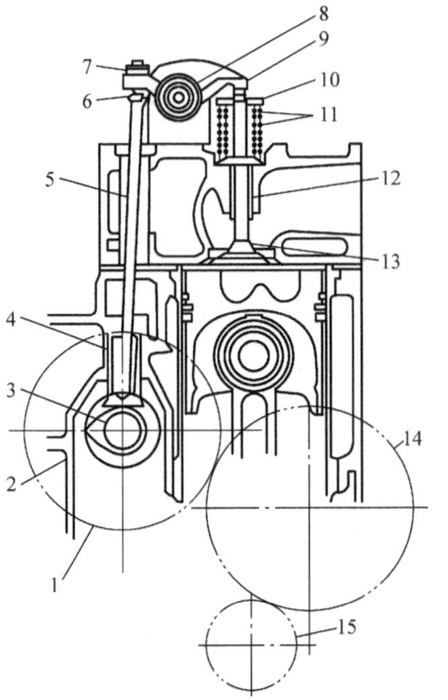

图 6-1 配气机构

1—凸轮轴正时齿轮 2—汽缸体 3—凸轮
4—挺柱 5—气门挺杆 6—气门调整螺钉
7—锁紧螺母 8—摇臂轴 9—摇臂
10—气门弹簧座 11—气门弹簧
12—气门导管 13—气门
14—惰轮 15—曲轴正时齿轮

传动件受热膨胀伸长，导致气门关闭不严，造成汽缸漏气，从而使发动机功率下降，油耗升高，启动困难，甚至不能正常工作。

4. 气门间隙的定义

气门间隙是指发动机在冷态下，当气门处于关闭状态时，气门与传动件之间的间隙。

5. 配气相位

发动机进、排气门实际的开启和关闭时刻与开启持续时间称为配气相位，如图6-2所示。通常用气门开启与关闭相对于上、下止点曲拐位置的曲轴转角来表示配气相位。

6. 气门重叠

在排气上止点之前，进气门提前打开；在排气上止点之后，排气门滞后关闭。这一段时间内，出现了进、排气门同时开启的现象，这种现象称为气门重叠。

五、注意事项

检查与调整气门间隙时须注意以下两点：

①找到正时标记，正确判断 1 缸的压缩上止点；

②调整好气门间隙后锁紧螺母，并要复查。

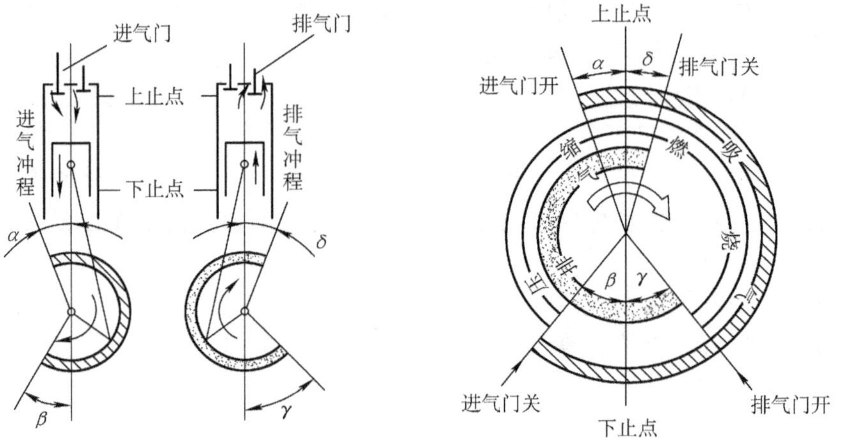

图 6-2 配气相位

第二步：制订计划

教师辅助学生以小组方式，根据课时、人数及教学任务，由学生自己进行信息收集（通过专业书籍、说明书或网络等各种途径查找相关资料或学习本项目的相关知识），讨论并制订出本项目中课题的工作计划。例如：

<table>
<tr><td rowspan="2">受众分析</td><td>年级</td><td>二年级</td><td>专业</td><td>汽车制造与装配</td><td>人数</td><td>40 人/班</td></tr>
<tr><td>学生知识结构</td><td colspan="6">①有一定的逻辑思维能力；
②具有自学能力；
③掌握了配气机构的结构及原理；
④掌握了气门间隙重要性及控制原理；
⑤会使用常规的操作工具</td></tr>
<tr><td rowspan="9">制订计划</td><td rowspan="3">教师布置课题分组</td><td>组别</td><td colspan="2">课　题</td><td>课时</td><td>人数</td><td>组长</td></tr>
<tr><td>1</td><td colspan="2">逐缸调整法</td><td>4</td><td>20</td><td></td></tr>
<tr><td>2</td><td colspan="2">两次调整法</td><td>4</td><td>20</td><td></td></tr>
<tr><td>学生计划</td><td colspan="6">学生根据本项目和本组的课题安排及实训设备情况，进行信息收集并制订工作计划。例如：
①根据项目内容写出整个操作过程的步骤；（可在课前完成）
②根据每个课题列出所需的工具，根据本组人数选择设备数量；
③写出组内设备分配计划</td></tr>
<tr><td>学生讲解</td><td colspan="6">每组学生选派一人讲解本组计划，其他组提出不同见解。每组可重新制订计划，定稿后交给教师评价（此项可在课前由学生自行完成，也可由教师组织完成。）</td></tr>
<tr><td>教师辅助</td><td colspan="6">教师评价各个计划的可实施性，对于不可实施的计划，教师提出意见，由学生进行修改，再评价、再修改直到可实施</td></tr>
<tr><td>实操指导</td><td colspan="6">学生根据自己的计划进行工作，教师观察其操作情况并作指导，及时纠正其错误。根据各组的不同情况有针对性地作进一步讲解</td></tr>
<tr><td>岗位轮换</td><td colspan="6">教师控制整个项目的课时，每组课时结束进行课题轮换</td></tr>
<tr><td>备注</td><td colspan="6"></td></tr>
</table>

第三步：实施课题任务

①在学生操作之前，教师根据实训内容可先进行演示教学，或者进行操作步骤讲解。在本实训项目中，教师要对“逐缸调整法”和“两次调整法”进行演示和讲解。

②不同组别的同学根据自己制订的计划进行操作作业，完成任务后由教师统一安排课题轮换。

③教师观看学生的操作过程，有针对性地进行指导，例如气门间隙的调整方式不同调整方法也不同，注意学生的操作方法。当第一轮操作结束后，教师可对学生存

在的问题进行集中讲解，避免其他学生出现类似错误或不规范操作，然后教师安排组别轮换。

本项目（调整方式为调整螺钉式）的操作步骤如下。

1. 逐缸调整法（参见图 6－3、图 6－5）

①找到点火正时标记。

②确定 1 缸在压缩行程上止点位置，分别调整进、排气门间隙，使之符合技术要求。

③用手柄转动曲轴 120°，按照发动机工作顺序，调整 5 缸进、排气门间隙，使之符合技术要求。

④按照上述方法依次调整其他气门间隙。

⑤调整时，应用厚薄规插入气门杆端与摇臂之间，来回拉动时感到有轻微阻力为合适。

⑥调整时，应先旋松锁紧螺母，然后旋转调整螺钉，直到间隙合适为止，最后旋紧调整螺母并锁紧。

⑦对所有气门进行复查。

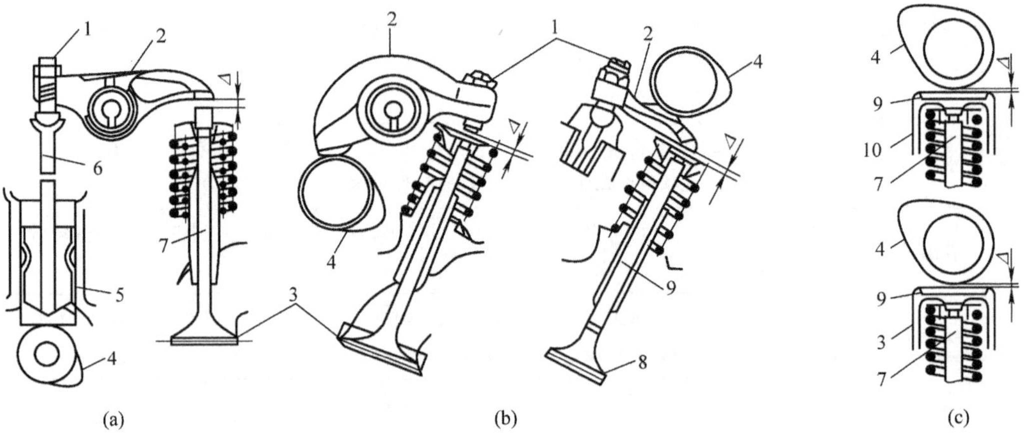

图 6－3　气门间隙 Δ 及其调整装置

(a)凸轮轴下置式　(b)凸轮轴上置式　(c)液压挺柱式

1—调整螺钉　2—摇臂　3—气门座　4—凸轮　5—挺柱

6—推杆　7—气门杆　8—气门头　9—垫块　10—液压挺柱

2. 两次调整法（参见图 6－4、图 6－5）

①找到点火正时标记。

②旋转曲轴使 1 缸活塞处于压缩行程上止点，按照“双—排—不—进”原则和点火顺序判断可调气门。可调气门有 1 缸的进、排气门，5 缸和 3 缸的排气门，2 缸和 4 缸的进气门。

③用塞尺测量可调气门间隙。

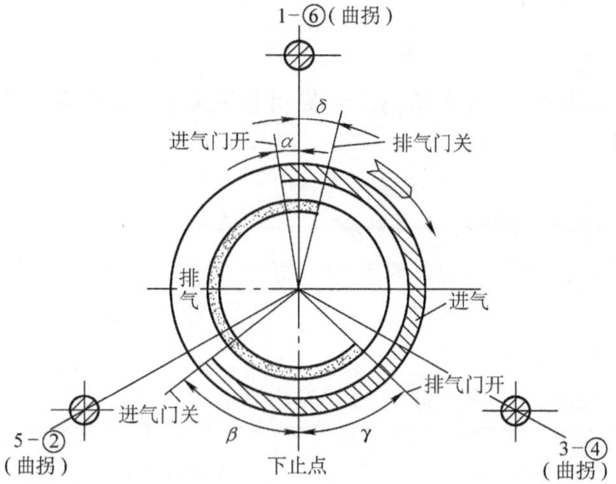

图 6-4　用配气相位图确定发动机的可调气门

④调整间隙不符合要求的气门，使之符合技术要求。

⑤转动曲轴 360°，检查并调整剩余气门的间隙。

⑥调整时，应用厚薄规插入气门杆尾端与摇臂之间，来回拉动时感到有轻微阻力为合适。

⑦调整时，应先旋松锁紧螺母，然后旋转调整螺钉，直到间隙合适为止，最后旋紧调整螺母并锁紧。

⑧对所有气门进行复查。

注：液压挺柱气门间隙可自动调节。

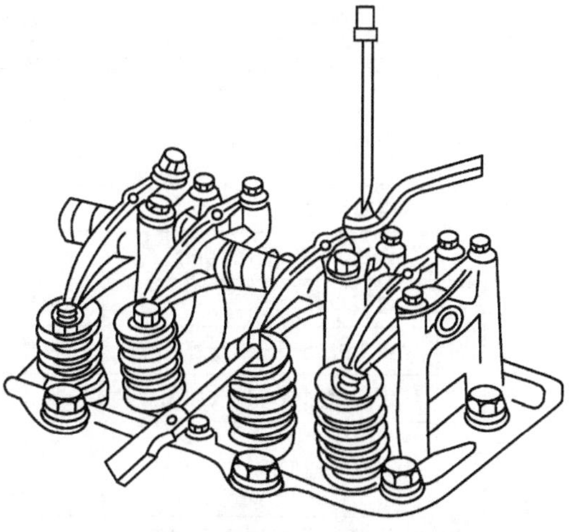

图 6-5　气门间隙的调整

第四步：检查实训过程

①学生在操作时，教师巡视检查学生操作情况，及时指出学生的操作错误，讲解注意事项。

②学生在操作时，同组成员观察操作情况并互相提醒，操作的学生可随时查看工作计划或工作页，做到自我检查，以保证操作的规范性和准确性。

③学生计划完成后，首先要进行自检，小组成员对本次任务进行评价，然后教师检查学生完成的效果。

第五步:评价总结

一、自我评价

学生自我评价,同时对组内其他同学提出意见或建议,交流心得。

二、课题考核

1. 考核要求

①按正确的操作规程检查气门间隙。

②正确地调整气门间隙,使之符合技术标准。

2. 考核

(1)操作考核(40 min)

具体考核内容及配分、评分标准如下表所示。

序号	考核项目	配分	考核内容	评分标准	扣分	得分	备注
1	操作准备	10	对结构原理的熟练程度	出现问题酌情扣分			
			零件的认知程度	出现问题酌情扣分			
			工具整理情况、工位整洁	出现问题酌情扣分			
2	工作态度	20	迟到、早退、旷课	迟到、早退每次扣 5 分,旷课一节扣 20 分			
			嬉戏打闹	出现问题酌情扣分			
			认真、严谨、团结、协作	出现问题酌情扣分			
3	操作过程	50	调整步骤	调整步骤不正确酌情扣分			因违规操作发生重大人身和设备事故,此题按 0 分计
			找 1 缸处于压缩行程止点	操作方法不正确扣 5 分			
			用塞尺测量可调气门间隙	操作不熟练酌情扣分			
			调整气门间隙	测量方法不正确扣 5 分 测量结果不正确扣 3 分			
			用两次调整法或逐缸调整法,检查并调整剩余的气门间隙	调整方法不正确扣 5 分 调整结果不正确每处扣 3 分			
			对所有气门间隙进行复查	每漏检一项扣 2 分			
			正确使用工具、仪器	工具、仪器使用不当每项扣 2 分			
			操作安全	出现问题酌情扣分			
4	操作结果	20	任务完成时间	出现问题酌情扣分			
			任务完成质量	出现问题酌情扣分			
5	分数合计	100					

(2)理论考核(30 min)

①配气机构是由哪些部分组成的?(25 分)

②为何要留有气门间隙?(25 分)

③何谓气门间隙?(25 分)

④何谓气门重叠?(25 分)

项目七　冷却系的拆装

第一步:布置任务

一、项目要求

1. 项目名称

冷却系的拆装。

2. 计划课时

6 课时。

3. 器材及工具准备

要准备以下器材及工具:

①桑塔纳发动机台架、水泵、节温器等各 10 套;

②专用拉器、压器、水温计、加热装置、常用工具各 10 套;

③相关幻灯片、挂图或图册等若干。

二、教学内容及目的

教学内容及目的如下:

①了解冷却系的组成和水循环路线;

②熟悉水泵的拆装要领。

三、技术标准及要求

技术标准及要求如下:

①节温器开启温度 85℃,开启行程 7 mm;

②风扇电机热敏开关开启温度 90～98℃,关闭温度 88～93℃;

③散热器盖开启压力 120～150 kPa;

④热交换器开关在 5℃以下电阻为 0 Ω ,在 55℃以上电阻为∞。

四、相关知识准备

1. 冷却系的作用

冷却系使工作中的发动机得到适度的冷却,从而保持其在最适宜的温度范围内工作。

2. 冷却系的组成

冷却系统由冷却装置(水泵、风扇、散热器等)、冷却强度调节装置(节温器、风扇离合器、百叶窗等)和水温显示装置(水温表、水温感应塞)等组成,如图7－1 所示。

3. 水泵的功用

水泵的功用是对冷却水加压,使之在冷却系中加速循环流动。

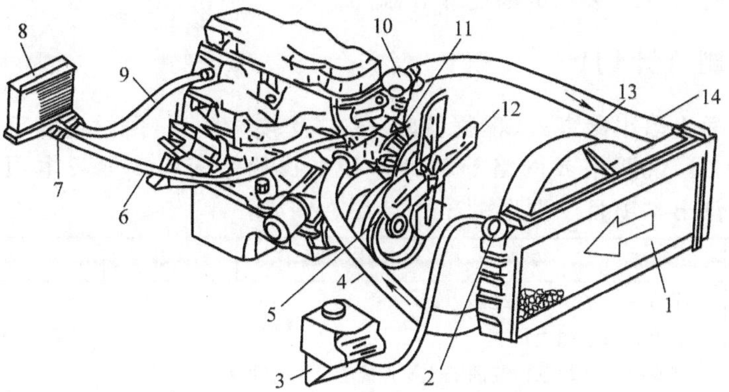

图 7－1　汽车发动机冷却系统组成

1—散热器　2—散热器盖　3—补偿水桶　4—散热器出水软管　5—风扇传动带　6—暖风机出水软管　7—管箍　8—暖风机芯　9—暖风机进水软管　10—节温器　11—水泵　12—冷却风扇　13—护风圈　14—散热器进水软管

4. 冷却水的循环路线

当发动机水温低于 70℃时，节温器的主阀门关，副阀门开，冷却水进行小循环(冷却液不经过散热器)；当发动机水温高于 80℃时，节温器的主阀门开，副阀门关，冷却水进行大循环；当发动机水温在 70～80℃之间时，节温器的主、副阀门处于部分开启，冷却水进行混合循环，如图 7－2 所示。

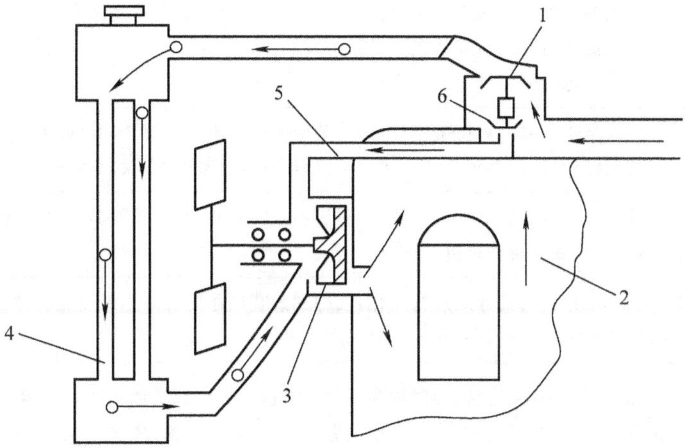

图 7－2　冷却系的大小循环

1—双阀节温器主阀门　2—水套　3—水泵　4—散热器　5—旁通管　6—副阀门

五、注意事项

冷却系拆装时须注意以下两点：

①放出冷却液要小心(冷却液有毒)；

②冷却液要按照厂家规定来选择和添加。

第二步：制订计划

教师辅助学生以小组方式，根据课时、人数及教学任务，由学生自己进行信息收集（通过专业书籍、说明书或网络等各种途径查找相关资料或学习本项目的相关知识），讨论并制订出本项目中课题的工作计划。例如：

<table>
<tr><td rowspan="2">受众分析</td><td>年级</td><td>二年级</td><td>专业</td><td>汽车制造与装配</td><td>人数</td><td>40人/班</td></tr>
<tr><td>学生知识结构</td><td colspan="5">①有一定的逻辑思维能力；
②具有自学能力；
③掌握了冷却系拆装的安全操作规程及注意事项；
④掌握了冷却系的相关理论知识；
⑤会使用常规的操作工具</td></tr>
<tr><td rowspan="12">制订计划</td><td rowspan="6">教师布置课题分组</td><td>组别</td><td>课　题</td><td>课时</td><td>人数</td><td>组长</td></tr>
<tr><td>1</td><td>冷却系的拆卸及装配</td><td>6</td><td>8</td><td></td></tr>
<tr><td>2</td><td>冷却系的拆卸及装配</td><td>6</td><td>8</td><td></td></tr>
<tr><td>3</td><td>冷却系的拆卸及装配</td><td>6</td><td>8</td><td></td></tr>
<tr><td>4</td><td>冷却系的拆卸及装配</td><td>6</td><td>8</td><td></td></tr>
<tr><td>5</td><td>冷却系的拆卸及装配</td><td>6</td><td>8</td><td></td></tr>
<tr><td>学生计划</td><td colspan="5">学生根据本项目和本组的课题安排及实训设备情况，进行信息收集并制订工作计划。例如：
①根据项目要求写出整个操作过程的步骤；（可在实训课前完成）
②根据项目列出所需的工具及数量；
③写出组内分工计划或轮岗计划</td></tr>
<tr><td>学生讲解</td><td colspan="5">每组学生选派一人讲解本组计划，其他组提出不同见解。每组可重新制订计划，定稿后交给教师评价（此项可在课前由学生自行完成，也可由教师组织完成）。</td></tr>
<tr><td>教师辅助</td><td colspan="5">教师评价各个计划的可实施性，对于不可实施的计划，教师提出意见，由学生进行修改，再评价、再修改直到可以实施</td></tr>
<tr><td>实操指导</td><td colspan="5">学生根据自己的计划进行工作，教师观察其操作情况并作指导，及时纠正其错误。根据各组的不同情况有针对性地作进一步地讲解</td></tr>
<tr><td>岗位轮换</td><td colspan="5">此项目五组同时完成相同内容，不需要组别轮换，只需组内人员轮换岗位。例如：每个组分两个小组，每组4人，一个小组进行拆卸，另一组进行装配，然后两组交换</td></tr>
<tr><td>备注</td><td colspan="5"></td></tr>
</table>

第三步：实施课题任务

①在学生操作之前，教师根据实训内容可先进行演示教学，或者进行操作步骤讲解。在本实训项目中教师只对桑塔纳冷却系拆装顺序和拆装注意事项加以讲解

即可。

②教师观看学生的操作过程，有针对性地进行指导，例如桑塔纳冷却系节温器的检测方法及温度控制等。当第一轮操作结束后，教师可对学生存在的问题进行集中讲解，避免其他学生出现类似错误或不规范操作。

本项目的操作步骤如下。

1. 桑塔纳冷却系拆卸

桑塔纳冷却系的拆卸步骤如下。

①冷却液的排放与补充。将仪表板的暖风开关拨至右端，使暖风控制阀全开；拧下冷却系膨胀水箱盖(必须在冷态时排液，热机时不能操作)；松开水管的卡箍，拉出冷却液软管，放出冷却液，用容器收集，以便今后使用。(注意：冷却液有毒，操作时要小心)

②散热器总成(如图 7-3)的拆卸。从散热器上拆下冷却液上、下水管与膨胀水箱的连接管，最后取下散热器总成。

③散热器总成分解。旋下螺栓取下风扇及风扇罩；旋下螺母，从风扇罩上取下风扇及电机，从散热器上旋下风扇电机热敏开关及O形圈。

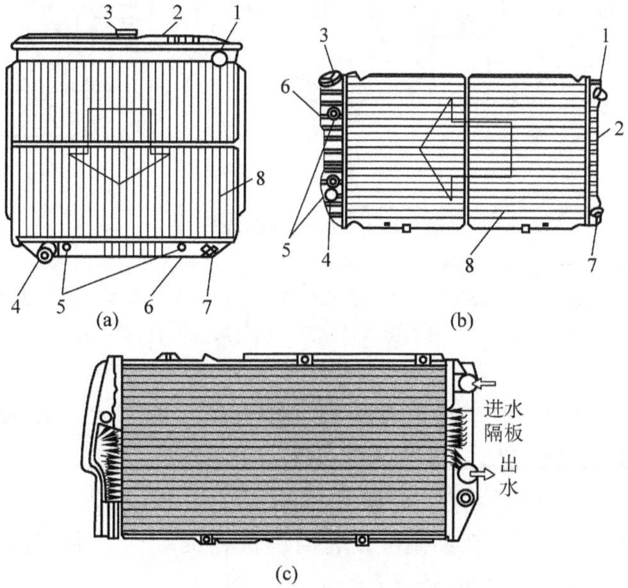

图 7-3　散热器结构形式

(a)纵流式散热器　(b)、(c) 横流式散热器

1—进水口　2—进水室　3—散热器盖　4—出水孔

5—自动变速器油冷却器进、出口　6—出水室　7—放水阀　8—散热器芯

④水泵总成(如图 7-4)的分解。从水泵上取下水循环管、热交换器回水管、冷却液下水管。取下水泵传动皮带，拆下水泵总成。

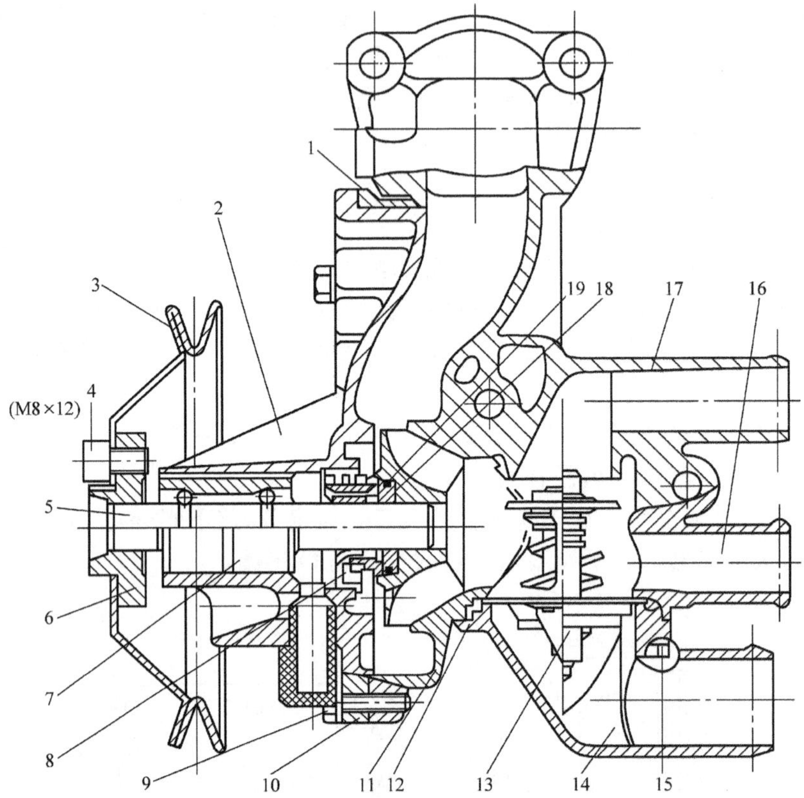

图 7-4　水泵纵剖面图

1、10—密封垫　2—水泵前壳体　3—水泵皮带盘　4—水泵皮带盘紧固螺栓　5—水泵轴
6—皮带轮凸缘　7—轴承　8—水封　9—水泵壳连接螺栓　11—水泵壳体　12—密封圈　13—节温器
14—水泵主进水管　15—进水管紧固螺栓　16—热交换器(暖风)回水进水泵口
17—小循环水泵进水口　18—水泵叶轮　19—油封

⑤水泵总成的分解。取下水泵皮带轮，旋下螺栓，取下水泵和衬垫，取下节温器盖、节温器O形圈和节温器。(参见图7-5)

⑥节温器(图7-6)的检查。节温器为蜡式节温器，检查节温器的功能是否正常，可将节温器置于热水中，观察温度变化时节温器的动作。温度为87±2℃开始打开，温度达102±3℃时，其升程大于7 mm。

(7)V形带张紧度的检查(图7-7)。因为交流发动机及水泵是用三角带传动的，使用一段时间后，由于皮带磨损或其他原因，皮带的张紧度变松，影响传动效率，降低传动件使用寿命。一般在水泵皮带中间处用拇指按压，其挠度为10 mm，否则应予以调整。

2. 桑塔纳冷却系的装配

桑塔纳冷却系的装配步骤如下。

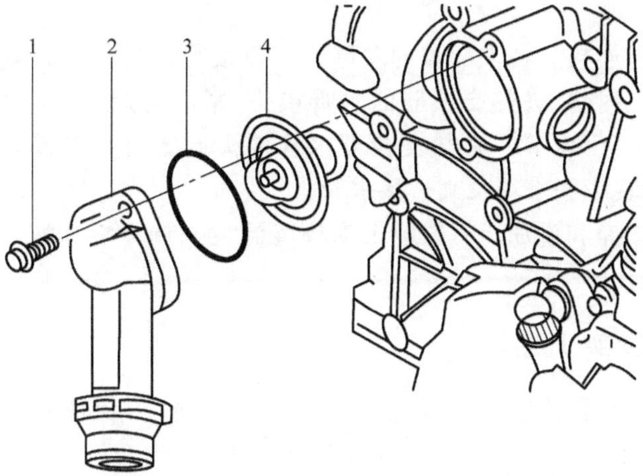

图 7 - 5　拆卸节温器

1—螺栓　2—节温器盖　3—O形密封圈　4—节温器

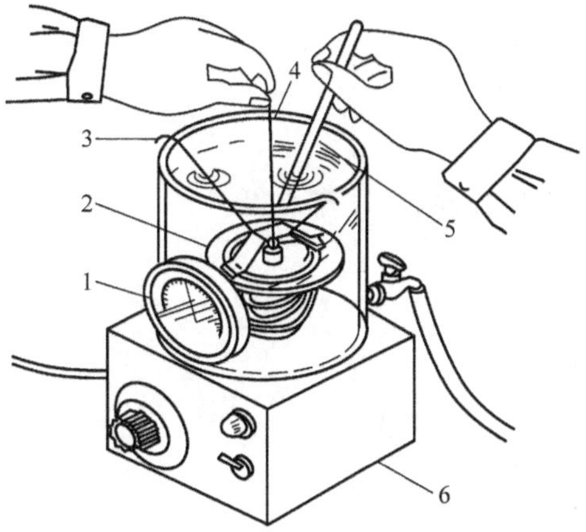

图 7 - 6　蜡式节温器的检查

1—温度计　2—节温器　3—金属挂钩
4—牵线　5—搅棒　6—加热炉

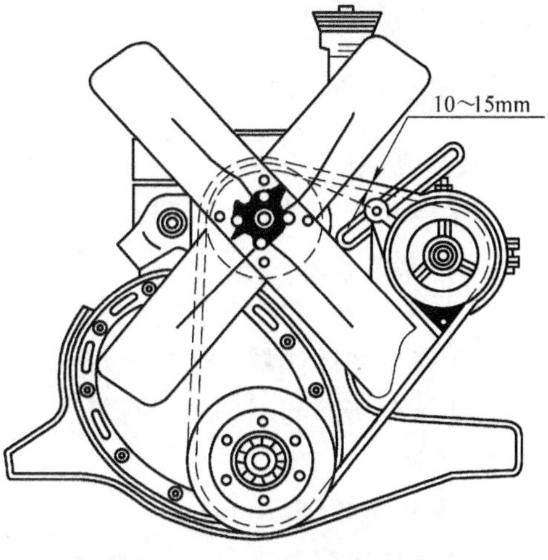

图 7 - 7　V 形带张紧装置

①水泵的安装。将水泵及发动机的水道清洁干净，再将水泵、衬垫装到水泵体上，紧固力矩为 10 N·m；再装上水泵皮带轮，紧固力矩为 20 N·m；装上节温器、O 形圈及节温器盖，紧固力矩为 10 N·m，最后将组装好的水泵总成装到汽缸体左侧，紧固力矩为 20 N·m。

②散热器的安装。将风扇及电机装到风扇罩上，紧固力矩为 10 N·m；然后一起装到散热器上，紧固力矩为 10 N·m；旋紧风扇电机热敏开关，紧固力矩为 25 N·m；散热器装上橡胶垫后，放入车身的安装孔中，再安装上支架，紧固力矩为

10 N·m。

③冷却水管的连接。在汽缸盖的左侧装上连接管、衬垫，紧固力矩为 10 N·m；在汽缸盖后面装上衬垫、去热交换器的水管接头，紧固力矩为 10 N·m。装上小循环水管及冷却液上、下水管。在热交换器水管接头上旋上水温感应塞，紧固力矩为 10 N·m，最后安装膨胀水箱及其连接水管。

④冷却液的选择和添加。一般应根据环境温度来选择冷却液，并添加至规定数量，符合要求为止。

第四步：检查实训过程

①学生进行实际操作时，教师巡视检查学生操作情况，及时指出学生的操作错误及注意事项。

②学生在操作时，同组成员观察操作情况并互相提醒，操作者可随时查看工作计划或工作页，做到自我检查，保证操作的规范性和准确性。

③学生计划完成后，首先要进行自检，小组内成员对本次任务进行评价，然后教师检查学生完成的效果。

第五步：评价总结

一、自我评价

学生自我评价，同时对组内其他同学提出意见或建议，交流心得。

二、课题考核

1. 考核要求

①正确拆装散热器、水泵、风扇和连接水管。

②能够分析冷却系的大、小循环。

2. 考核

(1)操作考核(60 min)

具体考核内容及配分、评分标准如下表所示。

序号	考核项目	配分	考核内容	评分标准	扣分	得分	备注
1	操作准备	10	对结构原理的熟练程度	出现问题酌情扣分			
			零件的认知程度	出现问题酌情扣分			
			工具整理情况、工位整洁	出现问题酌情扣分			
2	工作态度	20	迟到、早退、旷课	迟到、早退每次扣 5 分，旷课一节扣 20 分			
			嬉戏打闹	出现问题酌情扣分			
			认真、严谨、团结、协作	出现问题酌情扣分			

续表

序号	考核项目	配分	考核内容	评分标准	扣分	得分	备注
3	操作过程	50	正确使用工具、仪器	工量具使用不当酌情扣分			因违规操作发生重大人身和设备事故，此题按0分计
			拆装顺序正确	拆装顺序错误酌情扣分			
			所有零件摆放整齐	摆放不齐、错误酌情扣分			
			节温器的检查	不检查扣8分			
			操作安全	出现问题酌情扣分			
4	操作结果	20	任务完成时间	出现问题酌情扣分			
			任务完成质量	出现问题酌情扣分			
5	分数合计	100					

(2)理论考核(30 min)

①简述冷却系的作用及组成。(50 分)

②冷却水有哪几种循环路线？与水温有什么关系？(50 分)

项目八　润滑系的拆装

第一步：布置任务

一、项目要求

1. 项目名称

润滑系的拆装。

2. 计划课时

8 课时。

3. 器材及工具准备

要准备以下器材和工具：

①桑塔纳发动机 4 台，不同润滑形式的发动机各 2 台；

②常用工具 10 套，厚薄规 10 把；

③相关幻灯片、挂图或图册等若干。

二、教学内容及目的

教学内容和目的如下：

①掌握润滑系主要机件的拆装要领和调整方法；

②能够正确分析出润滑系的油路。

三、技术标准及要求

润滑系拆装技术标准及要求如下：

①机油泵齿轮的侧隙 0.05 mm；

②机油泵齿轮与泵体的端隙 0.05～0.1 mm；

③机油泵主动轴与泵体孔的径向间隙 0.03～0.75 mm。

四、相关知识准备

1. 发动机润滑系的作用及组成

发动机润滑系具有润滑、清洗、冷却、密封和防锈五大作用。

发动机润滑系由供给装置(机油泵、油底壳、油管和油道以及限制泵油压力的限压阀等)、滤清装置(集滤器、粗滤器、细滤器、旁通阀等)、仪表与信号装置(油压传感器、指示灯、机油压力表)等组成。AJR 型发动机润滑系如图 8-1 所示。

2. 润滑方式

发动机润滑系润滑方式有压力润滑、飞溅润滑和组合润滑。

3. 机油泵的作用

机油泵的作用是将一定流量和压力的机油通过油道送往各润滑点。

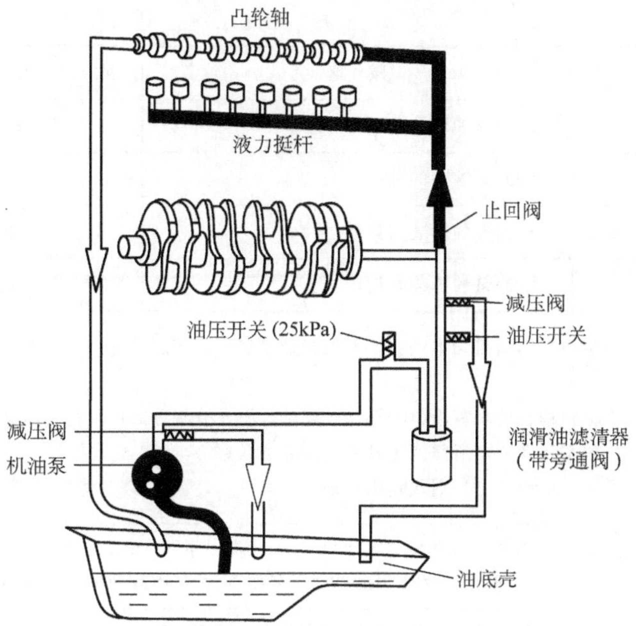

图 8－1　AJR 型发动机润滑系示意图

4. 机油滤清器的作用及种类

机油滤清器的作用是滤除润滑油中的各类杂质，提高润滑油的清洁度，降低发动机的机械磨损。

机油滤清器的种类有集滤器、机油粗滤器和机油细滤器。

五、注意事项

拆装润滑系时须注意以下两点：

①正确操作，注意人身及机件安全；

②注意拆装顺序，保持场地整洁及零部件、工量具清洁。

第二步：制订计划

教师辅助学生以小组方式，根据课时、人数及教学任务，由学生自己进行信息收集（通过专业书籍、说明书或网络等各种途径查找相关资料或学习本项目的相关知识），讨论并制订出本项目中课题的工作计划。

例如：

受众分析	年级	二年级	专业	汽车制造与装配	人数	40 人/班
	学生知识结构	①有一定的逻辑思维能力； ②具有自学能力； ③掌握了润滑系拆装的安全操作规程； ④掌握了润滑系的作用及润滑方式； ⑤会使用常规的操作工具及量具				

续表

<table>
<tr><td rowspan="13">制订计划</td><td rowspan="5">教师布置课题分组</td><td>组别</td><td>课　题</td><td>课时</td><td>人数</td><td>组长</td></tr>
<tr><td>1</td><td>润滑系油路的分析</td><td>4</td><td>10</td><td></td></tr>
<tr><td>2</td><td>润滑系油路的分析</td><td>4</td><td>10</td><td></td></tr>
<tr><td>3</td><td>机油泵的拆装与调整</td><td>4</td><td>10</td><td></td></tr>
<tr><td>4</td><td>机油泵的拆装与调整</td><td>4</td><td>10</td><td></td></tr>
<tr><td>学生计划</td><td colspan="5">学生根据本项目和本组的课题安排及实训设备情况进行信息收集并制订工作计划。例如：
①根据项目要求写出整个操作过程的步骤及分析方法；（可在实训课前完成）
②根据课题列出所需的工具及工件总成数；
③写出组内分工计划或轮岗计划</td></tr>
<tr><td>学生讲解</td><td colspan="5">每组学生选派一人讲解本组计划，其他组提出不同见解。每组可重新制订计划，定稿后交给教师评价（此项可在课前由学生自行完成，也可由教师组织完成。）</td></tr>
<tr><td>教师辅助</td><td colspan="5">教师评价各个计划的可实施性，对于不可实施的教师提出意见，由学生进行修改，再评价、再修改直到可以实施</td></tr>
<tr><td>实操指导</td><td colspan="5">学生根据自己的计划进行工作，教师观察其操作情况并作指导，及时纠正其错误。根据各组的不同情况有针对性地作进一步地讲解</td></tr>
<tr><td>岗位轮换</td><td colspan="5">教师控制整个项目的课时，每组课时结束进行课题轮换。每组组长根据自己的课题课时控制小组的岗位轮换时间</td></tr>
<tr><td>备注</td><td colspan="5">对润滑系油路的分析课题，教师应准备出几种不同润滑形式的发动机供学生用</td></tr>
</table>

第三步：实施课题任务

①在学生操作之前，教师根据实训内容可先进行演示教学，或者进行操作步骤讲解。在本实训项目中，教师应对润滑系油路的分析方法进行讲解；对机油泵的拆装与调整方法进行讲解并由学生操作。

②不同小组的同学根据自己制订的计划进行不同的课题操作作业，完成任务后由教师统一安排课题轮换。

③教师观看学生的操作过程，进行有针对性的指导。当第一轮操作结束后，教师可对学生存在的问题进行集中讲解，避免其他学生出现类似错误或不规范操作。

本项目的操作步骤如下。

1. 润滑系油路的分析

①采用了传统的飞溅和压力润滑相结合的方式：

油底壳→机油集滤器→机油泵(限压阀)→机油滤清器(旁通阀)→

→中间轴前轴承

→止回阀→缸盖油道 { →液力挺杆 ; →凸轮轴轴承 }

→主油道→曲轴主轴承→连杆轴承→中间轴后轴承

②压力报警开关:机油高压不足传感器装在机油滤清器座上,机油低压不足传感器装在汽缸盖油道的后端。

2. 机油泵的拆装与调整

(1)机油泵的拆卸(参见图 8-2、图 8-3)

机油泵的拆卸步骤如下:

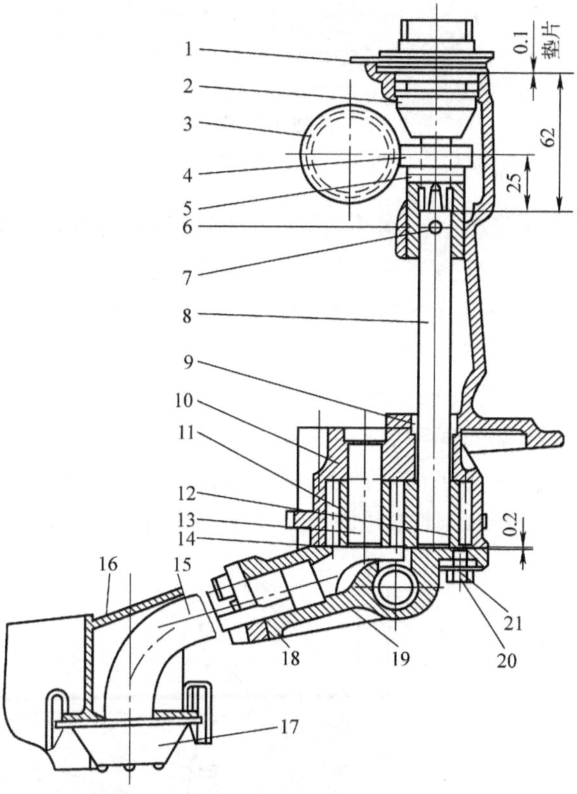

图 8-2　机油泵的组成与装配关系

1—密封垫片(0.1 mm)　2—分电器轴　3—中间轴螺旋齿轮　4—分电器轴上被动螺旋齿轮　5—定位销　6—机油泵轴上支撑套　7—定位螺孔　8—机油泵轴　9—机油泵轴下支撑及定位套　10—机油泵壳体　11—机油泵被动齿轮　12—机油泵主动齿轮　13—被动齿轮轴　14—衬垫(0.2 mm)　15—吸油管　16—吸油管支撑套　17—粗集油器　18—O 形密封圈　19—机油泵盖　20—短螺栓　21—垫片

①旋松分电器轴向限位卡板的紧固螺栓,拆去卡板,拔出分电器总成;

②旋松并拆卸两只将机油泵盖、机油泵体紧固到机体上的长紧固螺栓,将机油吸油部件一起拆下;

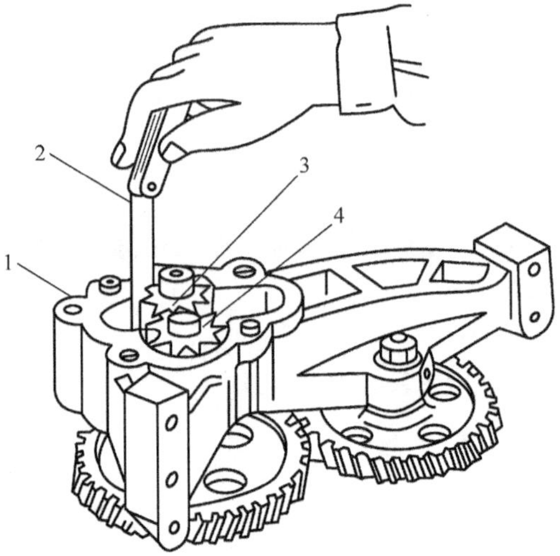

图 8-3　机油泵间隙的检查

1—泵体　2—塞尺　3—从动齿轮　4—主动齿轮

③拧松并拆下吸油管组紧固螺栓，拆下吸油管组，检查并清洗滤网；

④旋松并拆下机油泵盖短紧固螺栓，取下机油泵组件，检查泵盖上的限压阀；

⑤分解主、被动齿轮，再分解齿轮和轴，垫片更换新件。

(2)检验与装备

①检查主、被动齿轮的磨损情况，必要时应更换(最好成对更换)；

②机油泵盖与齿轮端面间隙：标准为 0.05 mm，使用极限为 0.15 mm。检查时，将钢尺直边紧靠在带齿轮的泵体端面上，将塞尺插入二者之间的缝隙进行测量，若不符，则可以通过增减泵盖与泵体之间的垫片来进行调整；(参见图 8-4)

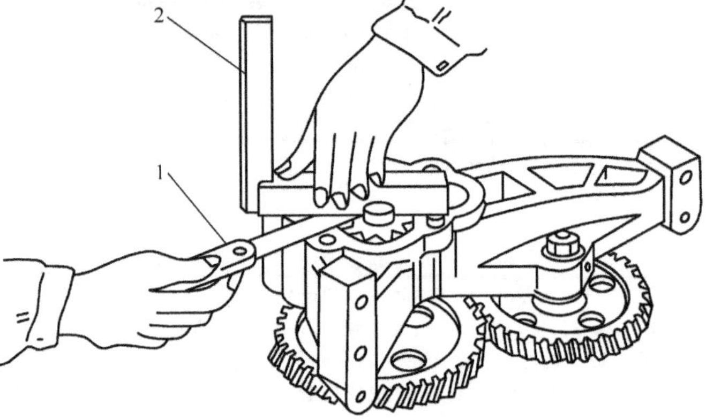

图 8-4　机油泵端面间隙的检查

1—塞尺　2—宽座角尺

③主、被动齿轮与泵腔内壁间隙超过 0.3 mm 时应换成新件；

④主、被动齿轮和啮合间隙：用塞尺插入啮合齿间，测量 120°三点齿侧，标准为 0.05 mm，使用极限为 0.20 mm；(参见图 8-5)

⑤将所有零件清洗干净，按分解的逆顺序进行装配。

图 8-5　齿轮啮合间隙的检查

第四步：检查实训过程

①学生进行实际操作时，教师巡视检查学生操作情况，及时指出其错误及注意事项。

②学生在操作时，同组成员观察操作情况并互相提醒，操作者可随时查看工作计划或工作页，做到自我检查，以保证操作的规范性和准确性。

③学生计划完成后，首先要进行自检，小组成员对本次任务进行评价，然后教师检查学生完成的效果。

第五步：评价总结

一、自我评价

学生自我评价，同时对组内其他同学提出意见或建议，交流心得。

二、课题考核

1. 考核要求

①正确进行润滑系的油路分析。

②掌握机油泵的拆装和调整。

2. 考核

(1)操作考核(60 min)

具体考核内容及配分、评分标准如下表所示。

序号	考核项目	配分	考核内容	评分标准	扣分	得分	备注
1	操作准备	10	对结构原理的熟练程度	出现问题酌情扣分			
			零件的认知程度	出现问题酌情扣分			
			工具整理情况、工位整洁	出现问题酌情扣分			
2	工作态度	20	迟到、早退、旷课	迟到、早退每次扣5分，旷课一节扣20分			
			嬉戏打闹	出现问题酌情扣分			
			认真、严谨、团结、协作	出现问题酌情扣分			
3	操作过程	50	正确使用工具、仪器	工具使用不当扣10分			因违规操作发生重大人身和设备事故，此题按0分计
			所有零件摆放整齐	摆放不整齐扣5分			
			检查机油泵的“三隙”，并测量准确	漏检一项扣5分			
			正确的拆装顺序	拆装顺序错误酌情扣分			
			操作安全	出现问题酌情扣分			
4	操作结果	20	任务完成时间	出现问题酌情扣分			
			任务完成质量	出现问题酌情扣分			
5	分数合计	100					

(2)理论考核(30 min)

①润滑系的作用是什么？(30分)

②润滑系是由哪些装置和机件组成的？(30分)

③机油滤清器的作用是什么？它有哪些种类？(40分)

项目九　燃油供给系的拆装与检查

第一步:布置任务

一、项目要求

1. 项目名称

汽油泵的拆装与检查及汽油滤清器的更换。

2. 计划课时

8 课时。

3. 器材及工具准备

要准备的器材和工具如下:

①EQB601—C 型汽油泵 8 个,电控发动机台架 8 台;

②常用工具、量具各 8 套以及检测线和设备。

二、教学内容及目的

教学内容及目的如下:

①了解汽油机供给系的组成;

②熟练掌握汽油泵的拆装过程与装复后的性能检查;

③熟悉汽油机的供给系中主要机件的名称、作用和连接关系。

三、技术标准及要求

燃油供给系的拆装与检查的技术标准及要求如下:

①机械膜片式汽油泵:当凸轮轴转速为 1 500 r/min,吸油管高度为 500 mm,出油口关闭油压为 26.6～36.6 kPa,泵油量为 3.16 L/min 时,停止泵油 1 min,压力下降应不低于 26.6 kPa。各结合平面在 3 min 内不得有渗漏现象。

②电动汽油泵(桑塔纳 2000GLi):将点火开关置于 OFF,拆掉汽油滤清器接口,观察泵油量及泵油压力,该种电动汽油泵每 30 s 的泵油量为 550～650 mL,泵油压力为 330～350 kPa。

四、相关知识准备

1. 汽油机燃料供给系的功用及组成

汽油机燃油供给系的作用是根据发动机各种不同工况的要求,配制出一定数量和浓度的可燃混合气,供入汽缸,并在做功完毕后,将废气排出。

汽油机燃油供给系由燃油供给装置、空气供给装置、可燃混合气形成装置、可燃混合气供给与废气排出装置等四部分组成。

2. 可燃混合气浓度的表示方法

可燃混合气浓度常用以下两种方法表示：

①空燃比 R＝混合气中空气质量(kg)/ 混合气中燃油质量(kg)；

②过量空气系数 α＝燃烧 1 kg 燃料所实际供给的空气质量/完全燃烧 1 kg 燃料所需的理论空气质量。

3. 汽油泵的作用及组成

汽油泵的作用是将汽油从油箱吸出，经管路和汽油滤清器，然后泵入化油器浮子室。汽油泵由上体、下体和泵膜总成三大部分组成。

4. 汽车的三大公害

汽车有以下三大公害：

①排气对大气的污染；

②噪声对环境的危害；

③电气设备对无线电广播电视电波的干扰。

五、注意事项

实训操作过程中要注意以下问题：

①汽油泵的分解在专门工作台上进行；

②拆卸下的零件均放置在盛件盘内，要用汽油、酒精或丙酮彻底清洗；

③整个拆解过程，不要用手锤敲击壳体；

④所用工具应放在相应处，不得乱扔乱放。

第二步：制订计划

教师辅助学生以小组方式，根据课时、人数及教学任务，由学生自己进行信息收集（通过专业书籍、说明书或网络等各种途径查找相关资料或学习本项目的相关知识），讨论并制订出本项目中课题的工作计划。例如：

<table>
<tr><td rowspan="2">受众分析</td><td>年级</td><td>二年级</td><td>专业</td><td>汽车制造与装配</td><td>人数</td><td>40 人/班</td></tr>
<tr><td>学生知识结构</td><td colspan="5">①有一定的逻辑思维能力；
②具有自学能力；
③掌握了燃油供给系的组成及汽油泵工作原理；
④掌握了汽油泵的检修的注意事项；
⑤会使用常规的操作工具</td></tr>
</table>

<table>
<tr><td rowspan="5">制订计划</td><td rowspan="5">教师布置课题分组</td><td>组别</td><td>课　题</td><td>课时</td><td>人数</td><td>组长</td></tr>
<tr><td>1</td><td>汽油泵的拆装与检测</td><td>4</td><td>10</td><td></td></tr>
<tr><td>2</td><td>汽油泵的拆装与检测</td><td>4</td><td>10</td><td></td></tr>
<tr><td>3</td><td>汽油滤清器的更换</td><td>4</td><td>10</td><td></td></tr>
<tr><td>4</td><td>汽油滤清器的更换</td><td>4</td><td>10</td><td></td></tr>
</table>

续表

制订计划	学生计划	学生根据本项目和本组的课题安排及实训设备情况，进行信息收集并制订工作计划。例如： ①根据项目要求写出整个操作过程的步骤；(可在课前完成) ②根据每个课题列出所需的工具； ③写出组内分工计划或轮岗计划
	学生讲解	每组学生选派一人讲解本组计划，其他组提出不同见解。每组可重新制订计划，定稿后交给教师评价(此项可在课前由学生自行完成，也可由教师组织完成。)
	教师辅助	教师评价各个计划的可实施性，对于不可实施的计划，教师提出意见，由学生进行修改，再评价、再修改直到可以实施
	实操指导	学生根据自己的计划进行工作，教师观察其操作情况并作指导，及时纠正其错误。根据各组的不同情况有针对性地作进一步地讲解
	岗位轮换	教师控制整个项目的课时，每组课时结束进行课题轮换。每组组长根据自己的课题课时控制小组的岗位轮换时间
	备注	

第三步：实施课题任务

①在学生操作之前，教师根据实训内容可先进行演示教学，或者进行操作步骤讲解。在本实训项目中，要对汽油泵的拆装与检测、汽油滤清器的更换等二个课题进行演示讲解。

②不同组别同学根据自己制订的计划进行不同的课题操作作业，完成任务后由教师统一安排课题轮换。

③教师观看学生的操作过程，进行有针对性的指导，例如对汽油泵的拆装及装复后的检查，应注意学生的操作方法，并注意汽油滤清器更换时燃油残余压力是否解除。当第一轮操作结束后，教师可对学生存在的问题进行集中讲解，避免其他学生出现类似错误或不规范操作。

本项目以 EQB501－C 型汽油泵为例，其操作步骤如下。

一、汽油泵的拆装与检测

1. 汽油泵的拆解(参见图 9－1、图 9－2)

①关闭汽油箱，拆下汽油泵进出油管接头。

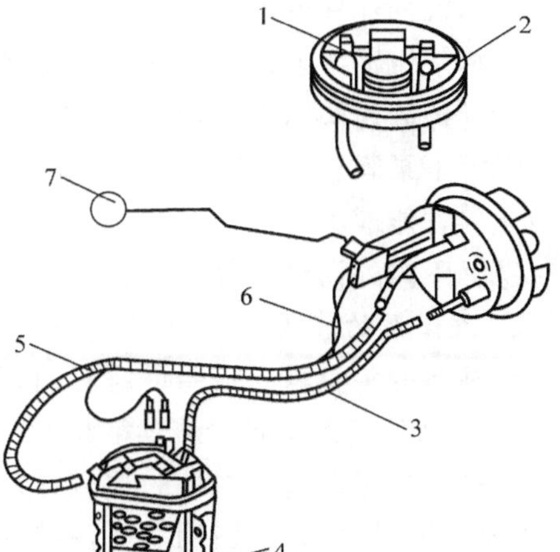

图 9－1　燃油泵及附件

1—透气管(通向活性炭罐)　2—密封凸缘　3—回油管　4—燃油泵　5—进油管　6—导线　7—浮子

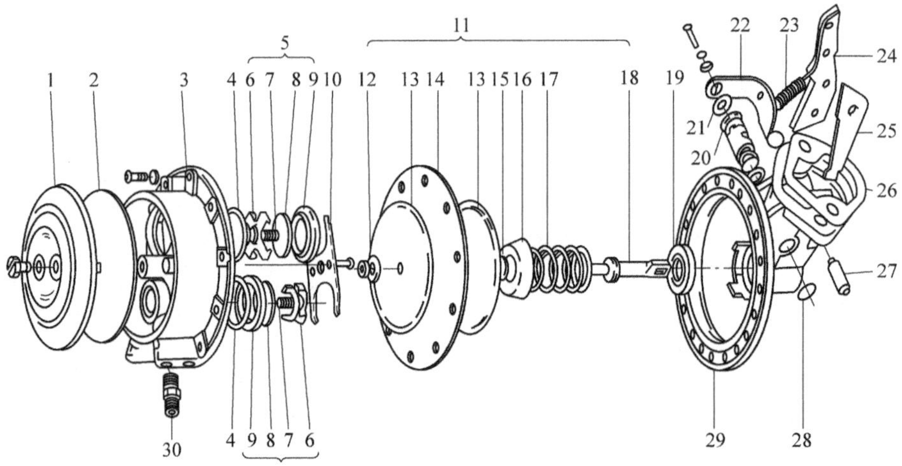

图 9－2　EQB501 型汽油泵分解图

1—上盖　2—上盖衬片　3—泵盖　4—阀衬片　5—阀门总成　6—阀门盖　7—阀门弹簧　8—阀门　9—阀门盖　10—阀门支持片　11—泵膜总成　12—垫圈　13—泵膜夹片　14—泵膜　15—垫圈　16—泵膜弹簧座　17—泵膜弹簧　18—泵膜拉杆　19—泵膜拉杆油封总成　20—手拉杆轴　21—手拉杆轴密封圈　22—手拉杆　23—摇臂复位弹簧　24—摇臂　25—泵膜拉杆拉钩内摇臂　26—汽油泵衬垫　27—摇臂轴　28—钢丝挡圈　29—油泵本体　30—管接头

②拆下汽油泵固定螺钉，从发动机上取下汽油泵及衬垫。

③用汽油清洗汽油泵外部。

④拆下汽油泵上体和下体的固定螺钉。

⑤拆掉固定阀门支架螺钉，取出阀门。

⑥拆下泵膜总成，并对泵膜总成进行分解(将泵膜及拉杆稍向下压，然后向摇臂方向倾斜方能取出)。

⑦拆下内外摇臂及复位弹簧。

2. 汽油泵的装复

汽油泵的装复顺序按照拆解时的相反顺序进行。

3. 汽油泵装复后的检查(参见图 9－3)

①进出油单向阀密封性的检查：用手堵住出油口和回油口，摇动摇臂时阻力应很小，否则表明进油阀失效；用手堵住进油口，推动摇臂时应感到阻力很大，否则表明出油阀失效。

②膜片密封性的检查：用手堵住进出回油口，推动摇臂时应感到阻力很大；若阻力小或通气孔也向外渗油，则表明膜片已损坏，应更换膜片或总成。

③汽油泵工作性能的检查：将进油管置于汽油内，推动摇臂时出油管处应泵出汽油。

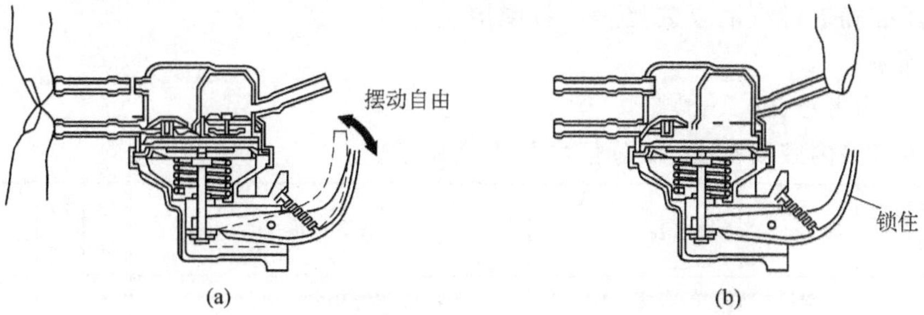

图 9-3　汽油泵进、出油阀和膜片密封性的检查

(a)进油阀密封性的检查　(b)出油阀和膜片密封性的检查

二、汽油滤清器的更换

更换燃油滤清器时，切勿使工具与电瓶端子接触。更换汽油滤清器的步骤如下。

①解除燃油压力：拔下燃油泵继电器或保险，禁止燃油泵工作；打开点火开关，用启动机带动发动机转动，反复几次。

②在燃油滤清器下面及其周围垫一块抹布。

③拆下发动机配线束托架和动力转向供油管夹。

④旋下锁定螺栓和供油管。

⑤拆下燃油滤清器卡箍和燃油滤清器。

⑥安装时按相反过程进行，换上新垫圈，并以规定的扭矩拧紧锁定螺栓、燃油滤清器紧固螺栓、高压燃油管。

注意，在重新连接前，应彻底清洁高压软管的喇叭接口。

第四步：检查实训过程

①在学生操作时，教师巡视检查学生操作情况，并及时指出学生的错误及注意事项。

②在学生操作时，同组成员观察操作情况并互相提醒，操作者可随时查看工作计划或工作页，做到自我检查，保证操作的规范性和准确性。

③学生计划完成后，首先要进行自检，小组成员对本次任务进行评价；然后教师检查学生完成的效果。

第五步：评价总结

一、自我评价

学生自我评价，同时对组内其他同学提出意见或建议，交流心得。

二、课题考核

1. 考核要求

①能正确进行汽油泵的拆装过程。

②能准确进行汽油泵装复后的各项检查。

2. 考核

(1)操作考核(60 min)

具体考核内容及配分、评分标准如下表所示。

序号	考核项目	配分	考核内容	评分标准	扣分	得分	备注
1	操作准备	10	对结构原理的熟练程度	出现问题酌情扣分			
			零件的认知程度	出现问题酌情扣分			
			工具整理情况、工位整洁	出现问题酌情扣分			
2	工作态度	20	迟到、早退、旷课	迟到、早退每次扣5分,旷课一节扣20分			
			嬉戏打闹	出现问题酌情扣分			
			认真、严谨、团结、协作	出现问题酌情扣分			
3	操作过程	50	正确使用工具	工具使用错误一次扣3分			因违规操作发生重大人身和设备事故,此题按0分计
			拆装顺序正确	拆装顺序错误一次扣3分			
			装复后的各项检查	装复后检查,遗漏一项扣5分			
			操作规范有序	每项扣3分			
			操作安全	出现问题酌情扣分			
4	操作结果	20	任务完成时间	出现问题酌情扣分			
			任务完成质量	出现问题酌情扣分			
5	分数合计	100					

(2)理论考核(30 min)

①简述汽油机燃料系的作用及组成。(50分)

②试述汽油泵的作用及组成。(50分)

项目十　柴油机喷油泵的拆装

第一步：布置任务

一、项目要求

1. 项目名称

柴油机喷油泵的拆装。

2. 计划课时

10 课时。

3. 器材及工具准备

要准备以下器材和工具：

①A 型油泵 10 台，转子泵 10 台；

②常用工具、专用工具（喷油泵凸轮轴柱塞弹簧拆卸器）及常用量具各 10 套。

二、教学内容及目的

教学内容和目的如下：

①了解柴油机供给系的组成；

②熟悉喷油泵的拆装过程；

③掌握柴油机供给系中主要机件的名称、作用和连接关系。

三、技术标准及要求

柴油机喷油泵的技术标准及要求如下：

①凸轮轴的轴向间隙为 0.05～0.10 mm，出油阀压紧座拧紧扭矩为 25～35 N·m；

②YC6105QC 柴油机供油齿杆的总行程应大于 17.5 mm。

四、相关知识准备

1. 柴油机燃油供给系的功用和组成

(1)功用

柴油机燃油供给系的功用如下：

①贮存、过滤和输送燃料；

②根据柴油机的不同工况以一定的压力及喷油质量将燃油定时、定量地喷入燃烧室，迅速形成良好的混合气并燃烧；

③根据柴油机的负荷变化，调节供油量并稳定柴油机的转速；

④将燃烧后的废气从汽缸中导出并排入大气中。

(2)组成

柴油机燃油供给系由燃油供给装置、空气供给装置、混合气形成及废气排出装置等四部分组成。

2. 喷油泵的作用

喷油泵的作用是按照柴油机的工况需要,定时、定量地向喷油器输送高压燃油。

3. 常见喷油泵的结构形成

常见的喷油泵结构形式有柱塞式和转子分配式两种。

4. 国产系列柱塞式喷油泵的种类

国产柱塞式喷油泵分为Ⅰ、Ⅱ、Ⅲ和 A、B、P、Z 等系列。

5. 柱塞式喷油泵的组成

柱塞式喷油泵由分泵、油量调节机构、传动机构及泵体组成,参见图 10-1。

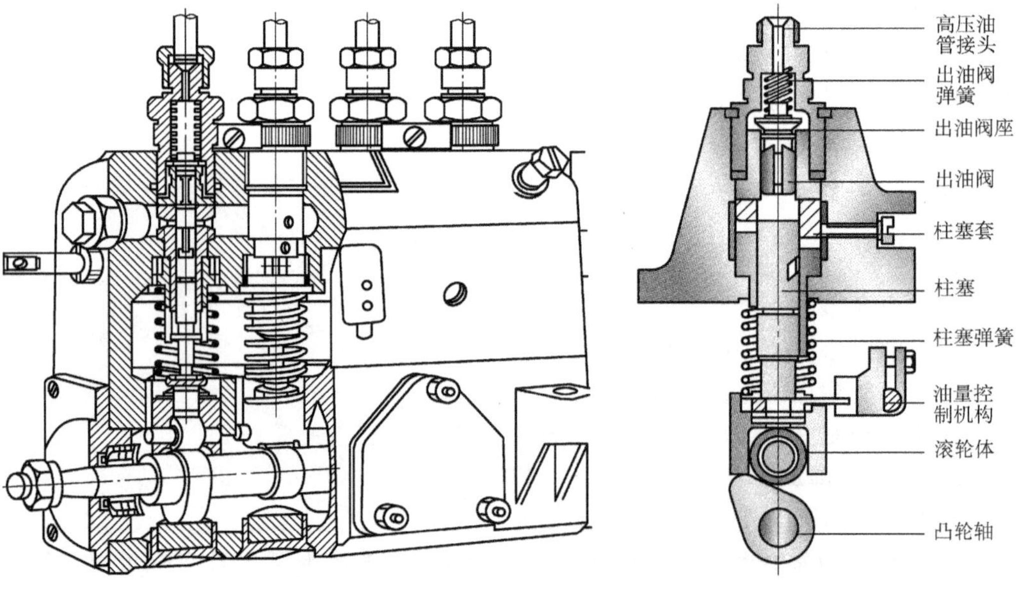

图 10-1　A 型喷油泵结构图

(a)整体结构　(b)单体结构

(五)注意事项

拆卸喷油泵时要注意以下事项:

①喷油泵拆卸后的零部件应按原装配关系放置在清洁的工作台上,精密偶件要放在单独器皿内,用滤清过的轻柴油清洗或存放;

②进行清洗后用压缩空气吹干,柱塞偶件表面上刻有配偶编号及标记,不要错乱,必要时要补印识别标记。

第二步:制订计划

教师辅助学生以小组方式,根据课时、人数及教学任务,由学生自己进行信息收

集(通过专业书籍、说明书或网络等各种途径查找相关资料或学习本项目的相关知识),讨论并制订出本项目中课题的工作计划。例如:

<table>
<tr><td rowspan="2">受众分析</td><td>年级</td><td>二年级</td><td>专业</td><td>汽车制造与装配</td><td>人数</td><td>40人/班</td></tr>
<tr><td>学生知识结构</td><td colspan="5">①有一定的逻辑思维能力;
②具有自学能力;
③掌握了柴油机燃油供给系的组成及原理;
④掌握了柴油泵的种类及工作原理;
⑤会使用常规的操作工具</td></tr>
<tr><td rowspan="11">制订计划</td><td rowspan="5">教师布置项目课题分组</td><td>组别</td><td>课　题</td><td>课时</td><td>人数</td><td>组长</td></tr>
<tr><td>1</td><td>喷油泵的拆装(直列泵)</td><td>5</td><td>10</td><td></td></tr>
<tr><td>2</td><td>喷油泵的拆装(直列泵)</td><td>5</td><td>10</td><td></td></tr>
<tr><td>3</td><td>喷油泵的拆装(转子泵)</td><td>5</td><td>10</td><td></td></tr>
<tr><td>4</td><td>喷油泵的拆装(转子泵)</td><td>5</td><td>10</td><td></td></tr>
<tr><td>学生计划</td><td colspan="5">学生根据本项目和本组的课题安排及实训设备情况,进行信息收集并制订工作计划。例如:
①根据每个课题要求写出整个操作过程的步骤;(可在实训课前完成)
②根据每个课题写出所需的工具;
③写出组内分工计划或轮岗计划。</td></tr>
<tr><td>学生讲解</td><td colspan="5">每组学生选派一人讲解本组计划,其他组提出不同见解。每组可重新制订计划,定稿后交给教师评价(此项可在课前由学生自行完成,也可由教师组织完成。)</td></tr>
<tr><td>教师辅助</td><td colspan="5">教师评价各个计划的可实施性,对于不可实施的计划,教师提出意见,由学生进行修改,再评价、再修改直到可以实施</td></tr>
<tr><td>实操指导</td><td colspan="5">学生根据自己的计划进行工作,教师观察其操作情况并作指导,及时纠正其错误。根据各组的不同情况有针对性地作进一步讲解</td></tr>
<tr><td>岗位轮换</td><td colspan="5">教师控制整个项目的课时,课时结束进行轮换,1、3组对换,2、4组对换。各组组长根据自己的课题课时控制小组的岗位轮换时间,可五人拆卸另五人装配</td></tr>
<tr><td>备注</td><td colspan="5">教师准备出足够的喷油泵(直列泵和转子泵)</td></tr>
</table>

第三步:实施课题任务

①在学生操作之前,教师根据实训内容可先进行演示教学,或者进行操作步骤讲解。在本实训项目中,教师应对喷油泵的拆装步骤做实践演示或进行视频教学。

②不同组别的同学根据自己制订的计划进行不同的课题操作作业,完成任务后由教师统一安排课题轮换。

③教师观看学生的操作过程,进行有针对性的指导。当第一轮操作结束后,教师可对学生存在的问题进行集中讲解,避免其他学生出现类似错误或不规范操作。

本项目(以A型泵为例)的操作步骤如下。

1. 喷油泵的拆卸

喷油泵的拆卸步骤如下。

①先堵住低压油路进出油口和高压油管接头，防止污物进入油路，用柴油、煤油、汽油或中性金属清洗剂清洗泵体外部，旋下调速器底部的放油螺钉，放尽机油。

②将油泵固定在专用拆装架或自制的T形架上，拆下输油泵总成、检视窗盖板、油尺等总成附件及泵体底部螺塞。

③转动凸轮轴，使1缸滚轮体处于上止点，将滚轮体托板(或销钉)插入调整螺钉与锁紧螺母之间(或挺柱锁孔中)，使滚轮体和凸轮轴脱离。

④拆下调速器后盖固定螺钉，将调速器后壳后移，并倾斜适当角度，拨开连接杆上的锁夹或卡销，使供油齿杆和连接杆脱离。用尖嘴钳取下启动弹簧、取下调速器后壳总成。

⑤用专用扳手固定住供油提前角自动调节器，在喷油泵另一端用专用套筒拆下调速器飞块支座固定螺母，用拉器拉下飞块支座总成，用专用套筒拆下提前器固定螺母，用拉器拉下提前器。

⑥拆凸轮轴部件。拆卸前应先检查凸轮轴的轴向间隙(0.05～0.10 mm)。将测得值与标准值比较，即可在装配时知道应增垫片的厚度。若不需要更换凸轮轴轴承，可先测间隙，这样可减少装配时的反复调整。拆下前轴承盖，收好调整垫片，拆下凸轮轴支撑轴瓦，用木锤从调速器一端敲击凸轮轴，将轴和轴承一起从泵体前端拆下。若需要更换轴承，可用拉器拉下轴承。

⑦将泵体检视窗一侧向上放平，从油底塞孔中装入滚轮挺柱顶持器，顶起滚轮部件，拔出挺柱托板(或销钉)，取出滚轮体总成。按上述方法，依次取出柱塞弹簧、弹簧上下座、油量控制套筒，旋出齿杆限位螺钉，取出供油齿杆，旋出出油阀压紧座，用专用工具取出出油阀偶件及减容器、出油阀弹簧、柱塞偶件，按顺序放在专用架上。

2. 喷油泵的装配

喷油泵的装配步骤如下：

①装配时应在清洁干净后的零件表面涂上清洁的机油。

②装供油杆。将供油齿杆上的定位槽对准泵体侧面上的齿杆限位螺钉孔，装复限位螺钉，检查供油齿杆的运动阻力，当泵体倾斜45°时，供油杆应能靠自重滑动。

③装柱塞套筒。柱塞套筒从泵体上方装入座孔中，其定位槽应恰好卡在定位销上，保证柱塞套完全到位。注意座孔必须彻底清理，防止杂物卡在接触面间，造成柱塞筒偏斜和接触面不密封。

④将出油阀偶件、密封垫圈、出油阀弹簧、减容器体和出油阀压紧座依次装入泵体。必须注意出油阀座与柱塞套上端面之间的清洁，并保证密封垫圈完好。用25～35 N·m的扭矩拧紧出油阀压紧座，过紧会引起泵体开裂、柱塞咬死及齿杆阻滞、柱

塞套变形，加剧柱塞副磨损。装配后应检查喷油泵的密封性。

⑤装复供油齿圈和油量控制套筒。油量控制套筒通过齿圈凸耳上的夹紧螺钉和齿圈固定成一体，两者不能相对转动，一般零件上有装配记号，没有记号时，应使齿圈的固定凸耳处在油量控制套筒两孔之间居中位置。

⑥装入柱塞弹簧上座及柱塞弹簧。将柱塞装入对应的柱塞套，再装上下弹簧座。注意柱塞下端十字凸缘上有记号的一侧应朝上检视窗，下弹簧有反正之分不能装反。

⑦装复滚轮挺柱体，调整滚轮挺柱体调整螺钉，达到说明书规定高度或拆下时记下的高度，将滚轮体装入座孔，导向销必须嵌入座孔的导向槽内。用力推压滚轮体顶持器和滚轮挺柱托板，支起滚轮挺柱。逐缸装复各滚轮体。每装复一个都要拉动供油齿杆，检查供油齿杆的阻力。

⑧装复凸轮轴和中间支撑轴瓦，装上调速器和前轴承盖。注意凸轮轴的安装方向，无安装标记时也可根据输出泵驱动凸轮位置确定安装的方向。凸轮轴的中间支撑应与凸轮轴一起装入泵体，否则凸轮轴装复后就无法安装上中间支撑。

喷油泵凸轮轴装到泵体内应有确定的轴向位置和适当的轴向间隙。凸轮轴装复后，应转动灵活，轴向间隙在 0.05～0.10 mm 之间；装复供油提前角自动调节器，转动凸轮轴，取下各滚轮体托板。拉动供油齿杆，阻力应小于 15 N，否则应查明原因，予以排除。

⑨装复输出泵、调速器总成等附件。

第四步：检查实训过程

①学生进行实际操作时，教师巡视检查学生操作情况，及时指出其错误及注意事项。

②学生在操作时，同组成员观察操作情况并互相提醒，操作者可随时查看工作计划或工作页，做到自我检查，保证操作的规范性和准确性。

③学生计划完成后，首先要进行自检，小组成员对本次任务进行评价，然后教师检查学生完成的效果。

第五步：评价总结

一、自我评价

学生自我评价，同时对组内其他同学提出意见或建议，交流心得。

二、课题考核

1. 考核要求

①能正确进行喷油泵的拆装过程。

②说出喷油泵的工作原理。

2. 考核

(1)操作考核(60 min)

具体考核内容及配分、评分标准如下表所示。

序号	考核项目	配分	考核内容	评分标准	扣分	得分	备注
1	操作准备	10	对结构原理的熟练程度	出现问题酌情扣分			
			零件的认知程度	出现问题酌情扣分			
			工具整理情况、工位整洁	出现问题酌情扣分			
2	工作态度	20	迟到、早退、旷课	迟到、早退每次扣5分，旷课一节扣20分			
			嬉戏打闹	出现问题酌情扣分			
			认真、严谨、团结、协作	出现问题酌情扣分			
3	操作过程	50	正确使用工量具	工量具使用错误，每项2分			因违规操作发生重大人身和设备事故，此题按0分计
			拆装顺序正确	拆装顺序错误酌情扣分			
			间隙、力矩检查	出现问题酌情扣分			
			操作规范有序	出现问题酌情扣分			
			操作安全	出现问题酌情扣分			
4	操作结果	20	任务完成时间	出现问题酌情扣分			
			任务完成质量	出现问题酌情扣分			
5	分数合计	100					

(2)理论考核(30 min)

①简述柴油机燃料供给系的作用及组成。(50分)

②试述喷油泵的作用及柱塞式喷油泵的组成。(50分)

项目十一　柴油机喷油器的检查与调整

第一步:布置任务

一、项目要求

1. 项目名称

柴油机喷油器的检查与调整。

2. 计划课时

6 课时。

3. 器材及工具准备

要准备以下器材和工具:

①汽车用柴油机轴针式和孔式喷油器各 8 个;

②喷油器专用试验台 8 台。

二、教学主要内容及目的

教学内容及目的如下:

①能够熟练掌握喷油器试验台的使用方法;

②能够使用喷油器试验台对喷油器的喷油压力和喷雾质量进行检查;

③掌握喷油器的调整方法。

三、技术标准及要求

喷油器的喷油压力为 18 MPa 左右。

四、相关知识准备

1. 喷油器的作用

根据柴油机混合气的形成特点,将燃油雾化成细微的油滴,并将其喷射到柴油机燃烧室特定的部位。

2. 对喷油器工作的要求

①喷油器的喷注应有一定的贯穿距离和喷雾锥角。

②喷油器必须有良好的雾化质量。

③在喷油结束时不发生滴漏现象。

3. 常见的喷油器

一般为闭式喷油器,常见的又有轴针式和孔式两种。

4. 喷油器的结构原理

(1)轴针式喷油器(参见图 11－1)

轴针式喷油器喷油嘴结构如图 11－2 所示。图中针阀和针阀体是一对精密偶

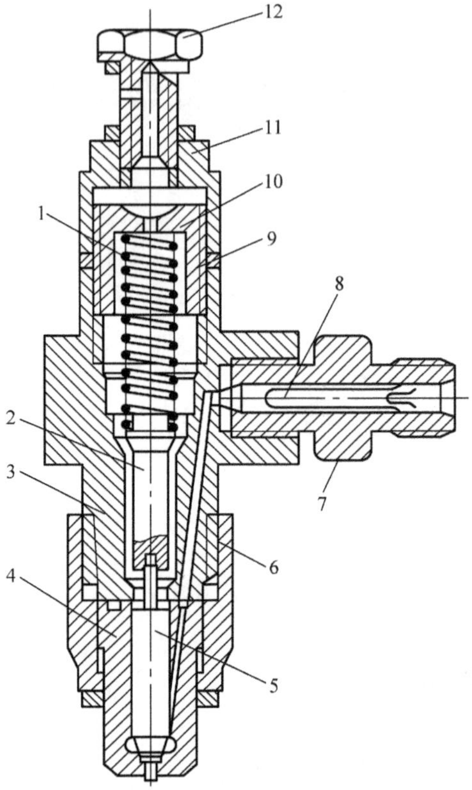

图 11-1　轴针式喷油器结构

1—测压弹簧　2—顶杆　3—喷油器体　4—针阀体　5—针阀　6—喷油嘴拧紧螺母
7—进油管接头　8—滤芯　9—垫圈　10—调压螺钉　11—保护螺母　12—回油管接头

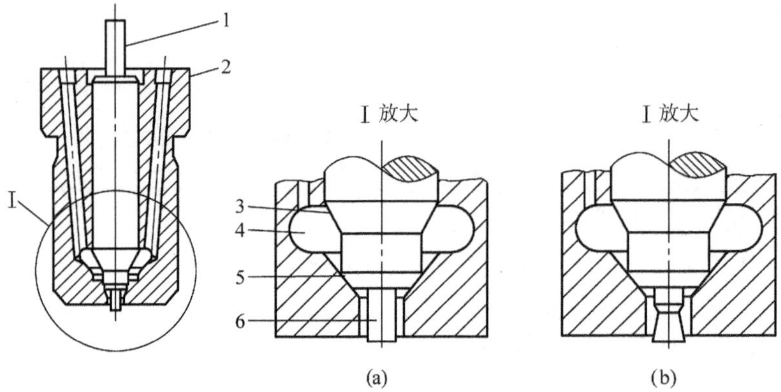

图 11-2　轴针式喷油嘴的结构形式

(a)圆柱形轴针　(b)截锥形轴针

1—针阀　2—针阀体　3—承压锥面　4—压力室　5—密封锥面　6—轴针

件，在使用中必须成对更换。

(2)孔式喷油器

孔式喷油器与轴针式喷油器工作原理相同，结构相似，只是喷油嘴头部的结构不同而已。其结构见图 11－3、图 11－4 所示。

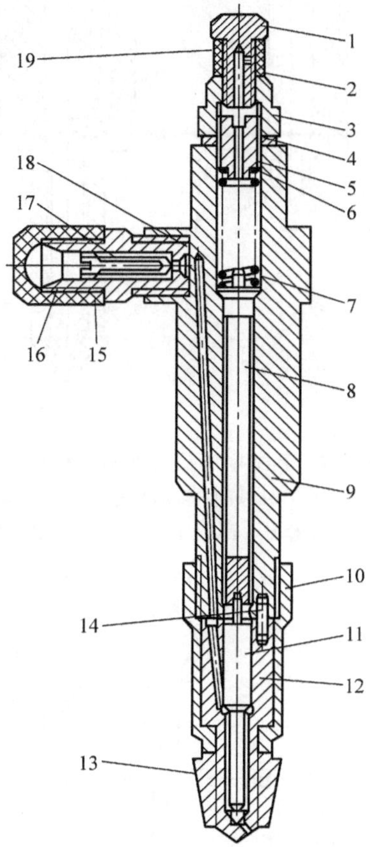

图 11－3　孔式喷油器结构

1—回油管接头　2—衬垫　3—调压螺钉保护螺母　4、6—垫圈　5—调压螺钉　7—调压弹簧　8—顶杆　9—喷油器体　10—喷油嘴拧紧螺母　11—针阀　12—针阀体　13—垫块　14—定位销　15—进油管接头护帽　16—进油管接头　17—喷油器滤芯　18—进油管接头衬垫　19—保护套

5. 喷油器的调整

如果喷油器的喷油压力不符合规定，可通过调节调压弹簧处的垫片厚度或调整调压弹簧的旋入量来调节。

五、注意事项

必须使用专用喷油器试验台。喷油器实验台结构如图 11－5 所示。

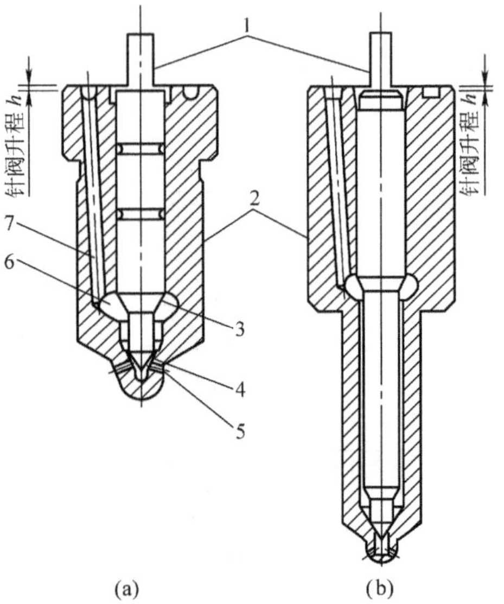

图 11－4　孔式喷油器喷油嘴的结构形式

(a)短型　(b)长型

1—针阀　2—针阀体　3—承压锥面　4—密封锥面　5—喷孔　6—压力室　7—进油道

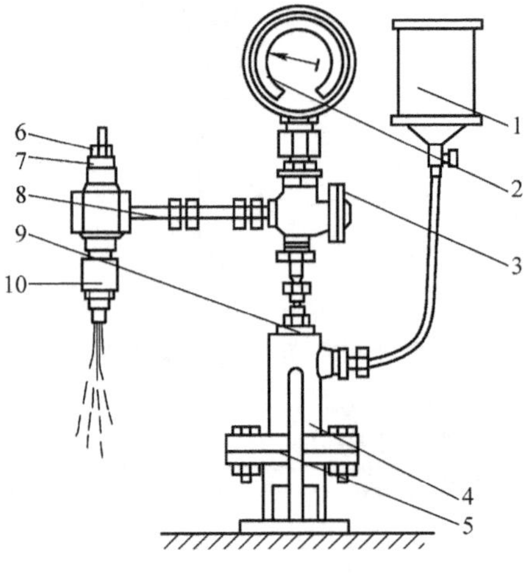

图 11－5　喷油器试验台

1—油箱　2—压力表　3—开关　4—手动高压油泵　5—手柄　6—调压螺钉

7—锁紧螺母　8—高压油管　9—放气螺塞　10—喷油器

第二步:制订计划

教师辅助学生以小组方式,根据课时、人数及教学任务,由学生自己进行信息收

集(通过专业书籍、说明书或网络等各种途径查找相关知识资料复习或学习本项目的相关知识),讨论并制订出本项目中课题的工作计划。

例如:

<table>
<tr><td rowspan="2">受众分析</td><td>年级</td><td>二年级</td><td>专业</td><td colspan="2">汽车制造与装配</td><td colspan="2">人数</td><td>40 人/班</td></tr>
<tr><td>学生知识结构</td><td colspan="7">①有一定的逻辑思维能力;
②具有自学能力;
③掌握了喷油器的结构及原理;
④掌握了喷油器调整的方法;
⑤会使用常规的操作工具</td></tr>
<tr><td rowspan="10">制订计划</td><td rowspan="3">教师布置课题分组</td><td>组别</td><td colspan="3">课　题</td><td>课时</td><td>人数</td><td>组长</td></tr>
<tr><td>1</td><td colspan="3">检查喷油压力并调整</td><td>3</td><td>20</td><td></td></tr>
<tr><td>2</td><td colspan="3">检查喷雾质量并调整</td><td>3</td><td>20</td><td></td></tr>
<tr><td>学生计划</td><td colspan="7">学生根据本项目和本组的课题安排及实训设备情况,进行信息收集并制订工作计划。例如:
①根据项目要求写出整个操作过程的步骤;(可在课前完成)
②根据每个课题列出所需的工具数量;
③写出组内分工计划或轮岗计划</td></tr>
<tr><td>学生讲解</td><td colspan="7">每组学生选派一人讲解本组计划,其他组提出不同见解。每组可重新制订计划,定稿后交给教师评价(此项可在课前由学生自行完成,也可由教师组织完成。)</td></tr>
<tr><td>教师辅助</td><td colspan="7">教师评价各个计划的可实施性,不可实施的计划,教师提出意见,由学生进行修改,再评价、再修改直到可实施</td></tr>
<tr><td>实操指导</td><td colspan="7">学生根据自己的计划进行工作,教师观察其操作情况,指导并及时纠正错误的操作。根据各组的不同情况有针对性地作进一步深入讲解</td></tr>
<tr><td>岗位轮换</td><td colspan="7">教师控制整个项目的课时,每组课时结束进行课题轮换</td></tr>
<tr><td>备注</td><td colspan="7"></td></tr>
</table>

第三步:实施课题任务

①在学生操作前,教师根据实训内容可先进行演示教学,或者进行操作步骤讲解,例如:检查并调整喷油压力,检查并调整喷雾质量。

②不同组别的同学根据自己制订的计划进行不同的课题操作作业,完成任务后由教师统一安排课题轮换。

③教师观看学生的操作过程,进行有针对性的指导,注意学生的操作方法。当第一轮操作结束后,教师可对学生存在的问题进行集中讲解,避免其他学生出现类似错误或不规范操作。

本项目的操作步骤如下。

1. 检查喷油器喷油压力并调整

检查操作过程如下。

①将喷油器上的调压弹簧调整螺母的锁紧螺母旋松，将喷油器装到实验台上，放气并将连接部位拧紧。

②快速按下试验台手柄若干次，将喷油器内的细小杂质和油污排出。

③缓慢按动手柄（大约以每分钟 60 次的速度为宜），同时观察油压表。当读数开始下降时，即为喷油器的开启压力，其数值应符合规定。

油压调整方法一般有以下两种：

①调节调压螺钉；

②改变调整垫片的厚度。

2. 检查喷油器喷雾质量

以 30～60 次每分钟的速度连续按下试验台手柄，检查喷油器喷雾质量。

多孔式喷油器各喷孔应形成一个雾化良好的小锥状油束，各油束间隔角应符合原厂规定。

轴针式喷油器，要求其喷雾形状为圆锥形，不得偏斜，油雾细小而均匀。每次喷油时，伴随针阀的开启应有明显、清脆的爆裂声；将油压控制在 0.98～1.98 MPa 的状态下，喷孔在 10 s 内不得出现滴漏现象。否则应重新装配和调整，如仍不符合要求，应换用新件。

第四步：检查实训过程

①学生进行实际操作时，教师巡视检查学生操作情况，及时指出学生的操作错误或注意事项。

②学生在操作时，同组成员可观察操作情况并互相提醒，操作者可随时查看工作计划或工作页，做到自我检查，保证操作的规范性和准确性。

③学生计划完成后，首先要进行自检，小组成员对本次任务进行评价，然后教师检查学生的完成效果。

第五步：评价总结

一、自我评价

学生自我评价，同时对组内其他同学提出问题，交流心得。

二、课题考核

1. 考核要求

①按正确的操作规程检查喷油器的技术状况。

②正确地调整喷油压力，使之符合技术标准。

2. 考核

(1)操作考核(40 min)

具体考核内容及配分、评分标准如下表所示。

序号	考核项目	配分	考核内容	评分标准	扣分	得分	备注
1	操作准备	10	对结构原理的熟练程度	出现问题酌情扣分			
			零件的认知程度	出现问题酌情扣分			
			工具整理情况、工位整洁	出现问题酌情扣分			
2	工作态度	20	迟到、早退、旷课	迟到、早退每次扣5分，旷课一节扣20分			
			嬉戏打闹	出现问题酌情扣分			
			认真、严谨、团结、协作	出现问题酌情扣分			
3	操作过程	50	正确使用工具、仪器	工具使用不当，每项扣2分			因违规操作发生重大人身和设备事故，此题按0分计
			检查喷油器压力	操作工艺错误出现问题酌情扣分			
			检查喷雾锥角、喷射方向	操作工艺错误出现问题酌情扣分			
			调整不符合规定的喷油器	操作工艺错误出现问题酌情扣分			
			操作安全	出现问题酌情扣分			
4	操作结果	20	任务完成时间	出现问题酌情扣分			
			任务完成质量	出现问题酌情扣分			
5	分数合计	100					

(2)理论考核(30 min)

①喷油器的作用是什么？(25分)

②对喷油器的工作要求是什么？(25分)

③简述喷油器的结构原理。(25分)

④如何调整喷油器的喷油压力？(25分)

项目十二 离合器的拆装

第一步:布置任务

一、项目要求

1. 项目名称

离合器的拆装。

2. 计划课时

6 课时。

3. 器材及工具准备

要准备以下器材和工具:

①桑塔纳膜片式离合器 10 个;

②离合器拆装工作台、压力机各 10 台;

③常用工具、量具各 10 套,桑塔纳专用工具 4 套;

④相关幻灯片、挂图或图册等若干。

二、教学内容及目的

教学内容及目的如下:

①了解离合器的功用、结构;

②掌握离合器的拆装顺序及其踏板自由行程的调整要领。

三、技术标准及要求

离合器的拆装技术标准及要求如下:

①离合器踏板自由行程为 15～25 mm,总行程为 150±5 mm;

②离合器摩擦片外径为 210 mm。

四、相关知识准备

1. 传动系(参见图 12－1)

①传动系的作用是将发动机的动力传给驱动车轮。

②常用的传动系形式有机械式和液力机械式两种。本课题介绍机械传动系。

③传动系由离合器、变速器、万向传动装置、驱动桥(主减速器、差速器、半轴)组成。

2. 离合器

(1)离合器的作用

离合器的作用是保证汽车平稳起步和变速器平顺换挡,并防止传动系过载。

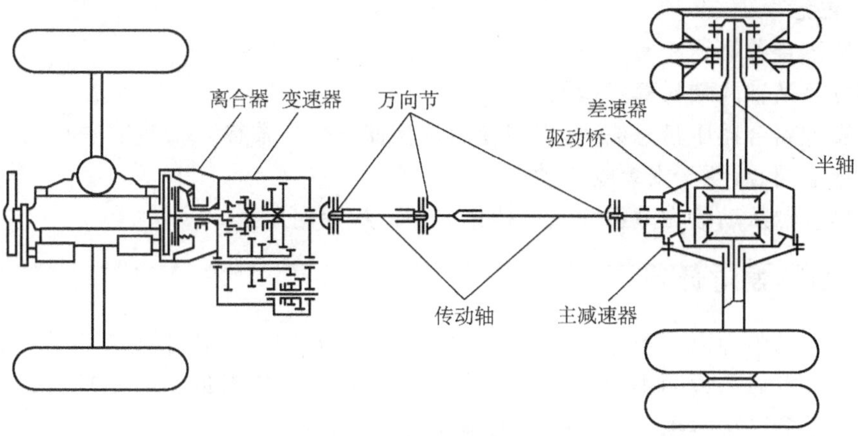

图 12-1　传动系示意图

(2)离合器常见类型

目前广泛采用的是摩擦片式离合器。按其从动盘的数目有单片式、双片式和多片式三种;按压紧弹簧的形式有螺旋弹簧式、膜片弹簧式(图 12-2)和中央弹簧式三种。

(3)离合器踏板的自由行程

离合器摩擦片磨损变薄后,为防止离合器打滑,保证可靠地传递发动机转矩,通常在离合器分离杠杆和分离轴承之间预留 3～4 mm 的间隙。驾驶员踩离合器踏板时,为消除这段间隙所要的踏板行程为离合器踏板自由行程。若自由行程过大会造成离合器打滑。若自由行程过小会造成离合器分离不彻底。

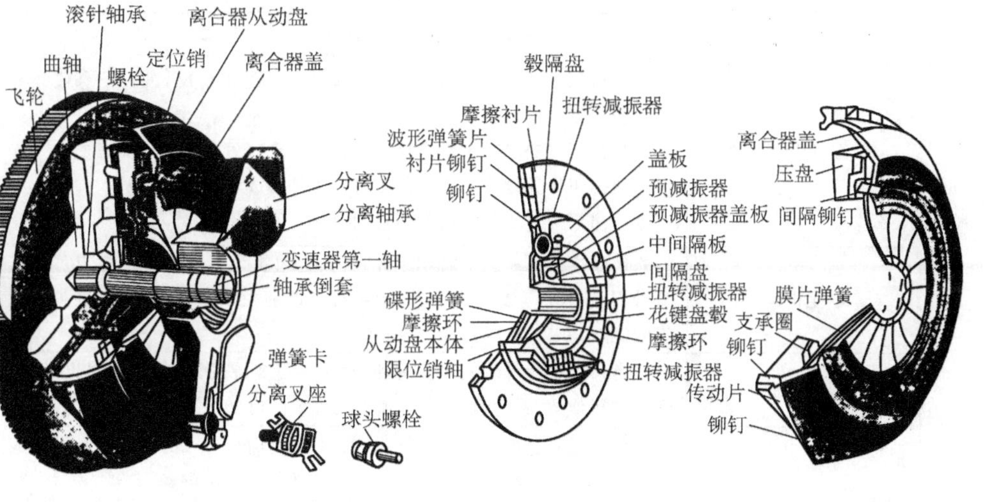

图 12-2　膜片弹簧式离合器

(a)离合器总成　(b)从动盘总成　(c)压盘和盖总成

五、注意事项

拆装离合器时须注意以下事项：

①分离叉轴两端衬套必须同心；

②安装离合器压盘总成时，需用导向定位器或变速器输入轴确定中心位置，使从动盘与压盘同心，便于安装输入轴；

③离合器从动盘有减振弹簧保持架的一面应朝向压盘。

第二步：制订计划

教师辅助学生以小组方式，根据课时、人数及教学任务，由学生自己进行信息收集（通过专业书籍、说明书或网络等各种途径查找相关资料或学习本项目的相关知识），讨论并制订出本项目中课题的工作计划。例如：

<table>
<tr><td rowspan="2">受众分析</td><td>年级</td><td colspan="2">二年级</td><td>专业</td><td>汽车制造与装配</td><td colspan="2">人数</td><td>40 人/班</td></tr>
<tr><td>学生知识结构</td><td colspan="7">①有一定的逻辑思维能力；
②具有自学能力；
③掌握了离合器的作用及工作原理；
④掌握了离合器拆装的安全操作规程；
⑤掌握了离合器操纵机构的间隙值及重要性；
⑥会使用常规的操作工具</td></tr>
<tr><td rowspan="10">制订计划</td><td rowspan="4">教师布置项目课题分组</td><td>组别</td><td colspan="3">课题</td><td>课时</td><td>人数</td><td>组长</td></tr>
<tr><td>1</td><td colspan="3">离合器的拆卸</td><td>2</td><td>14</td><td></td></tr>
<tr><td>2</td><td colspan="3">离合器的装配</td><td>2</td><td>14</td><td></td></tr>
<tr><td>3</td><td colspan="3">离合器操纵机构的调整</td><td>2</td><td>12</td><td></td></tr>
<tr><td>学生计划</td><td colspan="7">学生根据本项目和本组的课题安排及实训设备情况，进行信息收集并制订工作计划。例如：
①根据项目要求写出整个操作过程的步骤；（可在实训课前完成）
②根据每个课题列出所需的工具及工件总成；
③写出组内分工计划或轮岗计划</td></tr>
<tr><td>学生讲解</td><td colspan="7">每组学生选派一人讲解本组计划，其他组提出不同见解。每组可重新制订计划，定稿后交给教师评价（此项可在课前由学生自行完成，也可由教师组织完成。）</td></tr>
<tr><td>教师辅助</td><td colspan="7">教师评价各个计划的可实施性，对于不可实施的计划，教师提出意见，由学生进行修改，再评价、再修改直到可实施</td></tr>
<tr><td>实操指导</td><td colspan="7">学生根据自己的计划进行工作，教师观察其操作情况并作指导，及时纠正其错误。根据各组的不同情况有针对性地作进一步讲解</td></tr>
<tr><td>岗位轮换</td><td colspan="7">教师控制整个项目的课时，每组课时结束进行课题轮换。每组组长根据自己的课题课时控制小组的岗位轮换时间。例如每个组可再分三个小组进行相同课题操作</td></tr>
<tr><td>备注</td><td colspan="7"></td></tr>
</table>

第三步：实施课题任务

①在学生实际操作之前，教师根据实训内容可先进行演示教学，或者进行操作步骤讲解。在本实训项目中，教师只对离合器的拆卸、装配、操纵机构的调整进行讲解，并对拆装注意事项加以强调。

②不同小组的同学根据自己制订的计划进行不同的课题操作作业，完成任务后由教师统一安排课题轮换。

③教师观看学生的操作过程，进行有针对性的指导，例如关于离合器的拆卸方法、离合器操纵机构的调整等。当第一轮操作结束后，教师可对学生存在的问题进行集中讲解，避免其他学生出现类似的错误或不规范操作。

本项目的操作步骤如下。

1. 离合器的拆卸（参见图 12－3、图 12－4）

①拆下变速器；

②用大众专用工具将飞轮固定，然后将离合器的固定螺栓对角拧松（注意观察压盘和飞轮的装配标记），取下压盘总成、离合器从动盘；

③用规格为 78.2～23.5 mm 的内拉头拉出分离轴承；

④拆下分离轴承导向套、橡胶防尘套和回位弹簧；

⑤用尖嘴钳取出卡簧及衬套座，取出分离叉轴。

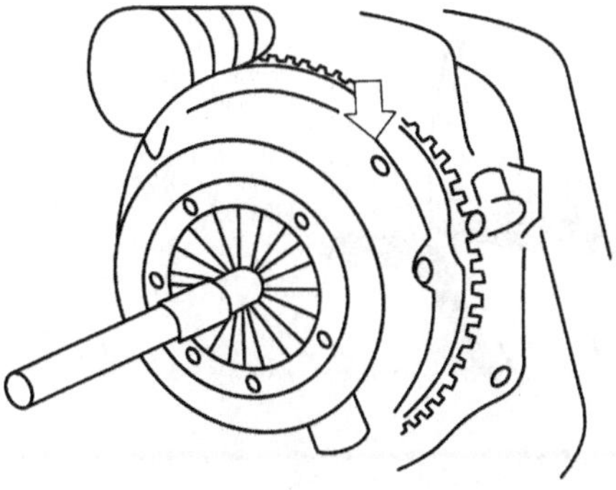

图 12－3　拆卸离合器

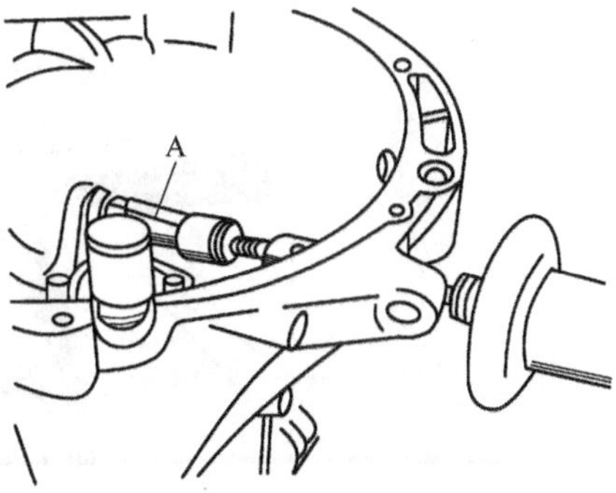

图 12－4　拉出分离轴承衬套

2. 离合器的装配（参见图 12－5、图 12－6、图 12－7）

①将从动盘装在发动机的飞轮上，用定芯棒定位。从动盘上减振弹簧突出的一面应朝外。

②装上压板组件，用扭力扳手间隔拧紧螺栓，力矩为 25 N·m。

③用专用工具将分离叉轴套压入变速器壳上。

④将分离叉轴的左端装上回位弹簧，先穿入变速器壳左边的孔中，再将分离叉轴的右边装入右边的衬套孔中，然后再装入左边的分离叉轴衬套和分离叉轴衬套座，将

衬垫及导向套涂上密封胶，装到变速器壳前面，旋紧螺栓，力矩为 15 N・m。

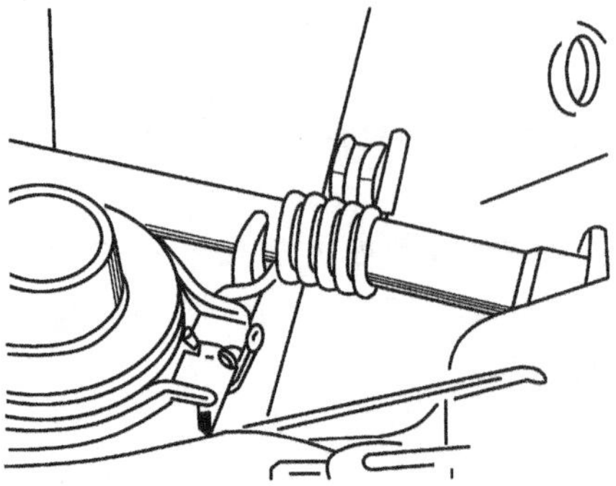

图 12－5　回位弹簧的安装位置与方向

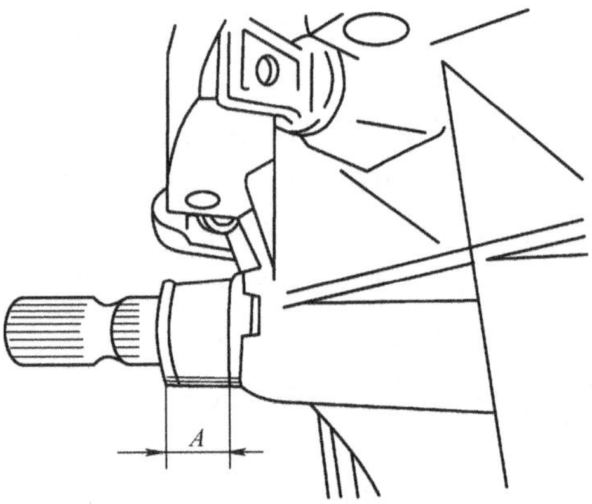

图 12－6　安装橡胶防尘套

⑤在变速器的后面旋紧螺栓，力矩为 15 N・m，将分离叉轴锁住；分离叉轴应能灵活转动，但不能左右移动。

图 12－7　锁紧分离轴

⑥用专用工具将分离轴承压入分离轴承座内。

3. 离合器的调整(参见图 12－8)

①离合器踏板自由行程标准为 15～25 mm，调整方法是用螺母调整来改变拉索长度。

②离合器踏板总自由行程的标准为 150±5 mm，调整方法为驱动臂的调整。

第四步：检查实训过程

①学生进行实际操作时，教师巡视检查学生操作情况，及时指出其错误及注意事

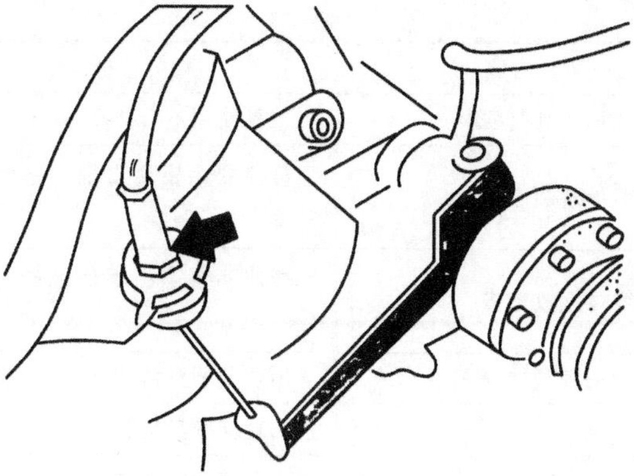

图 12-8 离合器踏板自由行程的调整

项。

②学生在操作时，同组成员观察操作情况并互相提醒，操作者可随时查看工作计划或工作页，做到自我检查，保证操作的规范性和准确性。

③学生计划完成后，首先要进行自检，小组成员对本次任务进行评价，然后教师检查学生完成的效果。

第五步：评价总结

一、自我评价

学生自我评价，同时对组内其他同学提出意见或建议，交流心得。

二、课题考核

1. *考核要求*

①正确拆装离合器。

②明确离合器的调整项目及调整部位，调整结果符合技术要求。

2. *考核*

(1)操作考核(40 min)

序号	考核项目	配分	考核内容	评分标准	扣分	得分	备注
1	操作准备	10	对结构原理的熟练程度	出现问题酌情扣分			
			零件的认知程度	出现问题酌情扣分			
			工具整理情况、工位整洁	出现问题酌情扣分			
2	工作态度	20	迟到、早退、旷课	迟到、早退每次扣5分，旷课一节扣20分			
			嬉戏打闹	出现问题酌情扣分			
			认真、严谨、团结、协作	出现问题酌情扣分			

续表

序号	考核项目	配分	考核内容	评分标准	扣分	得分	备注
3	操作过程	50	正确使用工具、仪器	工具使用不当扣 2 分/项			因违规操作发生重大人身和设备事故，此题按 0 分计
			离合器拆装顺序	拆装顺序错误出现问题酌情扣分			
			所有零件摆放整齐	摆放不整齐出现问题酌情扣分			
			装复后的各项检查调整	出现问题酌情扣分			
			操作安全	出现问题酌情扣分			
4	操作结果	20	任务完成时间	出现问题酌情扣分			
			任务完成质量	出现问题酌情扣分			
5	分数合计	100					

(2)理论考核(30 min)

①试述汽车底盘传动系的作用及组成。(20 分)

②试述离合器的作用。(20 分)

③试述离合器的常见类型。(20 分)

④试述离合器踏板自由行程的定义。(20 分)

⑤离合器踏板自由行程不合适的后果是什么？(20 分)

项目十三　机械式变速器的拆装

第一步：布置任务

一、项目要求

1. 项目名称

机械式变速器的拆装。

2. 计划课时

8 课时。

3. 器材及工具准备

要准备下列器材及工具：

①桑塔纳变速器总成 10 个；

②常用工量具 10 套，桑塔纳专用工具 4 套，拉器、铜棒各 10 件；

③相关幻灯片、挂图或图册等若干。

二、教学内容及目的

教学内容及目的如下：

①熟悉变速器动力传递路线；

②熟悉自锁、互锁、倒挡锁锁止装置的结构及其工作过程；

③掌握变速器的拆装要领。

三、技术标准及要求

JV1.8L 发动机配四速变速器技术参数如表 13-1 所示。

表 13-1　JV1.8L 发动机配四速变速器技术参数

一挡传动比	38∶11=3.455
二挡传动比	34∶19=1.789
三挡传动比	28∶26=1.077
四挡传动比	30∶33=0.909
倒挡传动比	38∶12=3.167
车速表传动比	12∶21=0.571
齿轮油容量	1.7 L
齿轮油规格	API-GL4SAE-80(MIL-L2105)
最高挡总传动比	3.737

四、相关知识准备

1. 变速器的作用与类型

变速器的作用是扩大发动机传到驱动轮上的转矩及转速的变化范围，以适应经常变化的行驶条件；其次，在不改变发动机旋转方向的前提下，实现汽车倒向行驶。另外，利用空挡中断发动机向驱动轮传递动力，以便发动机启动、怠速、动力对外输出或汽车滑行、暂时停车等。

变速器的类型，按工作原理分为有级变速器和无级变速器两大类；按操纵方式分为手动变速器和自动变速器两大类。本课题介绍手动变速器（也称普通变速器），参见图 13－1、图 13－2。

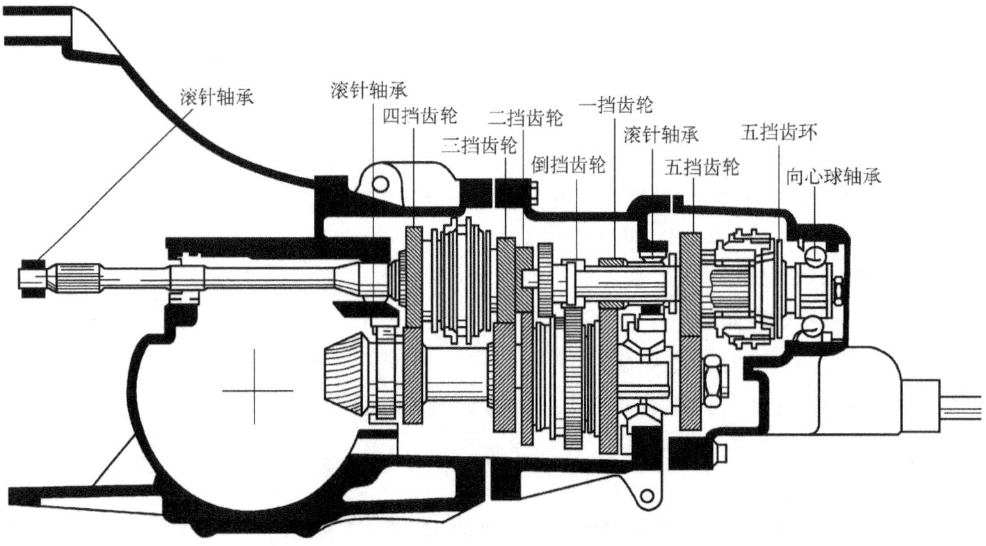

图 13－1　桑塔纳 2000 型乘用车 5 挡手动机械变速器的结构图

2. 普通变速器的组成

变速传动机构由变速传动机构和变速操纵机构两部分组成。

普通变速器主要用于在传递发动机动力过程中改变转速、转矩和方向。

变速传动机构一般由输入轴、输出轴、倒挡轴、若干齿轮、轴承和壳体等组成。

（1）变速操纵机构（参见图 13－3）

变速操纵机构主要用于控制传动机构，以实现变速、变矩和变向。

①换挡操纵机构由变速杆、变速杆支撑总成、变速杆壳体、换挡操纵杆、换挡接合器、操纵支撑杆等组成。

②换挡机构由拨叉轴、拨叉、锁销、弹簧、内选挡杆等组成。

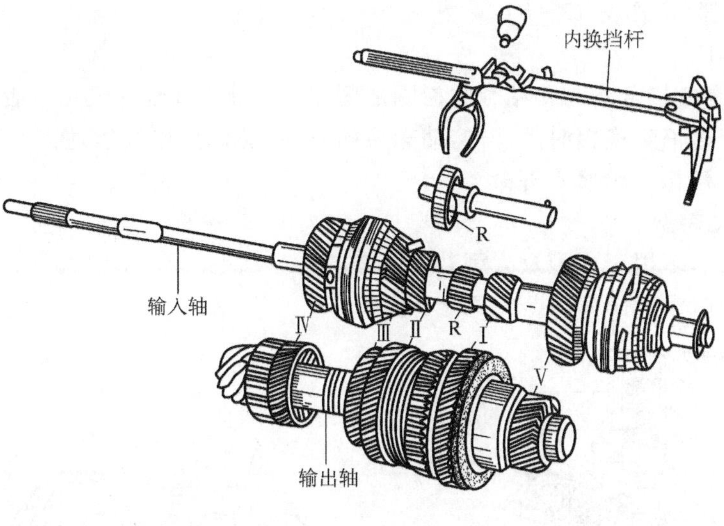

图 13－2　桑塔纳 2000 型乘用车 5 挡手动变速器输入轴和输出轴总成

R—倒挡齿轮　Ⅰ—一挡齿轮　Ⅱ—二挡齿轮　Ⅲ—三挡齿轮　Ⅳ—四挡齿轮　Ⅴ—五挡齿轮

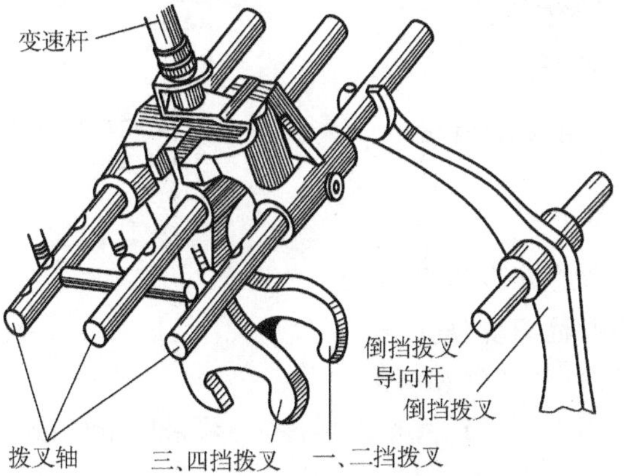

图 13－3　直接拨动式换挡机构

(2) 变速操纵机构的锁止装置(参见图 13－4)

①自锁装置作用是防止变速器自动脱挡,并保证齿轮全齿长啮合,使驾驶员有明显手感。

其结构由自锁弹簧、自锁钢球和拨叉轴上的自锁凹槽组成。

②互锁装置作用是防止变速器同时挂上两个挡位,避免造成齿轮间的机械干涉,从而导致变速器无法工作甚至损坏。

③倒挡锁装置作用是防止误挂倒挡。它由弹簧和锁销组成。

3. 同步器(参见图 13－5)

(1) 作用

其功用是使接合套与待结合的齿圈之间迅速达到同步,并阻止二者在同步前进入啮合,从而可消除换挡时的冲击,缩短换挡时间,简化换挡过程,使换挡操作简捷而轻便,同时可延长齿轮使用寿命。

(2) 常见类型

①锁销式,多用于中型及大型载货汽车。

②锁环式(参见图 13－5),多用于轿车。

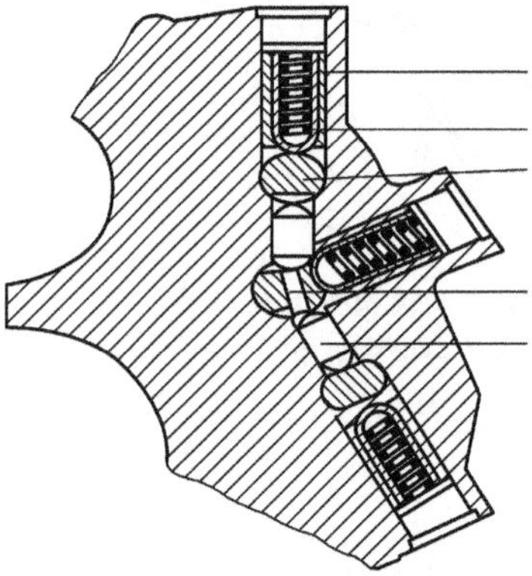

图 13－4　自锁和互锁装置结构图

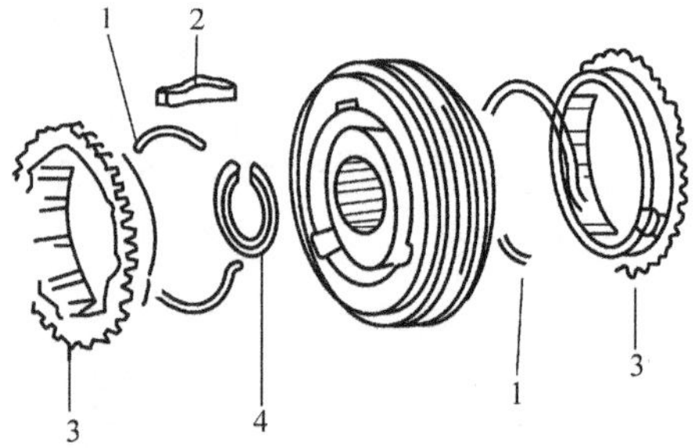

图 13－5　锁环式惯性同步器

1—同步器滑块卡簧　2—滑块　3—锁环　4—弹簧挡圈

五、注意事项

拆装变速器时必须注意以下事项:

①严格拆装程序并注意操作安全;

②注意各零件、部件的清洗和润滑;

③分解变速器时不能用手锤直敲击零件,必须采用铜棒或硬木棒进行冲击。

第二步:制订计划

教师辅助学生以小组方式,根据课时、人数及教学任务,由学生自己进行信息收集(通过专业书籍、说明书或网络等各种途径查找相关资料或学习本项目的相关知识),讨论制订出本项目中课题的工作计划。例如:

<table>
<tr><td rowspan="2">受众分析</td><td>年级</td><td>二年级</td><td>专业</td><td>汽车制造与装配</td><td>人数</td><td>40 人/班</td></tr>
<tr><td>学生知识结构</td><td colspan="5">①有一定的逻辑思维能力;
②具有自学能力;
③掌握了变速器的作用及工作原理;
④掌握了变速器拆装的安全操作规程;
⑤会使用常规的操作工具</td></tr>
</table>

续表

<table>
<tr><td rowspan="12">制订计划</td><td rowspan="5">教师布置课题分组</td><td>组别</td><td>课题</td><td>课时</td><td>人数</td><td>组长</td></tr>
<tr><td>1</td><td>变速器总成的分解</td><td>2</td><td>10</td><td></td></tr>
<tr><td>2</td><td>变速器输入轴总成的分解与组装</td><td>2</td><td>10</td><td></td></tr>
<tr><td>3</td><td>变速器输出轴总成的分解与组装</td><td>2</td><td>10</td><td></td></tr>
<tr><td>4</td><td>变速器的装配</td><td>2</td><td>10</td><td></td></tr>
<tr><td>学生计划</td><td colspan="5">学生根据本项目和本组的课题安排及实训设备情况，进行信息收集并制订工作计划。例如：
①根据项目内容写出整个操作过程的步骤；（可在实训课前完成）
②根据每个课题列出所需的工具及工件总成；
③写出组内分工计划或轮岗计划</td></tr>
<tr><td>学生讲解</td><td colspan="5">每组学生选派一人讲解本组计划，其他组提出不同见解。每组可重新制订计划，定稿后交给教师评价（此项可在课前由学生自行完成，也可由教师组织完成。）</td></tr>
<tr><td>教师辅助</td><td colspan="5">教师评价各个计划的可实施性，对不可实施的计划，教师提出意见，由学生进行修改，再评价、再修改直到可实施</td></tr>
<tr><td>实操指导</td><td colspan="5">学生根据自己的计划进行工作，教师观察其操作情况，指导并及时纠正错误的操作。根据各组的不同情况有针对性地作进一步深入讲解</td></tr>
<tr><td>岗位轮换</td><td colspan="5">教师控制整个项目的课时，每组课时结束进行课题轮换。每组组长根据自己的课题课时控制小组的岗位轮换时间。例如每组可再分为 2～3 个小组同时进行操作</td></tr>
<tr><td>备注</td><td colspan="5"></td></tr>
</table>

第三步：实施课题任务

①在学生操作之前，教师根据实训内容可先进行演示教学，或者进行操作步骤讲解。在本实训项目中，教师只对变速器总成的分解、变速器输入轴总成的分解与组装、变速器输出轴总成的分解与组装、变速器的装配等的拆装注意事项加以强调就可以了。

②不同小组的同学根据自己制订的计划进行不同的课题操作作业，完成任务后由教师统一安排课题轮换。对于变速器总成的分解，只把变速器的输入和输出轴总成拆下即可；而变速器的装配只将输入和输出轴总成装进变速器壳体内即可。

③教师观看学生的操作过程，进行有针对性的指导，例如注意变速器的拆装顺序等。当第一轮操作结束后，教师可对学生存在的问题进行集中讲解，避免其他学生出现类似错误或不规范操作。

本项目的操作步骤如下。

1. 变速器总成的分解

①把变速器放在修理台或者修理架上，放出变速器内的齿轮油。

②将变速器后盖拆下，取出调整垫片和密封圈。（参见图 13－6）

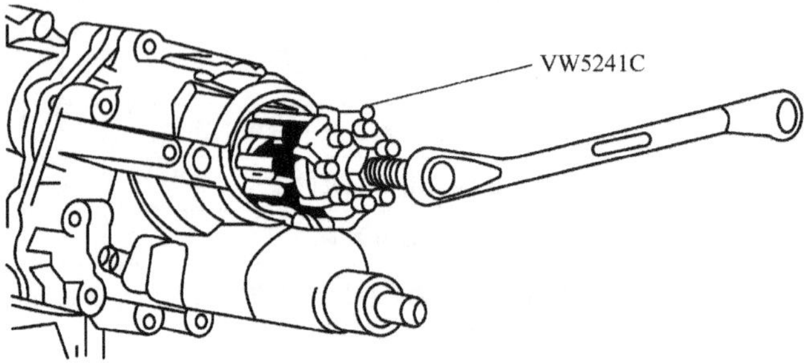

图 13－6　取下后盖

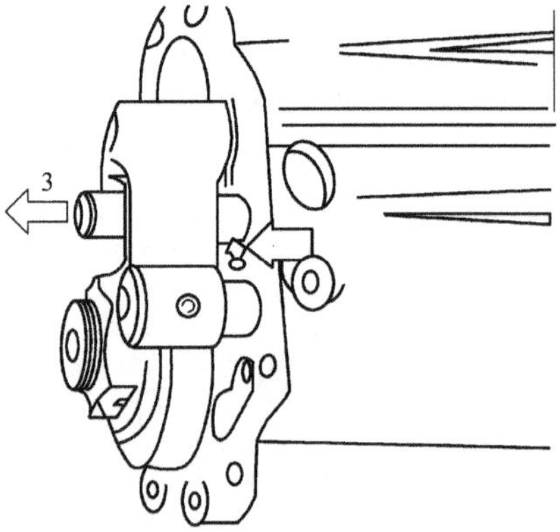

图 13－7　取出三、四挡滑块

③小心地将第三、四挡换挡滑杆向第三挡方向慢慢拉动，直至小的挡块被取出，将换挡杆重新推至空挡位置（注意：换挡滑杆不能拉出太远，否则同步器内的挡块会弹出来，换挡滑杆不能回到空挡位置）。（参见图 13－7）

④倒挡和 1 挡齿轮同时啮合，锁住输出轴，旋下主动锥齿轮螺母。（参见图 13－8）

⑤用工具顶住输入轴的中心，取下输入轴后端的挡圈和止推垫片。（参见图 13－9）

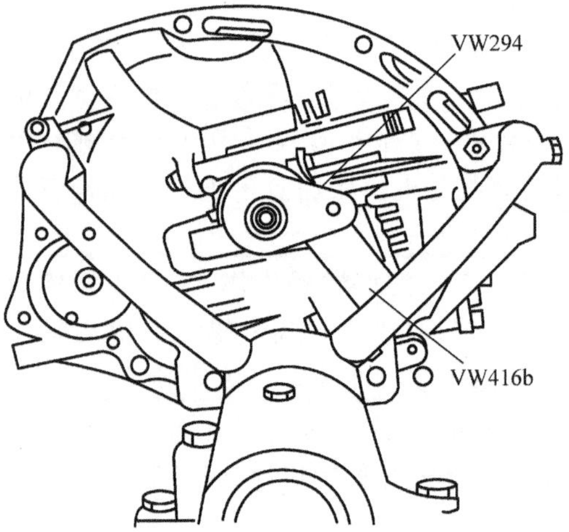

图 13－8　锁住输入轴

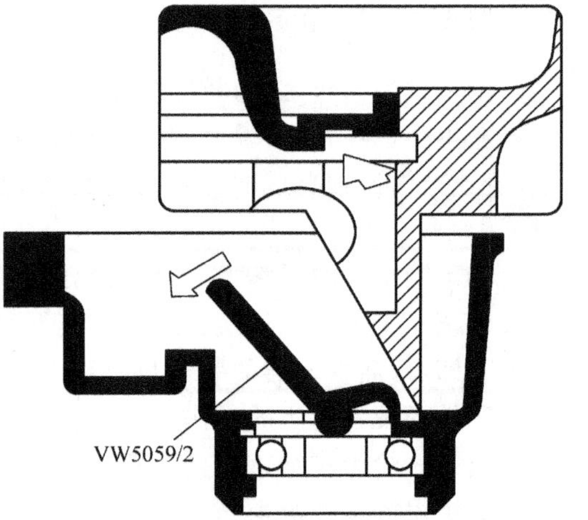

图 13－9　取下挡圈

⑥用拉器拉出输入轴的向心轴承。

⑦若没有专用工具，先旋出壳体和后盖的连接螺栓，用塑料锤（或木锤）敲击输入

轴的前端和后壳体，直至后盖和后壳体结合处出现松动。

⑧将变速器壳体固定在台钳上，钳口应有较软的金属保持垫片，以防夹坏机件。

⑨取出第三、四换挡拨叉的夹紧套筒，将第三、四换挡杆往回拉，直至可以将第三、四换挡杆拨叉取出为止。

⑩将换挡拨叉重新放在空挡位置，取出输入轴。

⑪压出倒挡齿轮轴，并取出倒挡齿轮。

⑫用小冲头冲出一、二挡换挡拨块上的弹性销，并取出弹性夹片。

⑬用工具拉出输出轴总成。（注意：在拉出输出轴总成的同时，应注意一、二挡拨叉轴的间隙，以防卡住）

2. 变速器输入轴总成的分解与组装

(1)输入轴总成的分解

拆下挡圈，取下四挡齿轮，用压床压出三、四挡同步器齿毂。

(2)输入轴总成的组装

①组装好三挡齿轮和轴承，压入三、四挡齿毂齿套，齿毂内花键的倒角朝向三挡齿轮的方向。

②压入一、二挡齿毂齿套，齿毂和齿套安装时，槽应对着一挡齿轮。

③安装滑块弹簧时，其开口错开 120°，弹簧弯曲端须固定在滑块内。

3. 变速器输出轴总成的分解与组装（参见图 13-10）

(1)输出轴总成的分解

先压出一挡齿轮和轴承，再压出二挡齿轮和同步器总成，最后压出三挡齿轮和四挡齿轮。（注意：压出前应拆下各轴向挡圈）

(2)输出轴总成的组装

①压入四挡齿轮时，齿轮的凸肩应朝向轴承。

②四挡齿轮的挡圈与挡圈槽的间隙应尽量小些，可通过选择厚度合适的挡圈来达到。

③将三挡齿轮通过加热板加热至 120℃后压入，凸肩朝向四挡齿轮。

④同步器的组装。一挡同步环有三个位置缺齿，这种同步环只能用于一挡，更换时，也可以使用不缺齿的，备件号为：014311295D。组装一、二挡同步器时，齿毂上有槽的一面朝向一挡，即朝向齿套拨叉环这一侧。

⑤将一、二挡同步器总成压到轴上，齿毂有槽的一面朝向一挡齿轮（即朝后）。然后再装入一挡齿轮中的滚针轴承，套上一挡齿轮后，最后压入双列滚锥轴承。

⑥如果要更换输出轴前后轴承，那么应从变速器前后壳体中分别压出和压入轴承外座圈，应当平整地压入。

4. 变速器总成的装配

(1)变速器变速传动机构的组装

组装时按分解的逆顺序进行。

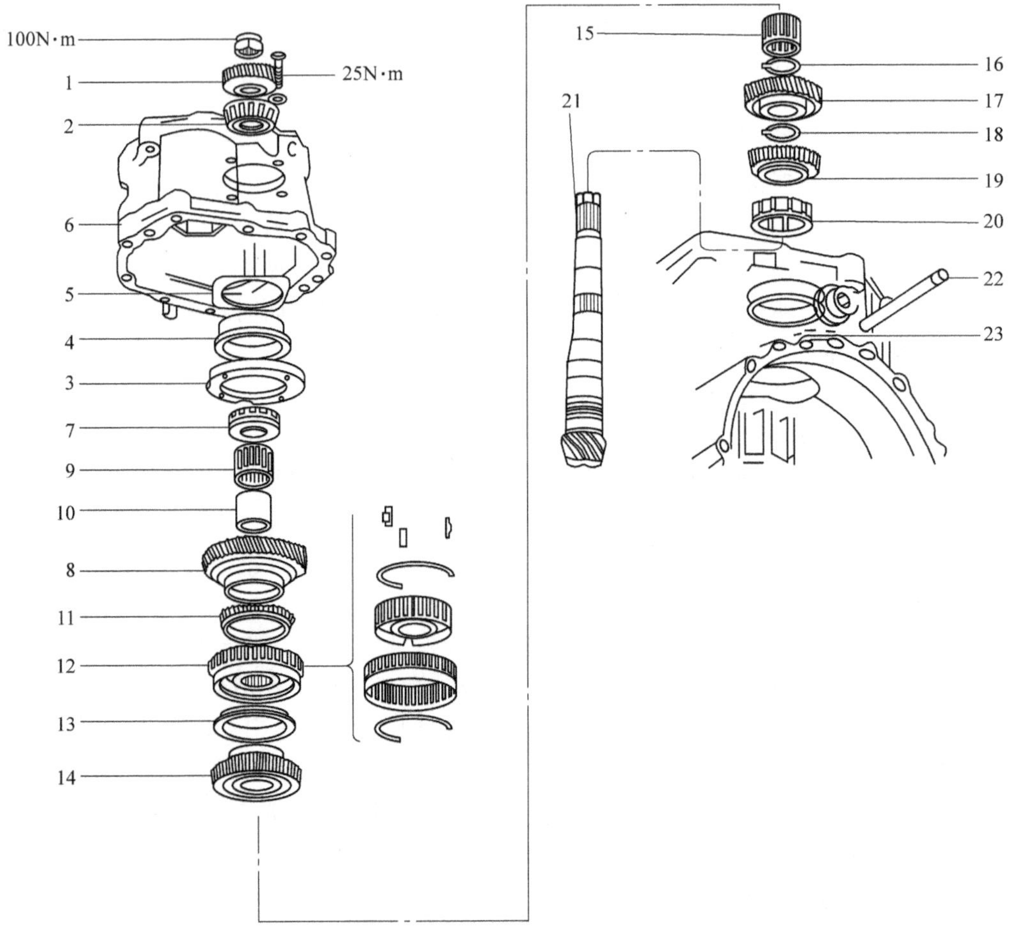

图 13－10　输出轴分解

1—第五挡齿轮　2—输出轴的外后轴承　3—轴承和保持架　4—后轴承的外圈　5—调整垫片　6—轴承支座　7—输出轴的内后轴承　8—第一挡齿轮　9—第一挡齿轮的滚针轴承　10—第一挡齿轮的滚针轴承和内环　11—第一挡同步环　12—第一和第二挡同步器　13—第二挡同步环　14—第二挡齿轮　15—第二挡齿轮的滚针轴承　16、18—挡环　17—第三挡齿轮　19—第四挡齿轮　20—输出轴的前轴承　21—输出轴　22—圆柱销　23—输出轴的前轴承外环

①压入输入轴总成。压入输入轴总成时，要将换挡杆与第一、二换挡拨叉和输出轴总成一起装入后壳体，然后再压入后轴承。压入时，请注意第一、二挡换档滑杆的活动间隙，必要时，轻轻敲击以免卡住。

②安装一、二挡拨块，压入弹性销，安装倒挡齿轮，压入轴。

③安装输入轴时，要拉回二、四挡拨叉，使其能够装入滑动齿套为止，同时应位于空挡位置，并用弹性销固定好拨叉。

④放好新的密封环，将输入轴和输出轴及后壳体一起用 M8×45 的螺栓连接，紧固力矩为 25 N·m。

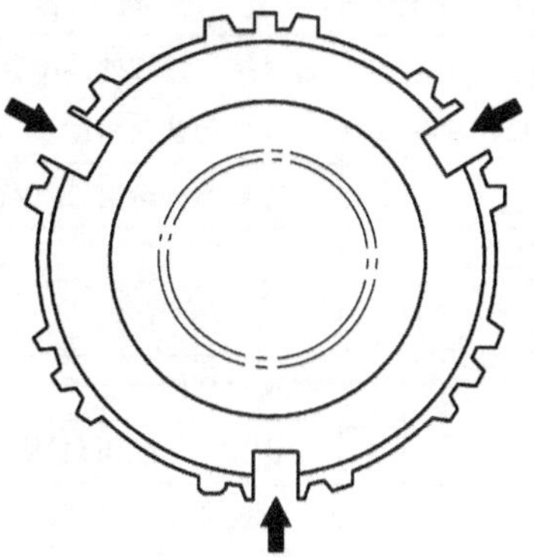

图 13-11　同步器三个凹口

⑤使用支撑桥将输入轴支撑住。

⑥压入输入轴的向心轴承或组合式轴承，向心轴承保持架密封面对着后壳体，而组合式轴承的滚柱对着后壳体。

⑦安装上三、四挡拨叉轴上的小止动块，拧紧输出轴螺母力矩为 100 N·m。将换挡叉轴置于空挡位置。（注意：变速杆不能拉出太远，否则同步器内的止动块可能弹出来，变速滑杆可能不会再压回到空挡位置。这种情况下须重新拆卸变速器，将 3 个锁块压到同步器齿套内并推入滑动套筒）

⑧安装差速器。

(2)变速器后盖的安装

①由于输入轴本身是主减速器的主动齿轮，因此后盖上的垫片要合理选择。

②安装壳体后盖。将所有选用的垫片放入后盖，将异型弹簧放到内选挡杆上，将异型弹簧压紧后与内选挡杆一起向内推，直到弹簧的另一端弯头支撑在后盖和调整垫片上为止。再按顺时针方向旋转内选挡杆，直至异型弹簧滑进正确位置为止。

③以 25 N·m 力矩拧紧螺钉。

第四步：检查实训过程

①在学生实际操作时，教师巡视检查学生操作情况，及时指出其错误及注意事项。

②学生在操作时，同组成员观察操作情况并互相提醒，操作者可随时查看工作计划或工作页，做到自我检查，保证操作的规范性和准确性。

③学生计划完成后，首先要进行自检，小组成员对本次任务进行评价；然后教师检查学生完成的效果。

第五步：评价总结

一、自我评价

学生自我评价，同时对组内其他同学提出意见或建议，交流心得。

二、课题考核

1. 考核要求

①能正确拆卸、装配变速器总成。

②装配后符合技术标准。

2. 考核

(1)操作考核(40 min)

考核内容及配分、评分标准如下表所示。

序号	考核项目	配分	考核内容	评分标准	扣分	得分	备注
1	操作准备	10	对结构原理的熟练程度	出现问题酌情扣分			
			零件的认知程度	出现问题酌情扣分			
			工具整理情况、工位整洁	出现问题酌情扣分			
2	工作态度	20	迟到、早退、旷课	迟到、早退每次扣5分，旷课一节扣20分			
			嬉戏打闹	出现问题酌情扣分			
			认真、严谨、团结、协作	出现问题酌情扣分			
3	操作过程	50	正确使用工具、仪器	工具使用不当，每项扣2分			因违规操作发生重大人身和设备事故，此题按0分计
			正确的拆装顺序	拆装顺序错误出现问题酌情扣分			
			所有零件摆放整齐	摆放不整齐出现问题酌情扣分			
			分析各挡位动力传递路线	出现问题酌情扣分			
			操作安全	出现问题酌情扣分			
4	操作结果	20	任务完成时间	出现问题酌情扣分			
			任务完成质量	出现问题酌情扣分			
5	分数合计	100					

(2)理论考核(40 min)

①试述变速器的作用及常见类型。(20分)

②试述普通变速器的组成?(10分)

③试述变速器操纵机构中自锁、互锁、倒挡锁装置的作用。(20分)

④试述变速传动机构的作用。(15分)

⑤试述同步器的作用。(20分)

⑥试述同步器常见类型及其应用。(15分)

项目十四　驱动桥的拆装

第一步:布置任务

一、项目要求

1. 项目名称

驱动桥的拆装。

2. 计划课时

8 课时。

3. 器材及工具准备

要准备以下器材和工具:

①桑塔纳驱动桥、主减速器总成各两套;

②常用工具和专用工具;

③相关幻灯片、挂图或图册等若干。

二、教学主要内容及目的

教学内容及目的如下:

①观察驱动桥的结构形式,拆装单级主减速器,分析其结构原理;

②通过对差速器的拆装,了解其作用原理;

③对半轴的安装固定形式进行分析,能正确区分全浮式半轴和半浮式半轴结构;

④掌握主减速器和差速器装配和调整方法。

三、技术标准及要求

①啮合间隙为 0.08～0.12 mm,齿轮侧隙为 0.0.～0.15 mm;

②调整好的主、被动齿轮,转动扭矩为 1.47～2.45 N·mm;

③输出轴后轴承固定螺母拧紧力矩为 100 N·mm。

四、相关知识准备

1. 驱动桥

(1)功用(参见图 14－1)

驱动桥的功用是把万向传动装置输入的动力经降速增矩、改变动力传递方向后,分配到左、右驱动轮,并允许左、右驱动轮以不同的转速旋转而驱动汽车行驶。

(2)组成

驱动桥由主减速器、差速器、半轴、桥壳等组成。

①半轴:其作用是将差速器传来的动力传递给驱动轮。

②桥壳:其作用是支撑并保护主减速器、差速器和半轴,使左、右驱动桥的轴向相对位置固定;同从动桥一起支撑车架及其上面的各种总成;汽车行驶时,承受由车轮

传递的路面反力和力矩，并经悬架传给车架。

2. 主减速器

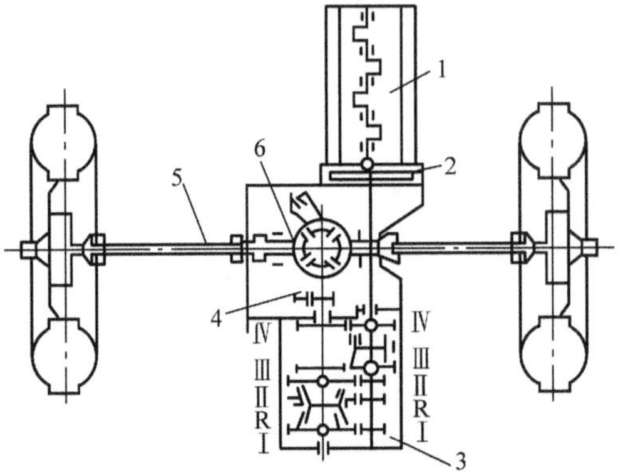

图 14－1　桑塔纳驱动桥传动示意图

1—发动机　2—离合器　3—变速器　4—主减速齿轮
5—传动轴　6—主减速器和差速器
Ⅰ—一挡齿轮　Ⅱ—二挡齿轮
Ⅲ—三挡齿轮　Ⅳ—四挡齿轮　R—倒挡齿轮

(1)功用

主减速器的功用是将输入的转矩增大并相应降低转速，以及当发动机纵置时还具有改变转矩旋转方向的作用。

(2)分类

为满足不同的使用要求，主减速器的结构形式也有所不同。

①按参加减速传动的齿轮副数目分有单级式主减速器和双级式主减速器。

②按主减速器传动比挡数分，有单速式和双速式。前者的传动比是固定的，后者有两个传动比供驾驶员选择，以适应不同行驶条件的需要。

③按齿轮副结构形式分，有圆柱齿轮式、圆锥齿轮式和准双曲面齿轮式。

3. 差速器

(1)功用

当汽车转弯行驶或在不平路面上行驶时，使左右驱动车轮以不同的转速滚动，即保证两侧驱动车轮作纯滚动运动。

(2)分类

①轮间差速器，装在同一驱动桥两侧驱动轮之间的差速器，称为轮间差速器。

②轴间差速器，各驱动桥之间装设轴间差速器。

③抗滑差速器，当遇到左、右或前、后驱动轮与路面之间的附着条件相差较大的情况时，采用抗滑差速器。这种差速器常见的形式有强制锁止式齿轮差速器、高摩擦自锁差速器(包括摩擦片式、滑块凸轮式等)、牙嵌式自由轮差速器、托森差速器及黏性联轴(差速)器等。

4. 主减速器的调整项目和基本调整方法

(1)调整项目

主减速器的调整包括：圆锥滚子轴承预紧度的调整和锥齿轮啮合的调整，锥齿轮啮合的调整又包括啮合印痕和啮合间隙的调整。

(2)基本方法

锥齿轮啮合的调整与锥齿轮的类型有关。

对于准双曲面锥齿轮，啮合印痕的调整是通过移动主动锥齿轮，啮合间隙的调整是移动从动锥齿轮，如桑塔纳 2000 和 EQ1090 的主减速器。

对于螺旋锥齿轮，啮合印痕的调整是按照“大进从、小出从、顶进主、根出主”的方法进行，啮合印痕合适后若间隙不符，则通过轴向移动另一锥齿轮进行调整。

五、注意事项

①严格拆装顺序，注意操作安全。

②对各调整部位的调整垫片要点清放好做记号，不能乱换搞错。

③对有预紧力规定的螺栓、螺母要按正确操作方法进行紧固。

④主减速器的调整中要先进行轴承预紧度的调整，再进行锥齿轮啮合印痕的调整。

第二步：制订计划

教师辅助学生以小组方式，根据课时、人数及教学任务，由学生自己进行信息收集（通过专业书籍、说明书或网络等各种途径查找相关知识资料复习或学习本项目的相关知识），讨论并制订出本项目中课题的工作计划。例如：

<table>
<tr><td rowspan="2">受众分析</td><td>年级</td><td colspan="2">二年级</td><td>专业</td><td>汽车制造与装配</td><td colspan="2">人数</td><td>40 人/班</td></tr>
<tr><td>学生知识结构</td><td colspan="7">①有一定的逻辑思维能力；
②具有自学能力；
③掌握了主减速器的作用及工作原理；
④掌握了主减速器拆装的安全操作规程；
⑤会使用常规的操作工具</td></tr>
<tr><td rowspan="11">制订计划</td><td rowspan="5">教师布置课题分组</td><td>组别</td><td colspan="3">课题</td><td>课时</td><td>人数</td><td>组长</td></tr>
<tr><td>1</td><td colspan="3">驱动桥的拆卸与分解</td><td>2</td><td>10</td><td></td></tr>
<tr><td>2</td><td colspan="3">驱动桥的拆卸与分解</td><td>2</td><td>10</td><td></td></tr>
<tr><td>3</td><td colspan="3">驱动桥的装配与调整</td><td>2</td><td>10</td><td></td></tr>
<tr><td>4</td><td colspan="3">驱动桥的装配与调整</td><td>2</td><td>10</td><td></td></tr>
<tr><td>学生计划</td><td colspan="7">学生根据本项目和本组的课题安排及实训设备情况，进行信息收集并制订工作计划。例如：
①根据项目内容写出整个操作过程的步骤；（可在课前完成）
②根据每个课题列出所需工具及工件总成；
③写出组内分工计划或轮岗计划</td></tr>
<tr><td>学生讲解</td><td colspan="7">每组学生选派一人讲解本组计划，其他组提出不同见解。每组可重新制订计划，定稿后交给教师评价（此项可在课前由学生自行完成，也可由教师组织完成。）</td></tr>
<tr><td>教师辅助</td><td colspan="7">教师评价各个计划的可实施性，对不可实施的计划，教师提出意见，由学生进行修改，再评价、再修改直到可实施。</td></tr>
<tr><td>实操指导</td><td colspan="7">学生根据自己的计划进行工作，教师观察其操作情况，指导并及时纠正错误的操作。根据各组的不同情况有针对性地作进一步讲解</td></tr>
<tr><td>岗位轮换</td><td colspan="7">教师控制整个项目的课时，每组课时结束进行课题轮换。每组组长根据自己的课题课时控制小组的岗位轮换时间</td></tr>
<tr><td>备注</td><td colspan="7"></td></tr>
</table>

第三步:实施课题任务

①在学生进行操作前,教师根据实训内容可先进行演示,或者进行操作步骤讲解,例如:对主减速器的拆卸与检查、主减速器的装配进行讲解或演示。

②不同组别的同学根据自己制订的计划进行不同的课题操作作业,完成任务后由教师统一安排课题轮换。

③教师观看学生的操作过程,进行有针对性的指导。当第一轮操作结束后,教师可对学生存在的问题进行集中讲解,避免其他学生出现类似错误或不规范操作。

本项目的操作步骤如下。

1. 驱动桥的拆卸与分解

(1)半轴的拆卸与分解

①如图 14 - 2 所示,松开驱动桥壳下的放油螺塞,放净驱动桥壳内的润滑油。

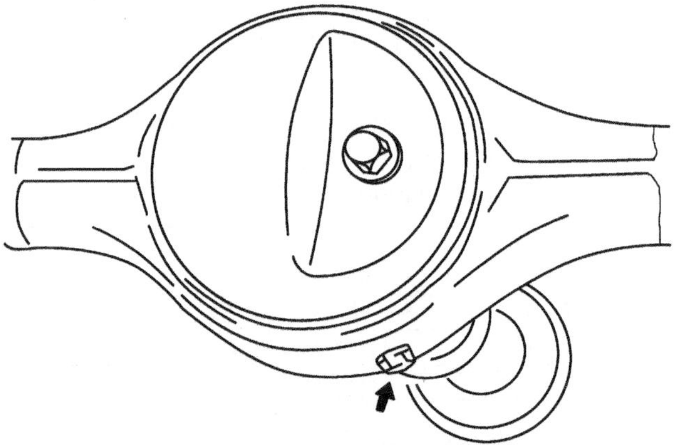

图 14 - 2　松开放油螺塞

②安全地举升并支撑汽车,拆下轮胎、车轮总成、制动器总成和其他附件。

③从桥壳中拉出半轴。

2. 拆解主减速器和差速器

(1)取下主减速器和差速器总成

半轴拆卸完成后,再断开传动轴与驱动桥壳之间的连接,取下主减速器和差速器总成。

(2)做好装配记号

在差速器轴承盖与主减速器壳上做好装配记号(注意:左右两盖不能互换),分开差速器总成和主减速器总成。

(3)分解差速器

①用轴承拆卸器和差速器侧轴承拆卸夹具从差速器上拉出两侧轴承,如图 14 - 3 所示。

②卸下从动锥齿轮与差速器壳的连接螺栓，取下从动锥齿轮。

③取下行星齿轮轴定位销，拉出行星齿轮轴，并取出行星齿轮，如图 14－4 所示。

④拆下半轴齿轮及半轴齿轮调整垫片。

(4)分解主动锥齿轮轴

①用台虎钳夹紧主动锥齿轮凸缘后，从主动锥齿轮端部卸下锁紧螺母，如图 14－5 所示。然后拆下主动锥齿轮凸缘。

②用锤子和铜棒敲打主动锥齿轮的前部，把主动锥齿轮轴取下。然后用拉力器拉出主减速器壳体内的轴承外圈和主动锥齿轮轴上的轴承内圈。

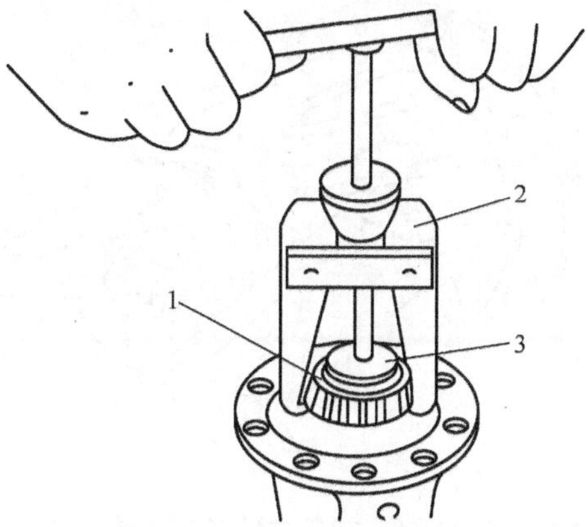

图 14－3 拉出两侧轴承

1—左侧轴承 2—轴承拆卸器

3—差速器侧轴承拆卸夹具

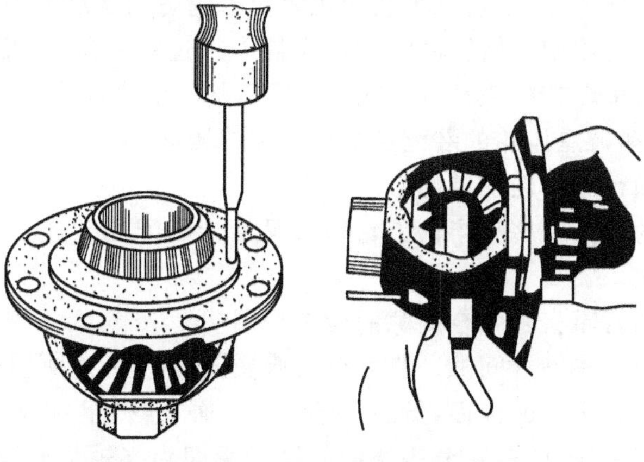

图 14－4 拉出行星齿轮轴

2. 驱动桥的装配与调整

装配前各零部件应清洗干净并用压缩空气吹干，确保桥壳内腔无任何金属屑等杂物。加工表面特别是配合表面不得有碰伤及毛刺，各零件的接合面、支撑面应预先涂以润滑油。装配时一般以分解的相反顺序进行。

(1)主动锥齿轮轴承预紧度的调整及装配

1)主动锥齿轮调整垫片厚度的确定

在主动锥齿轮后端与轴承之间装有调整垫片，参见图 14－6。调整垫片的厚度不同，主动锥齿轮在主减速器壳中的位置也就不同，从而影响主动锥齿轮与从动锥齿轮的啮合间隙。因此，为了保证主、从动锥齿轮的正确啮合间隙，应该在主动锥齿轮

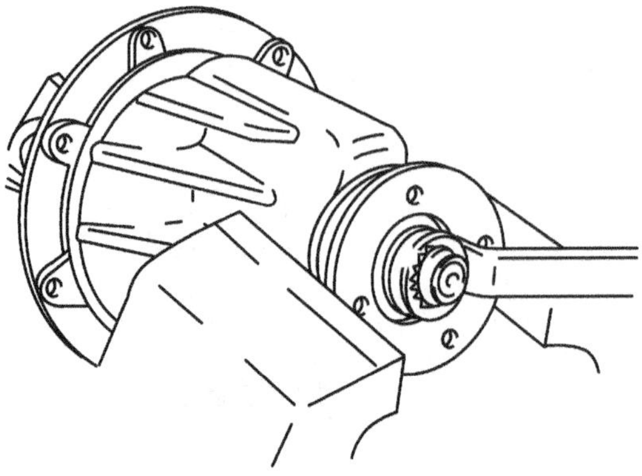

图 14-5　拆下主动锥齿轮端部螺母

装配之前，确定调整垫片的厚度，使主动锥齿轮定位在正确的位置上。

2)主动锥齿轮轴的装配及轴承预紧度的调整

当消除了主动锥齿轮圆锥滚子轴承内外座圈与滚子之间的间隙后，如再加上适当的压紧力，就产生了轴承预紧度。其目的在于增加轴向刚度，减少主动锥齿轮的位移量，以保证主、从动锥齿轮的正确啮合。操作步骤如下。

①用压力机和专用工具装配主动锥齿轮的两个圆锥滚子轴承。

②把差速器轴承预紧度检查器装在凸缘盘上，并以一定拧紧力矩拧紧主动锥齿轮锁紧螺母，同时转动主动锥齿轮轴，使轴承滚子处于正确的位置不致歪斜。然后一边拧紧锁紧螺母，一边用弹簧秤钩住专用工具边缘，检查主动锥齿轮刚开始转动时的拉力。当锁紧螺母拧紧后，主动锥齿轮的边缘拉力应达到规定力矩。

③如果主动锥齿轮刚开始转动时的边缘拉力超过规定值，应更换隔套重新进行预紧度调整。切勿采取拧松主动锥齿轮锁紧螺母的方法来减小拉力。

(2)半轴齿轮和行星齿轮的装配及啮合间隙的调整

1)半轴齿轮和行星齿轮的装配

按照拆卸时的相反顺序将半轴齿轮和行星齿轮装配到差速器壳上，注意应装上行星齿轮轴定位销。

2)半轴齿轮和行星齿轮啮合间隙的检查与调整

①使用百分表检查啮合间隙。将百分表吸盘支架置于差速器壳上，百分表触头垂直于行星(或半轴)齿轮的齿面，然后一手固定半轴(或行星)齿轮，另一手轻轻来回拨动行星(或半轴)齿轮，此时百分表指针的摆动量即为半轴齿轮与行星齿轮的啮合间隙值。

②使用软熔断丝检查。将软熔断丝夹在半轴齿轮与行星齿轮的工作面上，转动齿轮挤压熔断丝，测量经挤压后熔断丝的厚度即可得到其啮合间隙。

③如果没有软熔断丝，还可通过测量半轴齿轮的轴向间隙予以间接判断。在半轴齿轮端面放进一个适当厚度的平垫圈或平板，然后用百分表进行测量。若发现间隙不符合要求，可通过增减调整垫片的厚度来进行调整。增加垫片，啮合间隙减小；反之，啮合间隙增大。

(3)差速器的装配

①行星齿轮和半轴齿轮装入差速器壳内并调整好后，再用差速器侧轴承安装器将差速器轴承压入差速器壳两端的轴颈上。

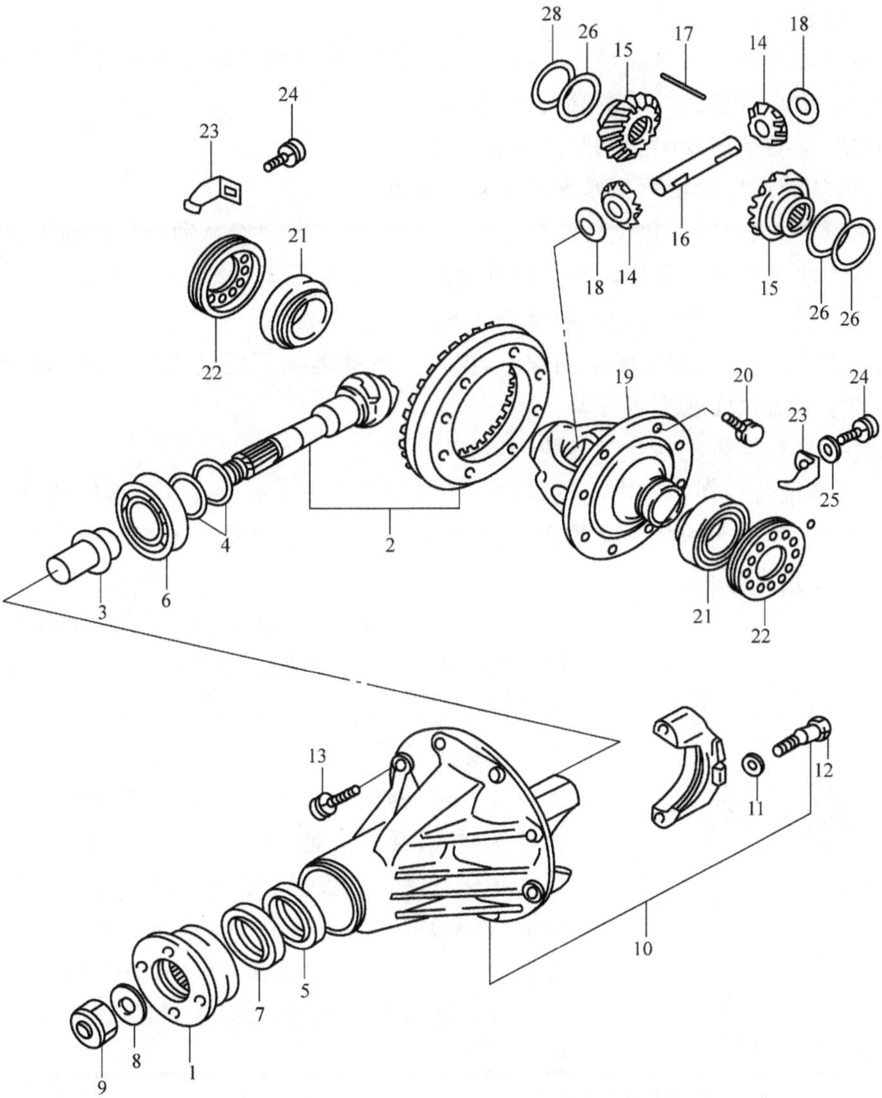

图 14-6　驱动主减速器和差速器分解图

1—凸缘　2—主减速器　3—隔套　4—调整垫片　5、6、21—轴承　7—油封　8—垫圈
9—锁紧螺母　10—主减速器壳总成　11、25—弹簧垫圈　12—轴承盖螺栓　13、20、24—螺栓
14—行星齿轮　15—半轴齿轮　16—行星齿轮轴　17—行星齿轮轴定位销　18—行星齿轮止推垫片
19—差速器外壳　22—调整螺母　23—锁片　26—半轴齿轮调整垫片

注意：装入时不可直接敲打轴承。

②将从动锥齿轮装到差速器壳上。从动锥齿轮与差速器壳的 8 个连接螺栓是铬

钢制的特殊螺栓，不得用普通螺栓代替。在拧紧螺栓之前，要先将这些螺栓涂上超级螺纹密封胶粘剂。

③将差速器装到主减速器壳上，根据装配标记装上两个轴承盖并拧紧轴承盖螺栓或螺母。然后再装上轴承两端的调整螺母。

(4)主、从动锥齿轮啮合间隙的调整

1)主、从动锥齿轮轴承预紧度的检查与调整

在进行主、从动锥齿轮啮合间隙的调整之前，应先调整好从动锥齿轮轴承的预紧度。检查方法与检查主动锥齿轮轴承预紧度的方法相同。

2)主、从动锥齿轮啮合间隙的检查与调整

检查主、从动锥齿轮的啮合间隙时，应将主减速器按规定装配好，并按规定力矩将差速器轴承盖螺栓或螺母拧紧。

(5)主、从动锥齿轮啮合印痕的调整

主、从动锥齿轮在工作中不仅要有合适的啮合间隙，还必须有正确的啮合印痕，即要有较大的受力面积和正确的受力位置，以保证主、从动锥齿轮工作噪声小，轮齿磨损均匀，使用寿命长。

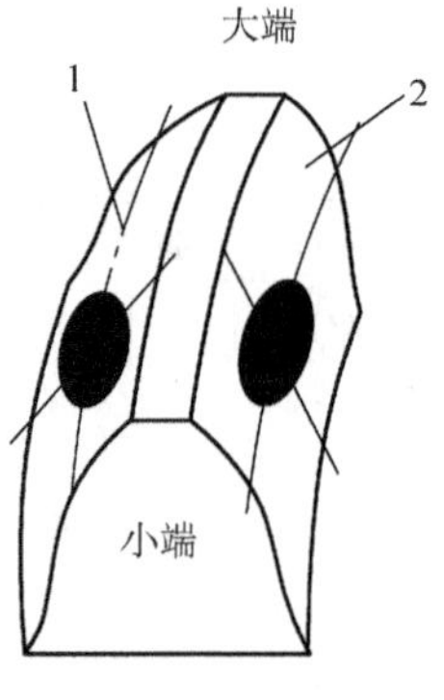

图 14-7　正确的啮合印痕

1—工作面　2—非工作面

检查啮合印痕的方法是：将轴承预紧度及啮合间隙调整好后，在主动锥齿轮 3～4 个齿的工作面和非工作面上，均匀地涂上一层薄薄的红丹油，用手握住主动锥齿轮的凸缘来回转动；同时在从动锥齿轮上施加一定的阻力，以使主、从动锥齿轮接近实际工作情况，然后观察齿轮轮齿上的啮合印痕。

正确的啮合印痕是：无论从动锥齿轮轮齿的工作面(凸面)或非工作面(凹面)，其啮合印痕均位于齿面的中央，并稍偏向小端，如图 14-7 所示。

如果印痕不符合要求可参考图 14-8 进行调整。

(6)主减速器和差速器的装配

①将主减速器壳和驱动桥壳的接触表面清除干净并涂以密封胶，然后将主减速器和差速器总成安装到桥壳上，并以规定的拧紧力矩拧紧其固定螺栓。

②以规定的拧紧力矩拧紧放油螺塞，并在后桥壳内加注规定牌号的齿轮油至规定高度。

(7)半轴的安装

按拆卸相反的顺序安装制动器总成、车轮总成。

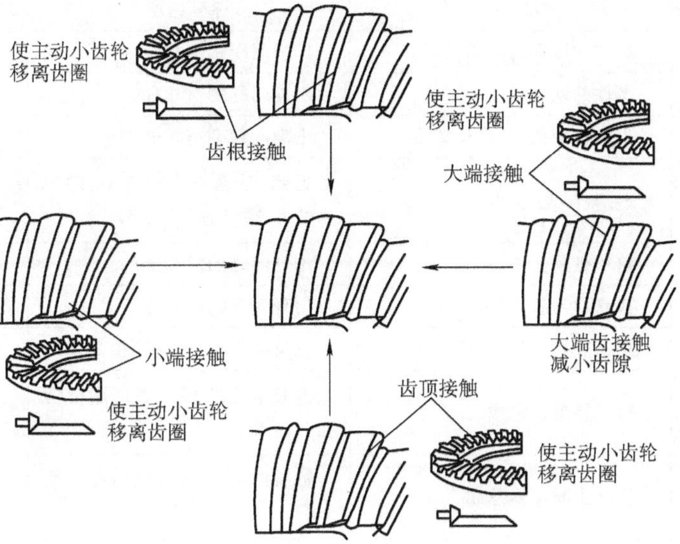

图 14-8　主、从动锥齿轮啮合印痕调整方法

第四步：检查实训过程

①学生进行实际操作时，教师巡视检查学生操作情况，及时指出学生的操作错误或注意事项。

②学生在操作时，同组成员可观察操作情况并互相提醒，操作者可随时查看工作计划或工作页，做到自我检查，保证操作的规范性和准确性。

③学生计划完成后，首先要自检，小组成员对本次任务进行评价，然后教师检查学生的完成效果。

第五步：评价总结阶段

一、自我评价

学生自我评价，同时对组内其他同学提出问题，交流心得。

二、课题考核

1. *考核要求*

①正确拆装主减速器。

②正确调整需要调整的部位。

③保证调整结果符合技术要求。

2. *考核*

(1)操作考核(60 min)

具体考核内容及配分评分标准如下表所示。

序号	考核项目	配分	考核内容	评分标准	扣分	得分	备注
1	操作准备	10	对结构原理的熟练程度	出现问题酌情扣分			
			零件的认知程度	出现问题酌情扣分			
			工具整理情况、工位整洁	出现问题酌情扣分			
2	工作态度	20	迟到、早退、旷课	迟到、早退每次扣5分，旷课一节扣20分			
			嬉戏打闹	出现问题酌情扣分			
			认真、严谨、团结、协作	出现问题酌情扣分			
3	操作过程	50	正确使用工具、仪器	工具使用不当，每项扣2分			因违规操作发生重大人身和设备事故，此题按0分计
			拆装差速器总成	拆装顺序错误出现问题酌情扣分			
			拆装主减速器总成	拆装顺序错误出现问题酌情扣分			
			调整轴承预紧度	出现问题酌情扣分			
			按照技术要求紧固螺栓	出现问题酌情扣分			
			操作安全	出现问题酌情扣分			
4	操作结果	20	任务完成时间	出现问题酌情扣分			
			任务完成质量	出现问题酌情扣分			
5	分数合计	100					

(2)理论考核(40 min)

①简述驱动桥的功用。(20分)

②简述驱动桥的组成。(20分)

③简述驱动桥各组成部分的功用。(20分)

④简述主减速器的常见类型。(20分)

⑤简述主减速器的调整项目及基本调整方法。(20分)

项目十五　车轮与轮胎的拆装保养

第一步：布置任务

一、项目要求

1. 项目名称

车轮与轮胎的拆装保养。

2. 计划课时

4 课时。

3. 器材及工具准备

要准备以下器材及工具：

①丰田威驰轿车 2～5 辆；

②常用工具 5 套，丰田专用工具 4 套，机油少许；

③相关幻灯片、挂图或图册等若干。

二、教学主要内容及目的

教学内容及目的如下：

①了解车轮和轮胎的基本组成和功用；

②掌握车轮的拆装方法；

③掌握轮胎的常见故障诊断方法；

④掌握轮胎的维护方法。

三、技术标准及要求

①花纹深度应大于 1.6 mm。

②轮胎气压，前轮是 1.8 个大气压(0.18 MPa)，后轮是 2.2 个大气压(0.22 MPa)。

四、相关知识准备

1. 车轮总成的组成

车轮总成由车轮与轮胎组成，如图 15－1 所示。

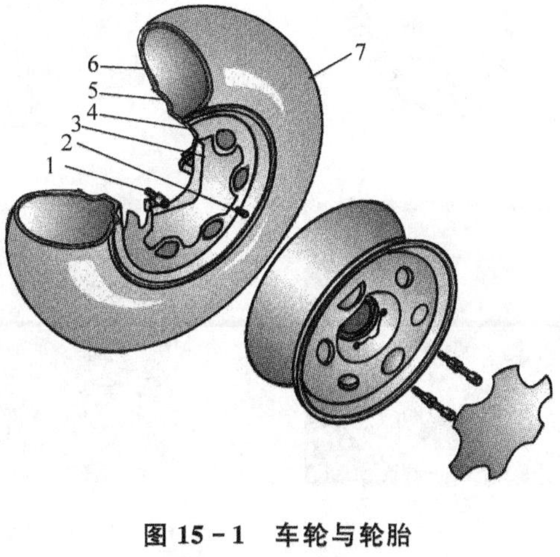

图 15－1　车轮与轮胎

1—车轮螺栓　2—气门嘴　3—装饰罩　4—轮辐　5—轮辋　6—轮胎　7—平衡块

2. 车轮的功用及组成

(1)车轮的功用

车轮的功用是安装轮胎，承受轮胎与车桥之间的各种载荷的作用。

(2)车轮的组成(见图 15－2)

①轮毂,连接车轮和车轴。

②轮辋,安装和固定轮胎。

③轮辐,连接轮毂和轮辋。

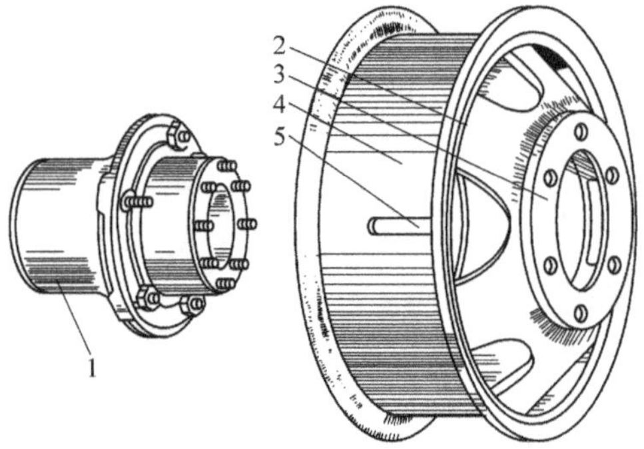

图 15－2　车轮的组成

1—轮毂　2—挡圈　3—轮辐　4—轮辋　5—气门嘴伸出口

3. 车轮形式

常用车轮形式如图 15－3 所示。

图 15－3　几种常见车轮形式

第二步:制订计划

教师辅助学生以小组方式,根据课时、人数及教学任务,由学生自己进行信息收集(通过专业书籍、说明书或网络等各种途径查找相关知识资料复习或学习本项目的相关知识)，讨论并制订出本项目中课题的工作计划。

例如：

<table>
<tr><td rowspan="2">受众分析</td><td>年级</td><td colspan="2">二年级</td><td>专业</td><td>汽车制造与装配</td><td colspan="2">人数</td><td>40 人/班</td></tr>
<tr><td>学生知识结构</td><td colspan="7">①有一定的逻辑思维能力；
②具有自学能力；
③掌握了车轮拆装的安全操作规程；
④掌握了车轮拆装的相关理论知识及注意事项；
⑤会使用常规的操作工具</td></tr>
<tr><td rowspan="10">制订计划</td><td rowspan="4">教师布置课题分组</td><td>组别</td><td colspan="3">课题</td><td>课时</td><td>人数</td><td>组长</td></tr>
<tr><td>1</td><td colspan="3">车轮的拆卸</td><td>1</td><td>10</td><td></td></tr>
<tr><td>2</td><td colspan="3">车轮的检测</td><td>1</td><td>10</td><td></td></tr>
<tr><td>3</td><td colspan="3">车轮的安装</td><td>1</td><td>10</td><td></td></tr>
<tr><td>学生计划</td><td colspan="7">学生根据本项目及组别的课题安排及实训设备情况进行信息收集并制订工作计划。例如：
①根据项目要写出整个操作过程的步骤；(可在实训课前完成)
②根据每个课题列出所需的工具；
③写出组内分工计划或轮岗计划</td></tr>
<tr><td>学生讲解</td><td colspan="7">每组学生选派一人讲解本组计划，其他组提出不同见解。每组可重新制订计划，定稿后交给教师评价(此项可在课前由学生自行完成，也可由教师组织完成。)</td></tr>
<tr><td>教师辅助</td><td colspan="7">教师评价各个计划的可实施性，对于不可实施的计划，教师提出意见，由学生进行修改，再评价、再修改直到可实施</td></tr>
<tr><td>实操指导</td><td colspan="7">学生根据自己的计划进行工作，教师观察其操作情况并作指导，及时纠正其错误。根据各组的不同情况有针对性地作进一步讲解</td></tr>
<tr><td>岗位轮换</td><td colspan="7">教师控制整个项目的课时，每组课时结束进行课题轮换。每组组长根据自己的课题课时控制小组的岗位轮换时间</td></tr>
<tr><td>备注</td><td colspan="7"></td></tr>
</table>

第三步：实施课题任务

①在学生操作前，教师根据实训内容可先进行演示教学，或者进行操作步骤讲解，例如：车轮的拆卸、车轮检测、车轮安装注意事项。

②同学根据自己制订的计划进行不同的课题操作作业，完成任务后由教师统一安排课题轮换。

③教师观看学生的操作过程，进行有针对性的指导。当第一轮操作结束后，教师可对学生存在的问题进行集中讲解，避免其他学生出现类似错误或不规范操作。

本项目的操作步骤如下。

1. 检查车轮轴承

①利用车轮举升器将车辆升至中间位置。

②将一只手放在轮胎上面,另一只手放在轮胎下面,用力推拉轮胎检查有无摆动。

③用手转动轮胎,检查其是否能够无任何噪声地平稳转动。

2. 拆卸车轮

使用合适扳手,按照交叉顺序拆卸四个车轮螺母,然后卸下车轮。

3. 车轮的检查

①检查轮胎胎面和胎壁是否有裂纹、割痕或者其他损坏。

②检查轮胎的胎面和胎壁是否嵌入任何金属微粒、石子或者其他异物。

③用轮胎深度规测量轮胎的胎面深度。

④检查轮胎的整个外围是否有不均匀磨损和阶段磨损。

⑤检查轮胎气压。

⑥检查气压后,通过在气门周围涂肥皂水检查是否漏气。

⑦检查轮圈和轮盘是否损坏、磨损、变形和跳动。

4. 车轮的安装

按照交叉顺序上紧 4 个轮毂螺母。最后,使用扭矩扳手将螺母上紧至规定扭矩。

第四步:检查实训过程

①学生进行实际操作时,教师巡视检查学生操作情况,及时指出学生的错误操作或注意事项。

②学生在操作时,同组成员可观察操作情况并互相提醒,操作者可随时查看工作计划或工作页,做到自我检查,保证操作的规范性和准确性。

③学生计划完成后,首先要进行自检,小组成员对本次任务进行评价,然后教师检查学生的完成效果。

第五步:评价总结

一、自我评价

学生自我评价,同时对组内其他同学提出问题,交流心得。

二、课题考核

1. 考核要求

①正确拆装车轮螺母。

②轮胎的检查方法正确。

2. 考核

(1)操作考核(40 min)

具体考核内容,配分及评分标准如下表所示。

序号	考核项目	配分	考核内容	评分标准	扣分	得分	备注
1	操作准备	10	对结构原理的熟练程度	出现问题酌情扣分			
			零件的认知程度	出现问题酌情扣分			
			工具整理情况、工位整洁	出现问题酌情扣分			
2	工作态度	20	迟到、早退、旷课	迟到、早退每次扣 5 分，旷课一节扣 20 分			
			嬉戏打闹	出现问题酌情扣分			
			认真、严谨、团结、协作	出现问题酌情扣分			
3	操作过程	50	正确使用工具、仪器	工具使用不当，每项扣 2 分			因违规操作发生重大人身和设备事故，此题按 0 分计
			检查轴承磨损情况	出现问题酌情扣分			
			拆装轮胎	拆装工艺错误出现问题酌情扣分			
			检查轮胎气压	出现问题酌情扣分			
			检查轮胎磨损情况	出现问题酌情扣分			
			操作安全	出现问题酌情扣分			
4	操作结果	20	任务完成时间	出现问题酌情扣分			
			任务完成质量	出现问题酌情扣分			
5	分数合计	100					

(2)理论考核(30 min)

①试述车轮总成的组成。(25 分)

②试述车轮总成的功用。(25 分)

③试述车轮轮胎的检查内容。(25 分)

④试述轮胎气压检查方法、轮胎螺母拆装顺序。(25 分)

项目十六　车轮定位参数的检测和调整

第一步:布置任务

一、项目要求

1. 项目名称

车轮定位参数的检测和调整。

2. 计划课时

6 课时。

3. 器材及工具准备

要准备以下器材及工具:

①前轮定位仪、千斤顶(举升机)各 8 台,常用工具 10 套;

②米尺(或前束尺),调整前束、车轮外倾角和注销后倾角的专用工具各 8 套;

③四轮定位仪 2 台。

二、教学主要内容及目的

教学内容及目的如下:

①正确利用设备对车轮的定位参数进行检测;

②根据检测的结果,判断车轮的定位角是否需要调整,且能正确地调整车轮定位角。

三、技术标准及要求

①在检测车轮的定位参数时,轮胎气压必须符合规定,悬架装置的螺旋弹簧不应折断和过度松弛,车轮轮毂无摆动或偏摆,横直拉杆无松旷,汽车停止在水平地面或专用检验台上,车轮呈直线行驶位置且无负载。

②桑塔纳轿车的车轮定位参数技术标准如表 16－1 所示。

表 16－1　桑塔纳轿车的车轮定位参数技术标准

车轮	项目	桑塔纳 LX 型轿车	桑塔纳 2000 型轿车
前轮	前束	－1～－3 mm(－20′±10′)	0～1.6 mm(8′±8′)
	车轮外倾角	－30′±20′	－15′±15′
	主销后倾角	50′±30′	1°30′±30′
	主销内倾角	14°12′	
	左、右车轮外倾角允许差	15′	10′
后轮	前束	25′±15′	25′±15′
	车轮外倾角	－1°40′±20′	1°4′±20′

四、相关知识准备

1. 汽车行驶系

(1)作用

汽车行驶系的作用是支撑汽车总重量;接受传动系输出的转矩,通过驱动轮与路面的附着作用,转化为汽车行驶的驱动力;减少不平路面对车身的振动,缓和冲击,保证汽车平顺行驶。

(2)组成

汽车行驶系由车架、车桥、车轮和悬架等组成。轮式行驶系的组成如图 16－1 所示。

(3)常见的形式

汽车行驶系的形式有轮式、覆带式、车轮覆带式等形式。本课题介绍轮式行驶系。

图 16－1　轮式行驶系的组成

2. 转向桥

(1)作用

利用车桥中的转向节使车轮偏转一定角度,以实现汽车的转向。转向桥除承受垂直载荷外,还承受纵向力和侧向力,以及这些力造成的力矩。

(2)组成

转向桥主要由前梁(或称前轴)、转向节、主销和轮毂等组成,如图 16－2 所示。

3. 车轮定位

(1)转向轮定位

为了保证汽车直线行驶稳定,转向后能自动回正和减少轮胎的磨损,转向轮、转向节和前梁三者之间应保持一定的安装位置,称为转向轮定位。

转向轮定位参数有 4 个。

① 主销后倾角。主销在前轴上安装,其上端略向后倾斜,称为主销后倾,如图

16－3所示。在纵向垂直平面内，主销轴线与垂线之间的夹角叫做主销后倾角。其作用是保持汽车直线行驶的稳定性，并使汽车转弯后车轮能自动回正。

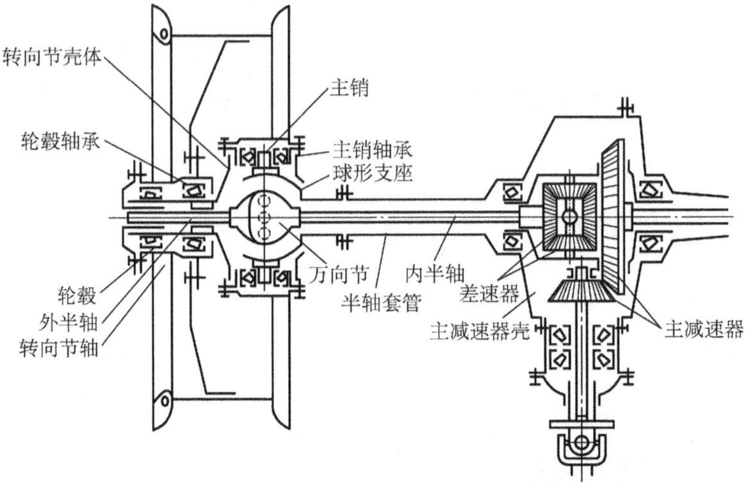

图 16－2　转向驱动桥示意图

②主销内倾角。在汽车横向垂直平面内，主销的轴线与垂线之间的夹角叫做主销内倾角，如图 16－4 所示。其作用是使转向轮自动回正，转向轻便。

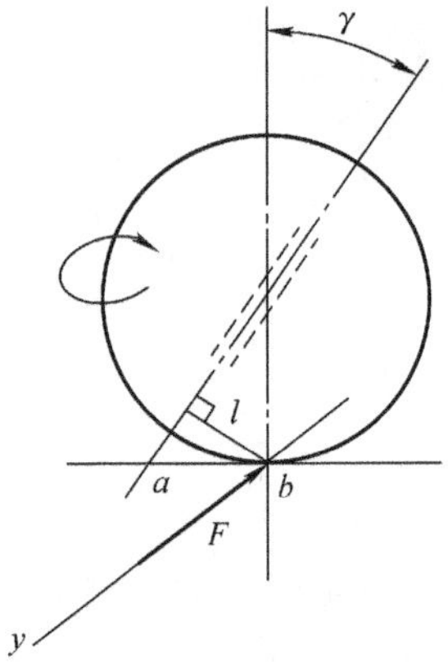

图 16－3　主销后倾

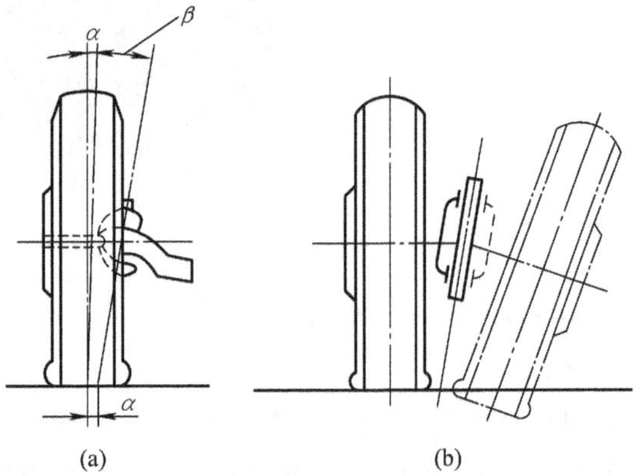

图 16－4　主销内倾

③前轮外倾。车轮在旋转平面上方略向外倾斜，称为前轮外倾。其作用是提高车轮行驶的安全性和转向操纵的轻便性。

④前轮前束。转向轮安装后，两前轮的旋转平面不平行，前端略向内束，这种现象称为前轮前束。其作用是减少或消除汽车前进中因车轮外倾和纵向阻力致使车轮前端向外滚开所造成的滑移。

(2)后轮定位

后轮外倾角和后轮前束的作用与前轮外倾角和前轮前束是一样的。

五、注意事项

在检测前轮的定位参数时，要保证检测设备的完好及人身安全。

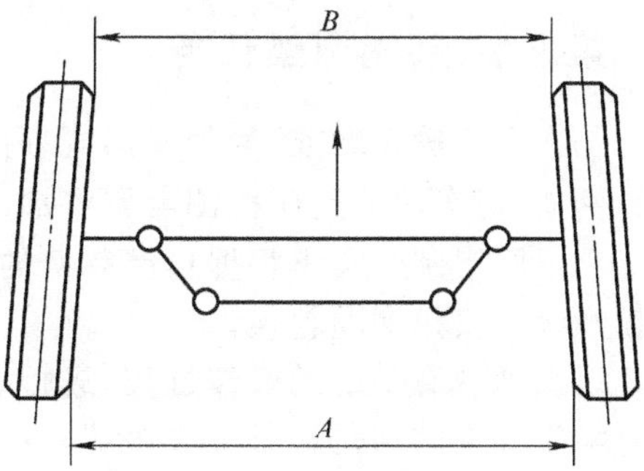

图 16-5　前轮前束示意图

第二步：制订计划

教师辅助学生以小组方式，根据课时、人数及教学任务，由学生自己进行信息收集（通过专业书籍、说明书或网络等各种途径查找相关知识资料学习本项目的相关知识），讨论并制订出本项目中课题的工作计划。

例如：

受众分析	年级	二年级	专业	汽车制造与装配	人数	40 人/班
受众分析	学生知识结构	①有一定的逻辑思维能力； ②具有自学能力； ③掌握了车轮的定位的作用及其原理； ④掌握了车轮的定位参数检调的操作规程； ⑤会使用常规的操作工具； ⑥能正确使用四轮定位仪检查四轮定位				
制订计划	教师布置课题分组	组别	课 题	课时	人数	组长
		1	车轮前束的检查与调整	3	10	
		2	车轮前束的检查与调整	3	10	
		3	使用四轮定位仪检查四轮定位	3	10	
		4	使用四轮定位仪检查四轮定位	3	10	
	学生计划	学生根据本项目和本组的课题安排及实训设备情况，进行信息收集并制订工作计划。例如： ①根据该项目内容写出整个检查调整过程的步骤；（可在实训课前完成） ②根据检查调整内容列出所需的工具及设备； ③写出组内分工计划或轮岗计划				
	学生讲解	每组学生选派一人讲解本组计划，其他组提出不同见解。每组可重新制订计划，定稿后交给教师评价（此项可在课前学生自行完成，也可由教师在课堂上组织完成。）				
	教师辅助	教师评价各个计划的可实施性，对不可实施的计划，教师提出意见，由学生进行修改，再评价、再修改直到可实施				
	实操指导	学生根据自己的计划进行工作，教师观察其操作情况，并作指导以及时纠正错误的操作。根据各组的不同情况有针对性地作进一步深入讲解				
	岗位轮换	教师控制整个项目的课时，每组课时结束进行课题轮换。每组组长根据自己的课题课时控制小组的岗位轮换时间，例如每组再分为 2 个小组，一组检测一组调整，然后交换工作				
	备注					

第三步:实施课题任务

①在学生操作之前,教师根据实训内容可先进行演示教学,或者进行操作步骤讲解。例如:对车轮的定位检测与调整加以演示讲解。

②不同组别的同学根据自己制订的计划进行不同的课题操作作业,完成任务后由教师统一安排课题轮换。

③教师观看学生的操作过程,进行有针对性的指导。当第一轮操作结束后,教师可对学生存在的问题进行集中讲解,以避免其他学生出现类似错误或不规范操作。

本项目的操作步骤如下。

1. 前束的检测

①检查轮胎的胎压是否正常,悬架状态是否处于完好的技术状态,车轮轮毂的轴承预紧度是否合适,横直拉杆是否松旷,若有不符合规定的必须修复后,再检查前束。

②使汽车处于直线行驶状态,在左右轮胎的前侧与轮轴中心线等高处的胎冠中心上用粉笔作好测量的标记,用米尺测量两标记之间的距离 A。

③使车辆向前行至轮胎前侧的标记转至正后方与轮轴中心线同高时,停止移动,测量两标志间的距离 B,前束值$=B-A$。

也可以将前束尺支在轮胎内侧凸出最高点处,且与轮轴轴线等高处进行测量,操作步骤与前述一样,从前束尺上读出前束值,如图 16-6 所述。

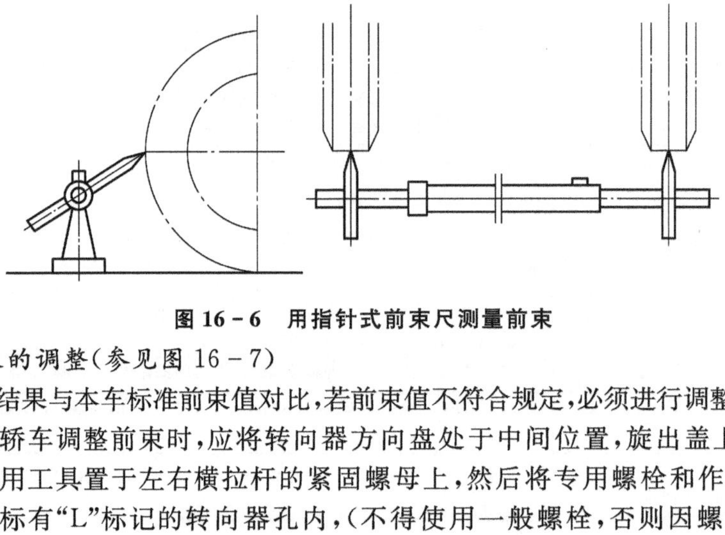

图 16-6 用指针式前束尺测量前束

2. 前束的调整(参见图 16-7)

将检测结果与本车标准前束值对比,若前束值不符合规定,必须进行调整。

桑塔纳轿车调整前束时,应将转向器方向盘处于中间位置,旋出盖上的前螺栓,将带钩的专用工具置于左右横拉杆的紧固螺母上,然后将专用螺栓和作为衬垫的间隔件固定到标有“L”标记的转向器孔内,(不得使用一般螺栓,否则因螺栓太短而损坏转向器的螺纹)。然后在左右横拉杆上分别调整前束值,注意使两边横拉杆的长度相等,调好后紧固横拉杆。

奥迪轿车前轮前束的调整与桑塔纳轿车完全相同,其他车型可参考相关手册。

3. 用四轮定位仪检查四轮定位参数

(1)上车前准备工作

在被测车辆开上举升机之前,需要检查 4 个车轮的胎压是否符合标准胎压、轮胎

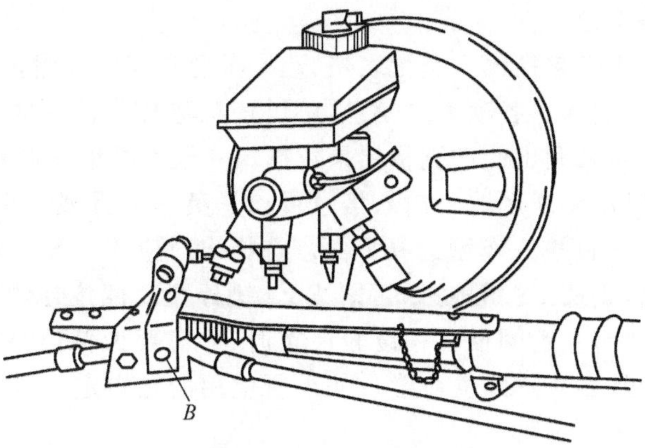

图 16-7　前束的调整

花纹是否严重磨损。在举升机两个承载板的宽度与被测车辆的前、后轴距一致后，再将举升机降至最低点，确保转角盘和后滑板的固定销都插好之后，再将被测车辆开上举升机。车辆在举升机上应朝向正前方，不要使车身歪斜。车辆的两前轮要落在两转角盘的中心上，同时转角盘的圆盘要均匀分布在轮胎的两侧。车辆熄火后，拉上手刹，摇下左前侧车窗玻璃，司机离开车辆。操作员需要分别用力压车身的前部和后部，以使车辆的悬挂复位。

(2)安装卡具

根据所测车辆的车轮尺寸对卡具进行调整。先将下方的两个尼龙爪顶在钢圈的凸起外沿，然后松开上方尼龙爪的旋钮，调整它的位置，使之也顶在钢圈的凸起外沿，再拧紧旋钮。下一步是用两手同时推动卡具上的活动杆，使卡臂卡在轮纹内，然后挂上安全钩，检查卡具是否安装牢固。

(3)安装定位仪

将 4 个传感器按照对应车轮的位置安装到卡具上。在传感器的定位轴上涂抹稀的润滑油(不能涂黄油)，以免长时间插拔造成定位轴磨损，影响测量精度。连接通信电缆和转角盘电缆。把电缆插头上的箭头与插座上的箭头标记对好之后，就可以直接插入。4 根电缆的差别只是长度不同，两根 6.5 m 的电缆用来连接定位仪和两个前轮上的传感器，两根 4.5 m 的电缆用来连接前后传感器。每个传感器上有 3 个插座，上面两个是完全一样的，下面的一个用来连接转角盘。电缆连接好之后，拔掉转角盘和后滑板上的固定销。将车辆举升后落到举升机最低一格的安全锁止位置，以保证举升平台处在水平状态。定位仪开机，传感器上的电源指示灯亮，按 R 键或相应的位置键激活各个传感器，待传感器处于水平后拧紧固定旋钮。

(4)操作定位仪

开机之后，批处理程序自动进入测量程序的初始状态，等待用户进行下一步的操作。按 F3 键可前进到下一步。屏幕上出现“TEST”，表示系统正在刷新所记忆的上次测量的信息。然后程序进入测量步骤。测量步骤主要分 4 步。

1)测量前准备工作

测量前的准备工作包括输入登记表格、选择车型和偏位补偿。

输入登记表格:包含了各项客户信息,可以任意选择要输入的项目,并且将来可以根据所输入的项目来调出此次测量结果数据。一般可以车辆牌照号或维修单编号来输入相应条目,以便将来调取。输入信息可以是英文字母或数字,没有汉字输入。填完表格之后,按 F3 键进入车型选择界面。选择出对应于所测车辆的车型之后,如果需要做偏位补偿,则按 F3 键前进,否则按 F4 键停止。偏位补偿:如果所使用的卡具是快速卡具,则只有在钢圈损坏程度较严重时,才需要做偏位补偿(对于 Audi A6 或 Passat B5,测量前必须做偏位补偿);如果所使用的是自定心卡具,则对所有车辆必须做偏位补偿。

2)调整前检测

安装好定位仪设备附带的刹车锁。进入调整前检测步骤,屏幕上会出现方向盘对中提示图案。在绿色区域内,表示可以接受的范围,但是在绿色范围的左右两侧的测量结果,会相差 5 分左右。因此,最好是将箭头对中绿色区域的中间黑线处。打方向盘的顺序为:先对中,然后向右 20 度,再向左 20 度,接着对中。此时屏幕上出现测量得到的前轮前束时。按 F3 键进入到测量最大总转角的步骤,使用电子转角盘的定位仪可以通过这个步骤自动测量出最大总转角。先对中方向盘,然后按照屏幕提示,取下两个前部传感器。待屏幕上显示出测量等待画面后,连续向右打方向盘直到打不动为止,然后稳定住不松手。等到测量结束后,再连续向右打方向盘直到打不动为止,然后稳定住不松手。等到测量结束后,屏幕自动显示出所有的测量数据。再装上两个前部传感器,如果测量出的数据中,可调数据有超出允许范围的,则可进入到定位调整的步骤。

3)定位调整

做定位调整前,先用方向盘锁将方向盘固定成水平状,再升起举升机到合适调整的高度,将举升机锁止在水平安全位置。将四个传感器调整为水平状态,再操作定位仪进入定位调整操作。调整程序会先显示车辆后轴各参数的测量值,如果车辆后轴参数是可调的(多数车辆的后轴定位参数是不能调整的),则可参照屏幕上显示的数据进行调整,屏幕显示的数据会随时显示当前调整后的参数数据。后轴定位参数调整完后,按 F3 键可进入前轴调整步骤。前轴外倾角的调整按照车辆底盘的结构可分为两种,一种是需要举升前轴使前轴车轮悬空才能调整外倾角;另一种是不需要举升前轴就可调整外倾角。

对于需要举升前轴调整外倾角的车辆,其定位调整的步骤如下。

①按 F3 键直到屏幕上出现前轴调整画面。此时屏幕上同时显示出前轴的五个定位参数的数据值,它们分别是:左、右轮外倾角,左、右轮前束,前轮总前束。然后按 F7 键,屏幕上出现提示语句,提示您此时可以用二次举升器将车辆的前轴举起。在用二次举升将车辆前轴举起后,再按 F3 键前进,此时屏幕显示左右轮外倾角的数

据。现在就可以按照屏幕显示的数据进行外倾角的调整了。

②调整完左、右轮的外倾角后，按 F3 键前进，则屏幕上出现“现在可以将二次举升放下”的提示，此时可以放下二次举升，当车辆前轮在举升机平台上落稳之后，拽住车辆前轴的悬架部分，下拉几次，以使车辆前轴的悬挂复位。车辆放好之后，再按 F3 键，此时屏幕显示又重新回到前轴调整画面。

③现在可以在前轴调整画面下，按照显示的左、右轮前束值调整左右轮前束。当左右轮前束和总前束都调整好后，按 F4 键结束定位调整过程。

④对于不需要举升前轴调整外倾角的车辆，则可在前轴调整画面下，按照先调外倾角，再调前束的顺序，参照屏幕上实时显示的各参数值，分别调整左右外倾角、左右前束值。调整好之后，按 F4 结束定位调整过程。

4)调整后检测

将举升机降回到调整前测量时的高度，将举升机锁止在水平安全位置。进入调整后测量步骤，此时屏幕上显示出当前的两前轮的单独前束值。按 F3 键前进，其余步骤与调整前检测的步骤相同。最后所显示的测量调整结果报表给出了调整前测量值，标准值以及调整后测量值，以调整后测量值为最终结果。因此，如果在调整后测量值中，存在可以调整的参数的数据不合格，则还需要返回到定位调整步骤重新进行调整。

第四步：检查实训过程

①学生进行实际操作时，教师巡视检查学生操作情况，及时指出学生的操作错误或注意事项。

②学生在操作时，同组成员可观察操作情况并互相提醒，操作者可随时查看工作计划或工作页，做到自我检查，保证操作的规范性和准确性。

③学生计划完成后，首先要进行自检，小组成员对本次任务进行评价；然后教师检查学生的完成效果。

第五步：评价总结阶段

一、自我评价

学生自我评价，同时对组内其他同学提出问题，交流心得。

二、课题考核

1. 考核要求

(1)能正确地检测前轮的定位参数。

(2)能正确地调整前轮的定位参数使之符合原厂设定的技术标准。

(3)能正确地使用四轮定位仪检查车轮定位参数。

2. 考核

(1)操作考核(60 min)

具体考核内容,配分及评分标准如下表所示。

序号	考核项目	配分	考核内容	评分标准	扣分	得分	备注
1	操作准备	10	对结构原理的熟练程度	出现问题酌情扣分			
			零件的认知程度	出现问题酌情扣分			
			工具整理情况、工位整洁	出现问题酌情扣分			
2	工作态度	20	迟到、早退、旷课	迟到、早退每次扣5分,旷课一节扣20分			
			嬉戏打闹	出现问题酌情扣分			
			认真、严谨、团结、协作	出现问题酌情扣分			
3	操作过程	50	检查轮胎气压及磨损情况	出现问题酌情扣分			因违规操作发生重大人身和设备事故,此题按0分计
			车轮定位参数的传统检测	出现问题酌情扣分			
			举升机的使用	出现问题酌情扣分			
			正确操作四轮定位仪	出现问题酌情扣分			
			调整前轮前束	出现问题酌情扣分			
			操作安全	出现问题酌情扣分			
4	操作结果	20	任务完成时间	出现问题酌情扣分			
			任务完成质量	出现问题酌情扣分			
5	分数合计	100					

(2)理论考核(30 min)

①试述汽车行驶系的作用和组成。(20分)

②试述转向桥的作用和组成。(20分)

③试述转向轮定位的定义。(20分)

④试述转向轮定位的定位参数及每个参数的定义?(20分)

⑤试述后轮定位的定位参数?(20分)

项目十七　车桥与悬架的拆装

第一步:布置任务

一、项目要求

1. 项目名称

车桥与悬架的拆装。

2. 计划课时

8 课时。

3. 器材及工具准备

要准备以下器材及工具:

①桑塔纳轿车 4 辆;

②常用工具 10 套,桑塔纳专用工具 4 套;

③专用轴承拉拔器、吊车、工作台、翻转拆装台若干套;

④前悬架各两套;

⑤弹性元件和减振器若干套;

⑥相关幻灯片、挂图或图册等若干。

二、教学主要内容及目的

教学内容及目的如下:

①掌握转向桥拆装步骤及技术要求;

②熟悉转向桥主要零部件的名称、作用及相互装配关系;

③掌握常见轿车悬架的拆装方法。

三、技术标准及要求

①承孔与主销的配合间隙:轿车不大于 0.10 mm,载货汽车不大于 0.20 mm。

②轴颈与轴承的配合间隙:轴颈直径不大于 40 mm 时,配合间隙为 0.040 mm;轴颈直径大于 40 mm 时,配合间隙为 0.055 mm。

四、相关知识准备

1. 车桥的类型

按车桥上车轮的作用不同,车桥分为转向桥、驱动桥、转向驱动桥和支持桥。

2. 转向桥的结构(图 17－1)

转向桥主要由前轴(或前梁)、转向节和主销等组成。

3. 转向驱动桥的功用

转向驱动桥的功用是承载、转向、驱动。

4. 转向驱动桥的基本结构(图 17－2)

转向驱动桥主要由主减速器、差速器、内外半轴、万向节、转向节壳体、主销和桥壳等组成。

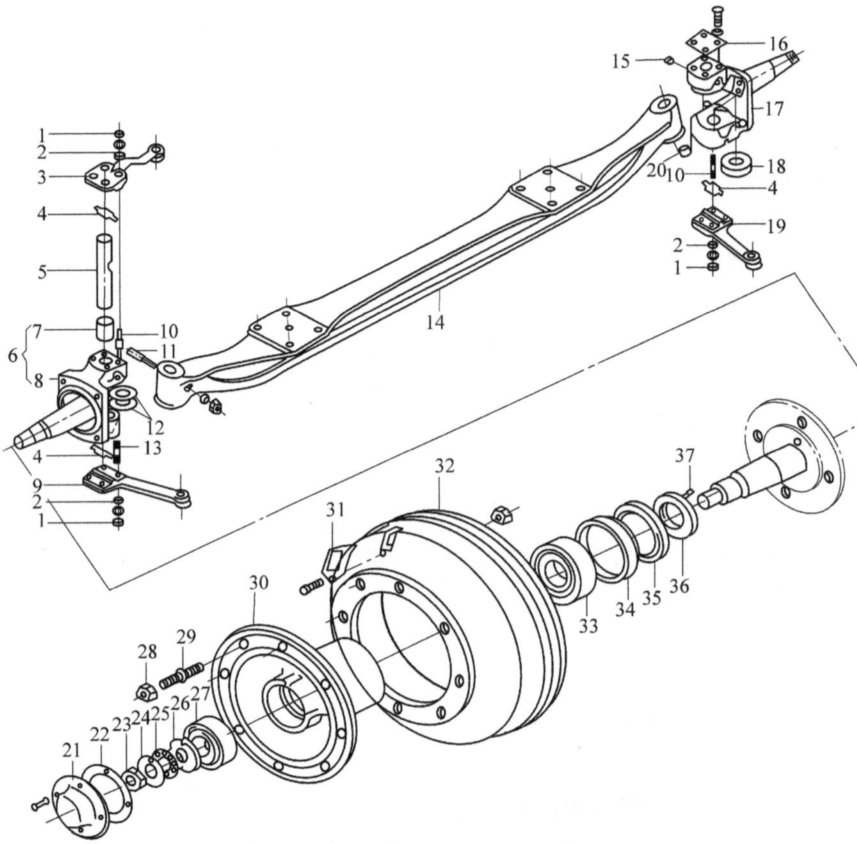

图 17－1　转向桥分解图

1—紧固螺母　2—锥套　3—转向节臂　4—密封垫　5—主销　6—左转向节总成　7—衬套　8—左转向节　9—左转向梯形臂　10、13—双头螺柱　11—楔形锁销　12—调整垫片　14—前轴　15—油嘴　16—右转向节上盖　17—右转向节　18—止推轴承　19—右转向梯形臂　20—限位螺栓　21—轮毂盖　22—衬垫　23—锁紧螺母　24—止动垫圈　25—锁紧垫圈　26—调整螺母　27—前轮毂外轴承　28—螺母　29—螺栓　30—车轮轮毂　31—检查孔　32—制动鼓　33—前轮毂内轴承　34—轮毂油封外圈　35—轮毂油封总成　36—轮毂油封内圈　37—定位销

5. 悬架的组成

悬架一般由弹性元件、减振器和导向机构等组成。

6. 悬架的作用

①连接车架(或车身)和车轮,把路面作用到车轮的各种力传给车架(或车身)。

②缓和冲击,衰减振动,使乘坐舒适。

③保证汽车具有良好的操纵稳定性和平顺性。

7. 悬架的类型

汽车悬架有非独立悬架和独立悬架两种。

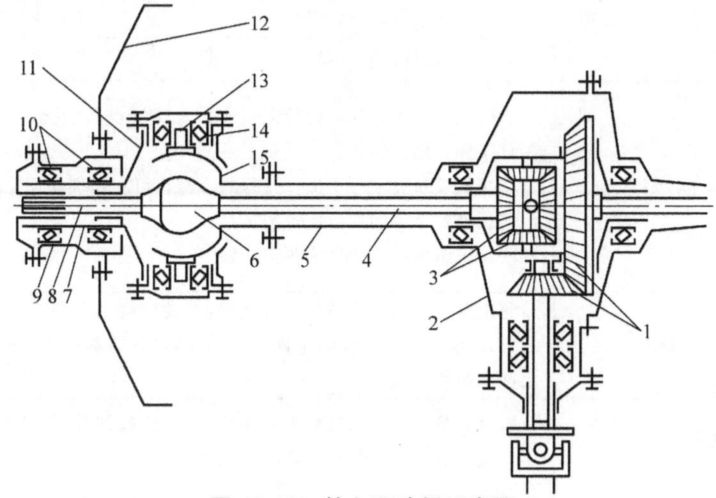

图 17－2　转向驱动桥示意图

1—主减速器　2—主减速器壳　3—差速器　4—内半轴　5—半轴套管　6—万向节
7—转向节轴颈　8—外半轴　9—轮毂　10—轮毂轴承　11—转向节壳体
12—车轮　13—主销　14—主销轴承　15—球形支座

五、注意事项

①不允许对前悬架总成进行焊接或整形处理，不合格的零件应更换。

②所有螺栓和螺母应按规定力矩拧紧。

③所有自锁螺母必须更换新件。

第二步：制订计划

教师辅助学生以小组方式，根据课时、人数及教学任务，由学生自己进行信息收集（通过专业书籍、说明书或网络等各种途径查找相关知识资料复习或学习本项目的相关知识），讨论并制订出本项目中课题的工作计划。

例如：

<table>
<tr><td rowspan="2">受众分析</td><td>年级</td><td>二年级</td><td>专业</td><td colspan="2">汽车制造与装配</td><td>人数</td><td colspan="2">40 人/班</td></tr>
<tr><td>学生知识结构</td><td colspan="8">①有一定的逻辑思维能力；
②具有自学能力；
③掌握了驱动桥拆装的安全操作规程；
④掌握了驱动桥拆装的相关理论知识及注意事项；
⑤会使用常规的操作工具</td></tr>
<tr><td rowspan="3">制订计划</td><td rowspan="3">教师布置项目课题分组</td><td>组别</td><td colspan="3">课题</td><td>课时</td><td>人数</td><td>组长</td></tr>
<tr><td>1</td><td colspan="3">前轴的检修</td><td>2</td><td>10</td><td></td></tr>
<tr><td>2</td><td colspan="3">转向节的检修</td><td>2</td><td>10</td><td></td></tr>
</table>

续表

<table>
<tr><td rowspan="10">制订计划</td><td rowspan="3">教师布置项目课题分组</td><td>组别</td><td>课题</td><td>课时</td><td>人数</td><td>组长</td></tr>
<tr><td>3</td><td>悬架拆卸与分解</td><td>2</td><td>10</td><td></td></tr>
<tr><td>4</td><td>将悬架装入汽车</td><td>2</td><td>10</td><td></td></tr>
<tr><td>学生计划</td><td colspan="5">学生根据本项目和本组的课题安排及实训设备情况，进行信息收集并制订工作计划。例如：
①根据项目要求写出操作过程的步骤；(可在实训课前完成)
②根据每个课题列出所需的工具；
③写出组内分工计划或轮岗计划</td></tr>
<tr><td>学生讲解</td><td colspan="5">每组学生选派一人讲解本组计划，其他组提出不同见解。每组可重新制订计划，定稿后交给教师评价。(此项可在课前由学生自行完成，也可由教师组织完成)</td></tr>
<tr><td>教师辅助</td><td colspan="5">教师评价各个计划的可实施性，对不可实施的计划，教师提出意见，由学生进行修改，再评价、再修改直到可实施</td></tr>
<tr><td>实操指导</td><td colspan="5">学生根据自己的计划进行工作，教师观察其操作情况并作指导，以及时纠正错误的操作。根据各组的不同情况有针对性地作进一步深入讲解</td></tr>
<tr><td>岗位轮换</td><td colspan="5">教师控制整个项目的课时，每组课时结束进行课题轮换。每组组长根据自己的课题课时控制小组的岗位轮换时间</td></tr>
<tr><td>备注</td><td colspan="5"></td></tr>
</table>

第三步：实施课题任务

①在学生操作之前，教师根据实训内容可先进行演示教学，或者进行操作步骤讲解。

②不同组别的同学根据自己制订的计划进行不同的课题操作作业，完成任务后由教师统一安排课题轮换。

③教师观看学生的操作过程，进行有针对性的指导。当第一轮操作结束后，教师可对学生存在的问题进行集中讲解，避免其他学生出现类似错误或不规范操作。

本项目的操作步骤如下。

1. 转向桥的检修

(1)前轴的检修

1) 前轴磨损的检修

①钢板弹簧座平面磨损大于 2 mm，定位孔磨损大于 1 mm 时，要在堆焊后加工修复或更换新件。

②主销承孔的磨损。承孔与主销的配合间隙：轿车不大于 0.10 mm，载货汽车不大于 0.20 mm。磨损超过极限，可采用镶套法修复。

2)前轴变形的检修

①前轴变形的检验。常用的检测方法是采用图 17 - 3 所示的角尺检验法。通过

测量 a、b 值可以判断前轴是否有弯曲和扭转变形。

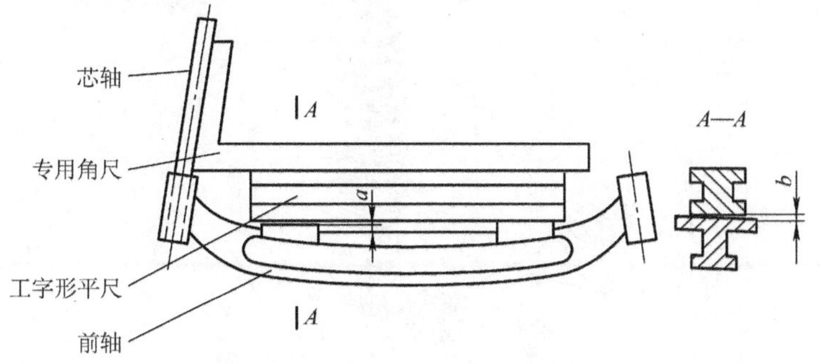

图 17-3　角尺检验法

②前轴校正方法。前轴变形校正必须在钢板弹簧座和定位孔、主销孔磨损修复后进行，以便减少检验、校正的累积误差，提高生产率。一般是采用冷压校正法。

(2)转向节的检修

1)隐伤的检验

转向节的油封轴颈处，因其断面的急剧变化，应力集中，是一个典型的危险断面，容易产生疲劳裂纹，以致造成转向节轴疲劳断裂酿成重大的交通事故。因此，二级维护和修理时必须对转向节轴进行隐伤检验，一旦发现疲劳裂纹，只能更换，不许焊修。

2)磨损的检修

①转向节轴磨损的检修。轴颈与轴承的配合间隙：轴颈直径不大于 40 mm 时，配合间隙为 0.040 mm；轴颈直径大于 40 mm 时，配合间隙为 0.055 mm。转向节轴轴颈磨损超标后应更换新件。

②转向节轴锁止螺纹的检验。损伤不多于 2 牙。锁止螺母只能用扳手拧入，若能用手拧入，说明螺纹中径磨损松旷，应予以修复或更换转向节。

③转向节上面锥孔的检验。与转向节臂等杆件配合的锥孔的磨损，应使用塞规进行检验，其接触面积不得小于 70%，与锥孔配合的锥颈的推力端面沉入锥孔的沉入量不得小于 2 mm。否则应更换转向节。

2. 独立悬架总成的拆卸

(1)前悬架的拆卸

1)车轮与转向节的拆卸(参见图 17-4)

①松开轮胎螺栓。

②拆下车轮。

③拆卸前制动器。

④拆下转向节。

(2)前减振器的拆卸与分解(参见图 17-5)

用弹簧压缩工具 9 先将螺旋弹簧 2 压缩，用内六角工具 12 固定住前减振器的活塞杆，用工具 10 从车身上方松下减振器的上安装螺母 8，取下安装座 11；然后从车身下方取出前减振器 1；最后从前减振器 1 上依次取下悬架轴承 7、橡胶与弹簧挡盘 5、

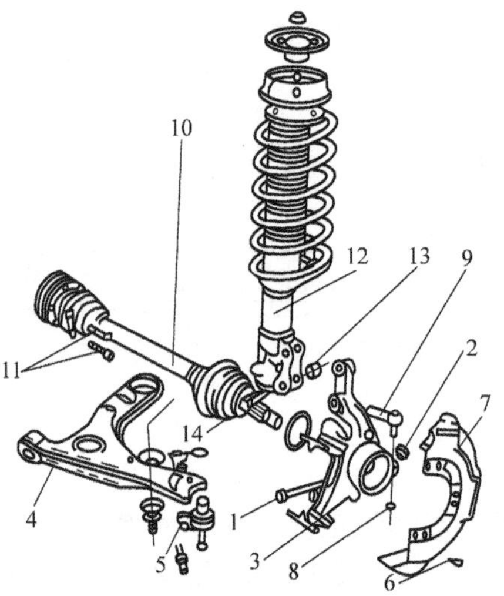

图 17－4　拆卸转向节

1—螺栓　2—螺母　3—转向节　4—梯形臂　5—下球铰　6—螺栓　7—挡泥板　8—螺母
9—转向横拉杆　10—万向节轴　11—螺栓　12—前减振器　13—螺母　14—螺栓

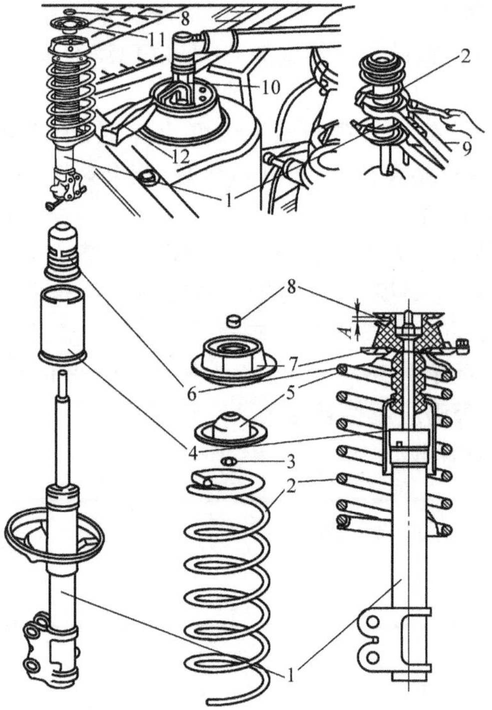

图 17－5　前减振器的拆卸与分解

1—前减振器　2—弹簧　3—垫圈　4—防护套　5—橡胶与弹簧挡盘　6—橡胶挡块　7—悬架轴承
8—有槽螺母　9—弹簧压缩工具　10—工具　11—安装座　12—内六角工具

橡胶挡块 6、防护套 4 和螺旋弹簧 2。

3）梯形臂的拆卸与分解

梯形臂的拆卸与分解参见图 17－6。

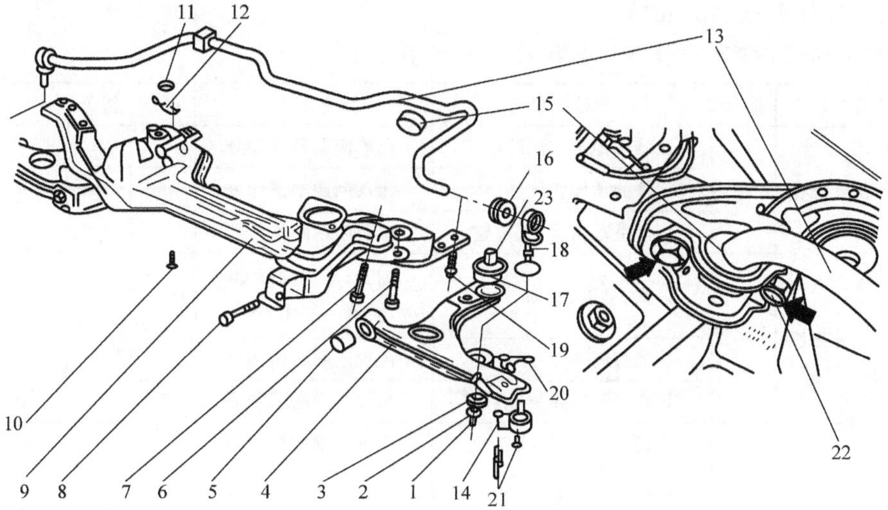

图 17－6　拆卸梯形臂

1—螺母　2—垫圈　3—连接螺杆轴套　4—梯形臂　5—梯形臂前实套　6、7、8—螺栓　9—副车架　10—螺栓　11—螺母　12—钢夹　13—横向稳定杆　14—下球铰　15—横向稳定杆支座　16—橡胶衬套　17—梯形臂后衬套　18—横向稳定杆连接螺杆　19、21、22、23—螺栓　20—锁板

(2)前悬架的安装

前悬架的安装按与拆卸相反的顺序进行。

第四步:检查实训过程

①学生进行实际操作时,教师巡视检查学生操作情况,及时指出学生的操作错误或注意事项。

②学生在操作时,同组成员可观察操作情况并互相提醒,操作者可随时查看工作计划或工作页,做到自我检查,以保证操作的规范性和准确性。

③学生计划完成后,首先要进行自检,小组成员对本次任务进行评价,然后教师检查学生的完成效果。

第五步:评价总结

一、自我评价

学生自我评价,同时对组内其他同学提出问题,交流心得。

二、课题考核

1. 考核要求

①能按正确的操作步骤进行拆装。

②有关机件必须按标准力矩拧紧，使之符合技术标准。

2. 考核：

(1)操作考核(40 min)

具体考核内容、配分及评分标准如下表所示。

序号	考核项目	配分	考核内容	评分标准	扣分	得分	备注
1	操作准备	10	对结构原理的熟练程度	出现问题酌情扣分			
			零件的认知程度	出现问题酌情扣分			
			工具整理情况、工位整洁	出现问题酌情扣分			
2	工作态度	20	迟到、早退、旷课	迟到、早退每次扣5分，旷课一节扣20分			
			嬉戏打闹	出现问题酌情扣分			
			认真、严谨、团结、协作	出现问题酌情扣分			
3	操作过程	50	正确使用工具、仪器	出现问题酌情扣分			因违规操作发生重大人身和设备事故，此题按0分计
			转向桥的检修	操作工艺错误出现问题酌情扣分			
			悬架的拆卸	操作工艺错误出现问题酌情扣分			
			按照拆卸相反顺序装配	装配顺序错误出现问题酌情扣分			
			按照技术要求紧固螺栓	出现问题酌情扣分			
			操作安全	出现问题酌情扣分			
4	操作结果	20	任务完成时间	出现问题酌情扣分			
			任务完成质量	出现问题酌情扣分			
5	分数合计	100					

(2)理论考核(40 min)

①试述转向驱动桥的结构。(25 分)

②试述车桥的类型。(25 分)

③试述拆装悬架时应注意哪些问题。(25 分)

④试述独立悬架系统有哪些优点。(25 分)

项目十八　转向器的拆装

第一步：布置任务

一、项目要求

1. 项目名称

转向器的拆装。

2. 计划课时

4 课时。

3. 器材及工具准备

要准备以下器材和工具：

①解放 CA1091 型载货汽车转向器级及桑塔纳齿轮齿条转向器各四套。

②常用工量具 8 套；

③相关幻灯片、挂图或图册若干。

二、教学内容及目的

①熟悉转向系的构造及工作原理。

②掌握转向器的拆装程序及要领。

③掌握转向器各调整部位的调整方法。

三、技术标准及要求

CA1091 型载货汽车转向器参数：传动比 25.7，中心距 75 mm，滚道螺距 11 mm，扇齿模数 6 mm，转向臂转角 96°，钢球直径 8 mm，转向传动效率＞75％。

四、相关知识准备

1. 转向系的作用

汽车转向系的作用是保证汽车在行驶中能按驾驶员要求，改变汽车行驶方向，并能与行驶系配合，保证汽车稳定的直线行驶。

2. 转向系的形式

汽车转向系按动力源不同可分为机械式转向系和动力式转向系两大类。

3. 转向系的组成

汽车转向系主要由转向操纵机构、机械转向器和转向传动机构等组成。（参见图 18－1）

4. 转向系主要参数

①转弯半径 R：由转向时的瞬时转向中心点到外转向轮与地面接触点的距离。

转弯半径 R 越小，汽车转弯时所需场地越小，其机动性能越好。

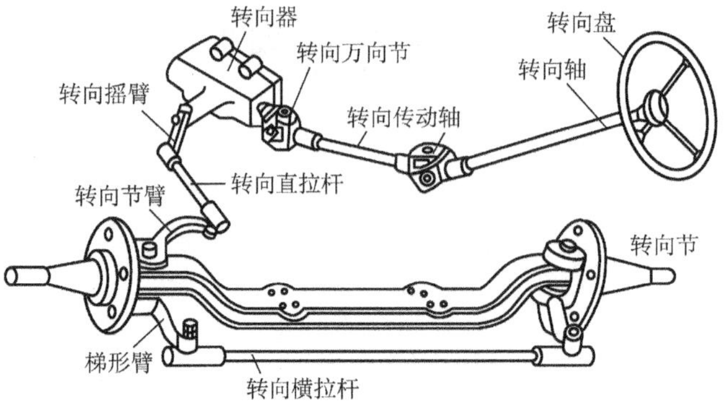

(a)

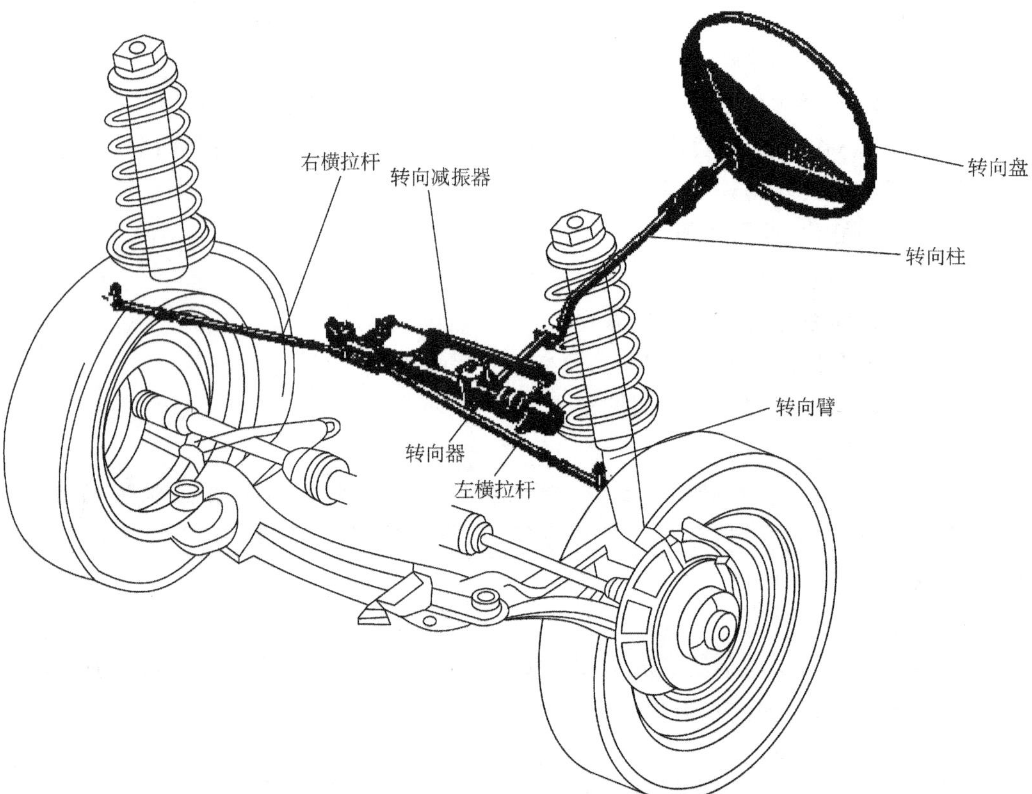

(b)

图 18－1　机械式转向系组成

(a)解放 CA1092 汽车的机械式转向系

(b)上海桑塔纳 LX 型轿车的机械式转向系

②转向系的角传动比 i_{ω}：转向盘与同侧转向轮偏转角之比。i_{ω} 越大，驾驶员操纵

越省力，但 i_ω 越大将导致转向操纵不够灵敏。

③转向盘的自由行程：不使转向轮偏转而转向盘所转过的角度，称为转向盘的自由行程。转向盘的自由行程产生的主要原因是：转向系各传动件之间存在装配间隙。这些间隙将随零件磨损而增大。转向盘自由行程过大影响转向系的灵敏性。

5. 转向器的作用

其作用是增大驾驶员作用到转向盘上的转向力，并改变运动方向后，再由转向传动机构传递到转向轮上。

6. 转向器的结构形式

现代汽车转向器已逐渐成熟，目前应用较广的有齿轮齿条式转向器和循环球式转向器(参见图 18－2，图 18－3)。

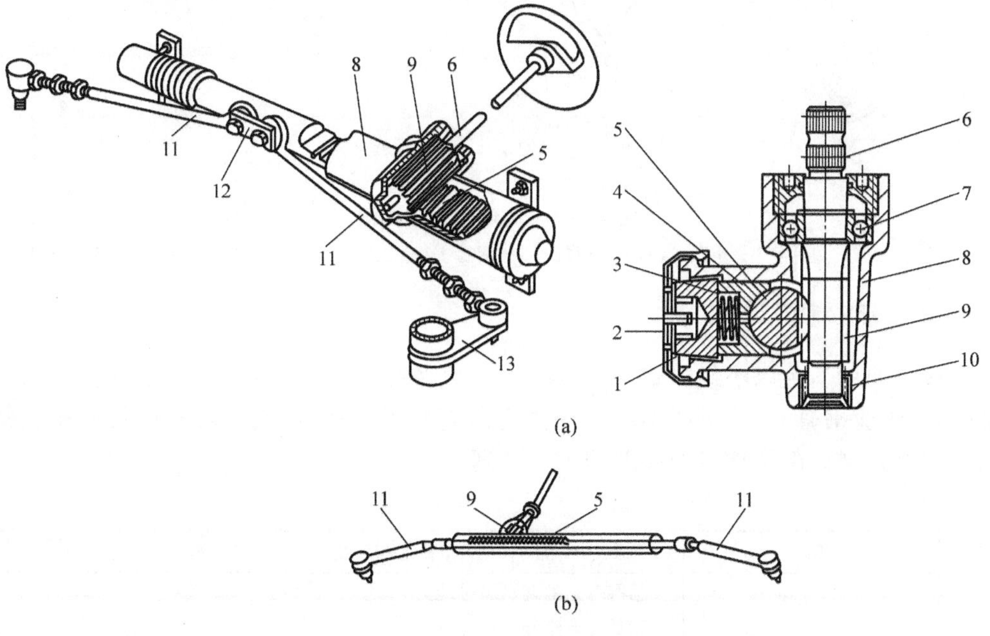

图 18－2　齿轮齿条式转向器

1—调整螺塞　2—罩盖　3—压簧　4—压簧垫块　5—转向齿条　6—齿轮轴　7—球轴承　8—转向器壳体　9—转向齿轮　10—滚柱轴承　11—转向横拉杆　12—拉杆支架　13—转向节

五、注意事项

转向器拆装时要注意以下事项：

①严格拆装程序，注意操作安全；

②注意各装配标记和润滑部位。

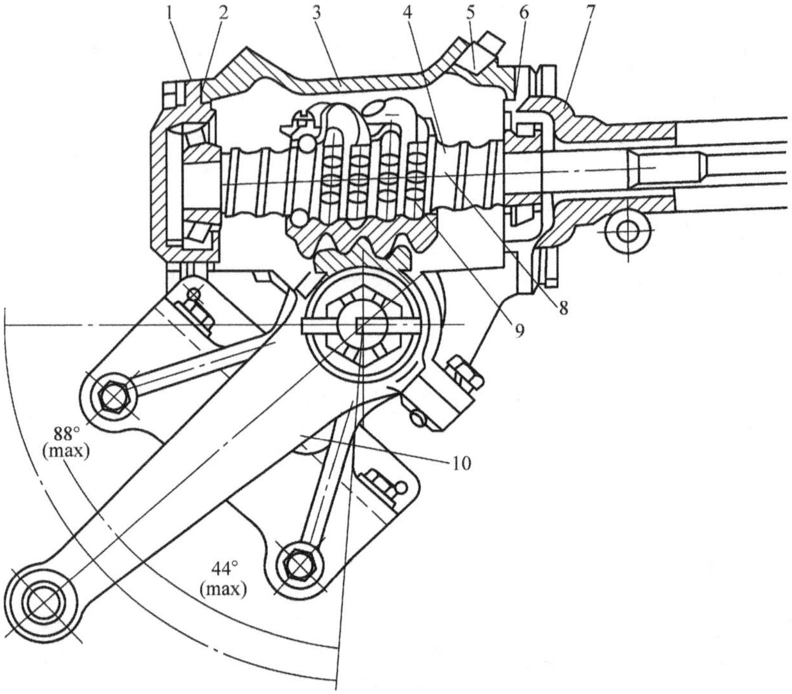

图 18－3　循环球式转向器

1—下盖　2、6—垫片　3—外壳　4—转向螺杆　5—螺塞　7—上盖　8—导管　9—滚珠　10—转向摇臂

第二步：制订计划

教师辅助学生以小组方式，根据课时、人数及教学任务，由学生自己进行信息收集（通过专业书籍、说明书或网络等各种途径查找相关资料，或学习本项目的相关知识），讨论并制订出本项目中课题的工作计划。

例如：

<table>
<tr><td rowspan="2">受众分析</td><td>年级</td><td>二年级</td><td>专业</td><td>汽车制造与装配</td><td>人数</td><td colspan="2">40 人/班</td></tr>
<tr><td>学生知识结构</td><td colspan="6">①有一定的逻辑思维能力；
②具有自学能力；
③掌握了转向器的作用及其原理；
④掌握了转向器的拆装与调整的操作规程；
⑤会使用常规的操作工具</td></tr>
<tr><td rowspan="5">制订计划</td><td rowspan="5">教师布置项目课题分组</td><td>组别</td><td colspan="3">课题</td><td>课时</td><td>人数</td><td>组长</td></tr>
<tr><td>1</td><td colspan="3">转向器的拆装与调整</td><td>4</td><td>10</td><td></td></tr>
<tr><td>2</td><td colspan="3">转向器的拆装与调整</td><td>4</td><td>10</td><td></td></tr>
<tr><td>3</td><td colspan="3">转向器的拆装与调整</td><td>4</td><td>10</td><td></td></tr>
<tr><td>4</td><td colspan="3">转向器的拆装与调整</td><td>4</td><td>10</td><td></td></tr>
</table>

续表

<table>
<tr><td rowspan="6">制订计划</td><td>学生计划</td><td>学生根据本项目和本组的课题安排和实训设备情况，进行信息收集，制订工作计划。例如：
①根据该项目内容写出整个检调过程的步骤；(可在实训课前完成)
②根据检调内容列出所需的工具；
③写出组内分工计划或轮岗计划</td></tr>
<tr><td>学生讲解</td><td>每组学生选派一人讲解本组计划，其他组提出不同见解。每组可重新制订计划，定稿后交给教师评价(此项可在课前由学生自行完成，也可由教师在课堂上组织完成)</td></tr>
<tr><td>教师辅助</td><td>教师评价各个计划的可实施性，对于不可实施的，教师提出意见，由学生进行修改，再评价、再修改直到可以实施</td></tr>
<tr><td>实操指导</td><td>学生根据自己的计划进行工作，教师观察其操作情况并作指导，及时纠正其错误。根据各组的不同情况有针对性地作进一步讲解</td></tr>
<tr><td>岗位轮换</td><td>教师控制整个项目的课时，每组课时结束进行课题轮换。每组组长根据自己的课题课时控制小组的岗位轮换时间，例如每组可再分 2 个小组，由组长负责分工</td></tr>
<tr><td>备注</td><td></td></tr>
</table>

第三步：实施课题任务

①在学生操作之前，教师根据实训内容可先进行演示教学，或者进行操作步骤讲解。在本实训项目中，教师要对转向器的调整方法进行演示讲解。

②不同小组的同学根据自己制订的计划进行课题操作作业，完成任务后由教师统一安排课题轮换。

③教师观看学生的操作过程，进行有针对性的指导。当第一轮操作结束后，教师可对学生存在的问题进行集中讲解，避免其他学生出现类似错误或不规范操作。

本项目的操作步骤如下。

1. 循环球式转向器的拆装

(1)转向器的拆卸

①从车上拆下转向器总成后，首先拧下通气塞，放出转向器里的润滑油。

②将转向臂轴转到中间位置(直线行驶时的位置，即将转向螺杆拧到底后，再返回 3.5 圈)，再拧下侧盖的 4 个紧固螺栓，用软质锤或铜锤轻轻敲打转向臂轴端头，取出侧盖和转向臂轴总成(如图 18－4 所示)，注意不要划伤油封。

③拧下转向器底盖 4 个紧固螺栓，再用铜锤轻轻敲转向螺杆一端，取下底盖。

④从壳体取出转向螺杆及转向螺母总成。注意不要使转向螺杆花键划伤油封。

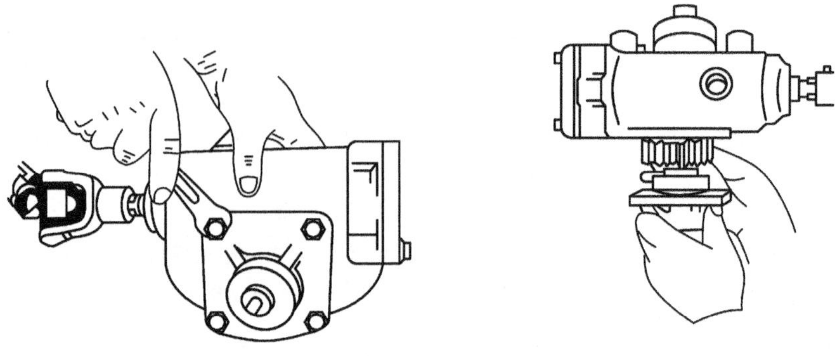

(a)　　　　　　　　(b)

图 18-4　拆下侧盖和转向臂轴

(a)拧下侧盖螺栓　(b)拆下转向臂轴

⑤螺杆及螺母总成如无异常现象尽量不要解体。如必须解体时,可先拧下 3 个固定导管夹螺钉,拆下导管夹(如图 18-5所示)。取出导管,同时握住螺母,缓慢地转动螺杆,排出全部钢球。

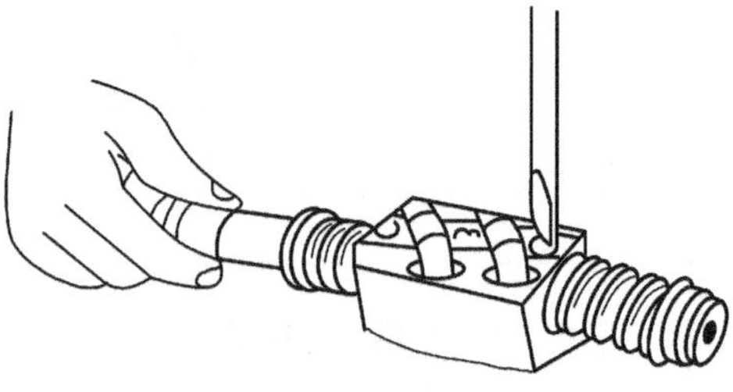

图 18-5　拆下导管夹

注意:a. 两个循环道内的钢球最好不要混在一起,不要丢失。

b. 每个循环道里有 48 个钢球,如果有一个钢球留在螺母里,螺母也拆不下来。

(2)转向器的装配与调整

转向器的装配关系如图 18-6 所示。

1)转向螺杆和螺母的装配

先将转向螺母 15 套在转向螺杆 13 上,螺母放在螺杆滚道的一端并使螺母滚道孔对准滚道,再将钢球 16 由螺母滚道孔中放入(如图 18-7 所示)。边转动螺杆边放入钢球(两滚道可同时进行)。每个滚道约放 36 个钢球,其余 24 个钢球分别装入两个导管 17 内,并将导管两端涂以润滑脂,插入螺母的导管孔中;同时用木锤轻轻敲打导管,使之落到底;然后用导管夹 18 把导管压在螺母上,并用 3 个螺钉紧固。

装配后的螺杆、螺母总成轴向和径向间隙应不大于 0.06 mm;如果超过规定值时,应成组更换直径较大的钢球。更换的钢球装好后,用手转动螺杆,应保证螺母在螺杆滚道全长范围内转动灵活无卡滞现象。当螺杆螺母总成处于垂直位置时,螺母应能从螺杆上端自由匀速地落下。

最后把向心推力球轴承外圈压入底盖和壳体内,同时将轴承内圈总成压到转向螺杆的两端。

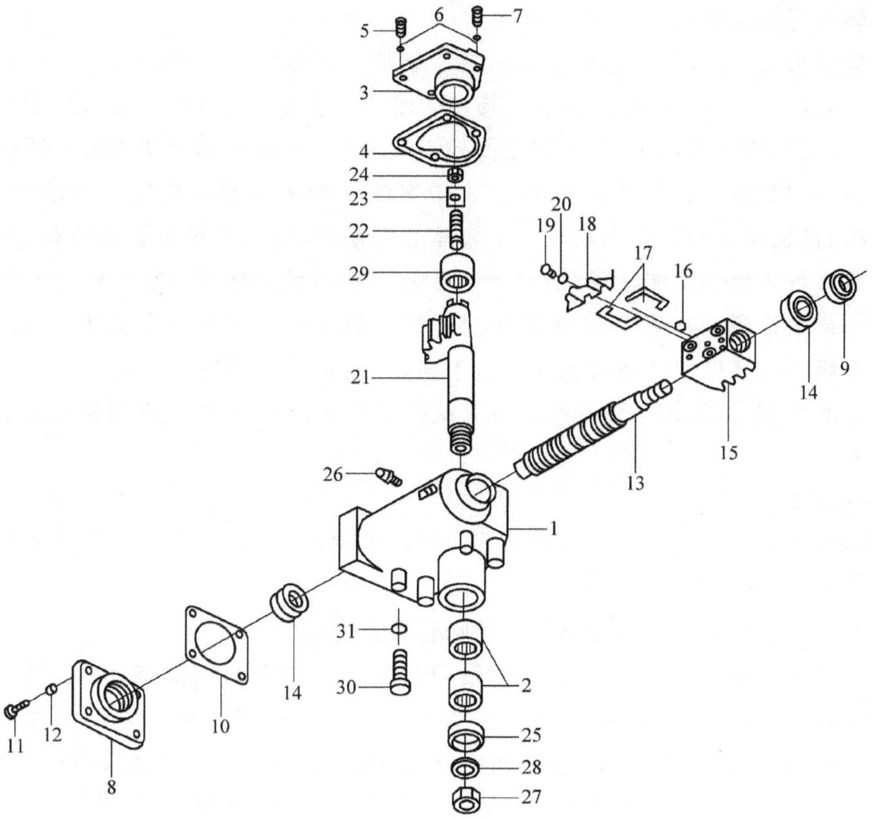

图 18-6　循环球式转向器分解图

1—外壳　2—滚针轴承　3—侧盖　4、10—垫片　5、7、11、30—螺栓　6、20、28、31—弹簧垫圈　8—底盖　9—油封总成　12—垫圈　13—转向螺杆　14—球轴承　15—转向螺母　16—钢球　17—钢球导管　18—导管夹　19—螺钉　21—转向臂轴　22—调整螺钉　23—调整垫圈　24、27—螺母　25—油封　26—通气塞　29—滚针轴承

2)转向螺杆螺母总成与壳体的装配

将装有轴承内圈的螺杆螺母总成放入装有轴承外圈的壳体中，然后把装有轴承外圈的底盖装到壳体上并用手压紧，同时用塞尺或卡尺测量底盖与壳体之间的间隙，选择一组厚度与此间隙相同的调整垫片，取下底盖，在垫片上涂以密封胶，并套上橡胶密封圈，再将底盖装到壳体上并用螺栓紧固。

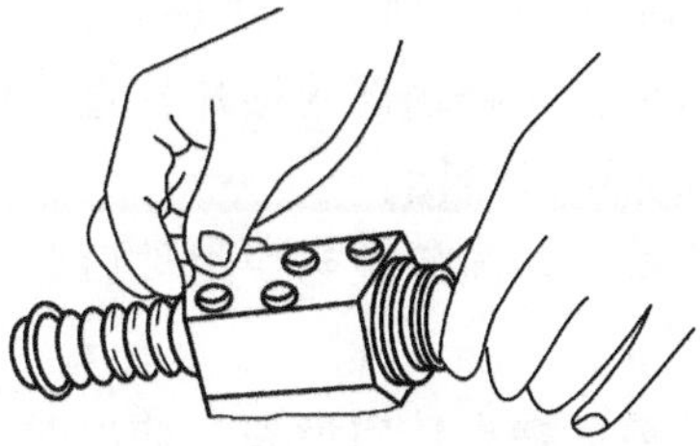

图 18-7　钢球的装入

装配后螺杆应转动自如，并无轴向间隙的感觉。当用扭矩扳手或弹簧秤检查时，转向螺杆的转动力矩(不带螺杆油封时)应为 0.7～1.2 N·m。若力矩小于该值或感到有轴向间隙时，应减少垫片进行调整；若力矩过大，则应增加垫片。

3)转向臂轴的装配

转向臂轴装配前,应先将调整齿扇与齿条啮合间隙的调整螺栓装入。其结构形式有两种:其一,将调整螺栓端头放入转向臂轴的 T 形槽内,用塞尺或卡尺测量其间隙,根据所测得的数值,选择一个与该值差不大于 0.2 mm 的调整垫圈放在调整螺栓上,并将调整螺栓放入 T 形槽内,然后将带有滚针轴承的侧盖拧到调整螺栓上;其二,在转向臂轴端的螺孔内先装入一个较厚的平垫圈,将调整螺母套在调整螺栓上,把调整螺母拧入臂轴一端,间隙不大于 0.1 mm,再将调整螺母固定。然后将装有滚针轴承的侧盖拧到调整螺栓上,再将密封垫装到侧盖上,并将转向臂轴装入壳体。装入时需要将转向螺母放在转向螺杆滚道中间,转向臂轴齿扇的中间齿对准转向螺母齿条的中间齿沟,再把转向臂轴推进装有滚针轴承的壳体中,然后用螺栓将侧盖固定在壳体上。

4)安装油封

用专用工具装入转向螺杆油封和转向臂轴油封时,应在花键处用铜皮或塑料套保护,以防划伤油封刃口造成漏油。

5)转向臂轴齿扇与转向螺母齿条的啮合间隙的检查

将转向臂装到转向臂轴花键上,使转向臂轴处于中间位置(保持直线行驶位置),使之摆动,用千分表检查摆动量,其摆动量在转向臂轴端锥孔中心距转向臂轴中心 197 mm 处,不大于 0.15 mm,这时转向螺杆转动力矩(带螺杆油封、轴油封)应为 1.9～2.3 N·m。否则用调整螺栓调整齿扇与齿条的啮合间隙,最后拧紧锁紧螺母,将调整螺栓锁住。

2. 齿轮齿条式转向器的拆装与调整

(1)齿轮齿条式转向器的拆卸(参见图 18-8)

①拆卸分解时,应先在转向齿条端头锁紧螺母与横拉杆联接处打上安装标记。

②拆下内、外防尘套夹箍,将防尘套从内、外横拉杆上取下。用台虎钳夹住齿条,并将钩住横拉杆端部的锁片拉直。用扳手夹住齿条,拆下横拉杆内接头,但不能碰伤转向齿条的外表面。

③拆下转向齿条导块组件后,拉住转向齿条,使齿条对准转向齿轮,再拆卸转向齿轮。

④最后抽出转向齿条。抽出时,注意不能让转向齿条转动,防止碰伤齿面。

(2)齿轮齿条式转向器的安装与调整

①安装转向齿轮 6。

a. 将上轴承 5 和下轴承 7 压在转向齿轮 6 轴颈上,轴承内座圈与齿端之间应装好隔圈。

b. 把油封 3 压入调整螺塞 4。

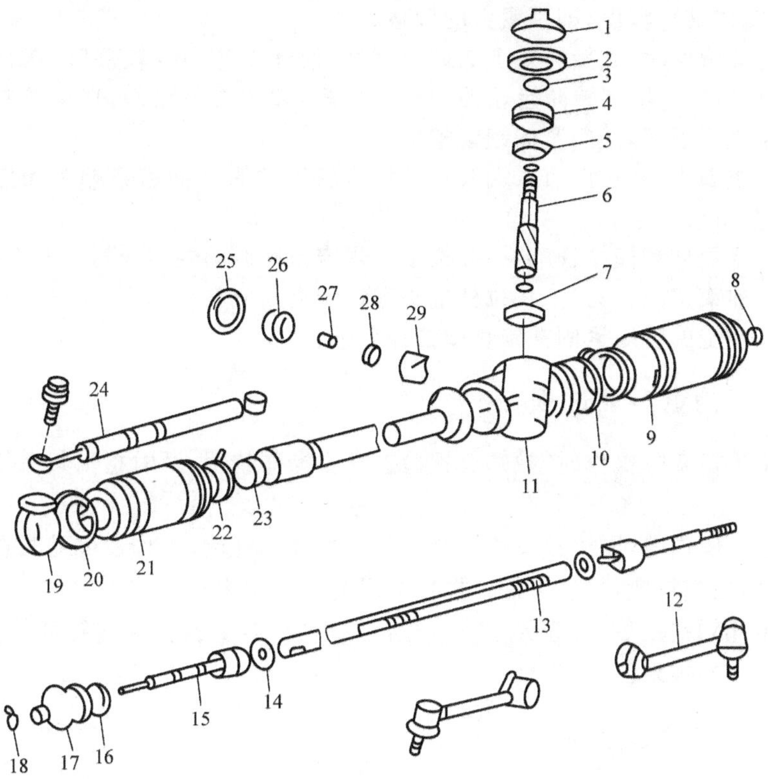

图 18-8　齿轮齿条转向器分解图

1、17、21—防尘套　2—锁紧螺母　3—油封　4—调整螺塞　5—上轴承　6—转向齿轮　7—下轴承　8、18—夹子　9—齿条防尘罩　10、22—箍带　11—齿条壳体　12—横拉杆　13—转向齿条　14—垫圈　15—齿条端头　16—固定环　19—减振器支架　20—防尘套罩圈　23—齿条衬套　24—转向减振器　25—螺母　26—调整螺塞　27—弹簧　28—隔环　29—齿条导块

c. 将转向齿轮与轴承一块压入齿条壳体11。

d. 装上调整螺塞及油封，并调整转向齿轮轴承预紧度。手感应无轴向窜动，转动自如，转向齿轮的转动力矩符合原厂规定，一般约为0.5 N·m。

e. 按原厂的规定转动力矩紧固锁紧螺母2，并装好防尘罩1。

②装入转向齿条13。

③安装齿条衬套23，转向齿条与衬套的配合间隙不得大于0.15 mm。

④装入转向齿条导块29、隔环28、导块压紧弹簧27、调整螺塞（弹簧帽）26及锁紧螺母25。

⑤调整转向齿条与转向齿轮的啮合间隙（也称为转向齿条的预紧力）。

转向系调整机构因结构的差异，调整方法也有所不同。常见的有两类：一是改变转向齿条导块与盖之间的垫片厚度来调整转向齿条与转向齿轮轮齿的啮合深度，完成预紧力的调整；另一种方法是用盖上的调整螺塞改变转向齿条导块与弹簧座之间的间隙值，完成啮合深度，即预紧力的调整。

结构有弹簧座时，先旋转盖上的调整螺塞，使弹簧座与导块接触，在将调整螺塞旋出 30°～60°之后，检查转向齿轮轴的转动力矩，如此重复操作，直至转向齿轮的转动力矩符合原厂规定，最后紧固锁紧螺母。

⑥安装垫圈 14 和转向齿条端头 15 时，应特别注意转向齿条端头和齿条必须联接紧固、锁止可靠。

⑦安装横拉杆和横拉杆端头，并按原厂规定检查调整左、右横拉杆 12 的长度，以保证转向轮前束正确。另外，横拉杆端头球销的夹角应符合原厂规定。调整合格后，必须按原厂规定的转矩紧固并锁止横拉杆夹子。

第四步：检查实训过程

①学生进行实际操作时，教师巡视检查学生操作情况，及时指出其操作错误及注意事项。

②学生在操作时，同组成员观察操作情况并互相提醒，操作者可随时查看工作计划或工作页，做到自我检查，以保证操作的规范性和准确性。

③学生计划完成后，首先要进行自检，小组成员对本次任务进行评价，然后教师检查学生完成的效果。

第五步：评价总结阶段

一、自我评价

学生自我评价，同时最组内其他同学提出意见或建议，交流心得。

二、课题考核

1. 考核要求

①拆卸、装配转向器。

②装配调整后符合技术标准。

2. 考核

(1)操作考核(30 min)

考核内容及配分、评分标准如下表所示。

序号	考核项目	配分	考核内容	评分标准	扣分	得分	备注
1	操作准备	10	对结构原理的熟练程度	出现问题酌情扣分			
			零件的认知程度	出现问题酌情扣分			
			工具整理情况、工位整洁	出现问题酌情扣分			
2	工作态度	20	迟到、早退、旷课	迟到、早退每次扣 5 分，旷课一节扣 20 分			
			嬉戏打闹	出现问题酌情扣分			
			认真、严谨、团结、协作	出现问题酌情扣分			

续表

序号	考核项目	配分	考核内容	评分标准	扣分	得分	备注
3	操作过程	50	正确使用工具、仪器	工具使用不当每一项扣2分			因违规操作发生重大人身和设备事故，此题按0分计
			正确的拆装顺序	拆装顺序错误出现问题酌情扣分			
			所有零件摆放整齐	摆放不整齐出现问题酌情扣分			
			螺杆、螺母等零件的检查	出现问题酌情扣分			
			转向器的装配与调整	出现问题酌情扣分			
			操作安全	出现问题酌情扣分			
4	操作结果	20	任务完成时间	出现问题酌情扣分			
			任务完成质量	出现问题酌情扣分			
5	分数合计	100					

(2)理论考核(30 min)

①汽车转向系的功用是什么？有哪些类型？(20分)

②机械式转向系由哪几部分组成？各部分主要件有哪些？(20分)

③循环球式转向器的主要组成有哪些？该类转向器有哪些特点？怎样调整其啮合间隙？(30分)

④什么叫汽车的转弯半径？何谓转向系的角传动？何谓转向盘的自由行程？(30分)

项目十九　鼓式车轮制动器的拆装

第一步:布置任务

一、项目要求

1. 项目名称

鼓式车轮制动器的拆装。

2. 计划课时

4 课时。

3. 器材及工具准备

要准备以下器材及工具:

①桑塔纳及 CA1092 后车轮制动器各 4 套;

②鲤鱼钳 8 把,常用工具 8 套。

二、教学内容及目的

教学内容及目的如下:

①熟悉鼓式制动器的结构和拆装过程;

②通过拆装与分析掌握鼓式制动器的自调原理,并熟悉鼓式制动器人工调整的方法步骤。

三、技术标准及要求

鼓式车轮制动器拆装的技术标准如下:

①制动鼓为 ϕ200 mm;磨损极限为 ϕ201 mm;

②制动表面径向跳动为 0.05 mm;

③端面跳动为 0.2 mm;

④自动调整间隙式制动间隙为 0.2～0.3 mm。

四、相关知识准备

1. 汽车制动系的作用

汽车制动系的作用是:根据需要使行驶的汽车减速或在最短的距离内停车;在下坡行驶时保持车速稳定,又能使停驶的汽车可靠停住。

2. 汽车制动系的组成(参见图 19-1)

一般汽车制动系,至少装用二套各自独立的制动装置,一套是行车制动装置,另一套是驻车制动装置。对重型或矿山用重型汽车,还可增加应急制动、安全制动和辅助制动。较完善的制动系统还具有制动力调节装置、报警装置、压力保护装置、防抱死装置等附加机构。

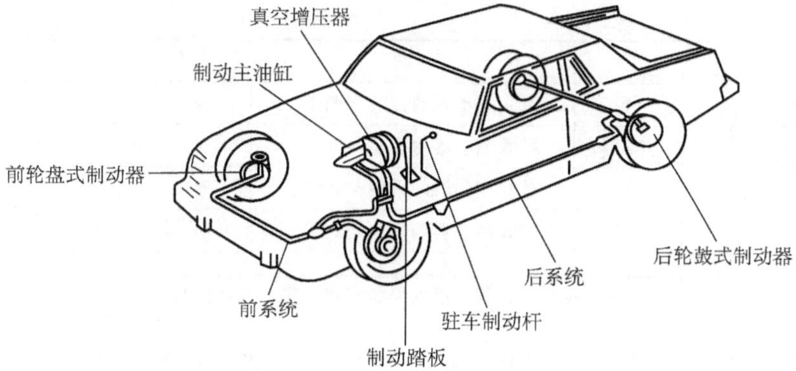

图 19－1　制动系的组成

3. 汽车制动系的类型

按制动能源不同可分为人力制动系、动力制动系统和伺服制动系三种。按系统传动机构的布置不同可分为单回路和双回路制动系统。

4. 评价制动效能的指标

评价制动效能的指标有制动距离、制动时间、制动减速度和制动力。

5. 制动装置的基本结构

现代汽车的制动装置基本都是利用机械摩擦来产生制动作用的。每套制动装置都由产生制动作用的制动器和操作制动器的制动传动机构组成。

6. 车轮制动器的类型

按旋转元件不同可分为鼓式(参见图 19－2、图 19－3、图 19－4)和盘式(参见图 19－5、图 19－6)两大类。鼓式制动器以制动鼓的内圆柱面为工作表面，盘式制动器以制动盘的端面为工作表面。

五、注意事项

拆装制动器时应注意以下事项：

①注意拆装顺序及各部件的相互关系，注意操作规范安全；

②保持场地清洁及零部件、工量具的清洁。

第二步：制订计划

教师辅助学生以小组方式，根据课时、人数及教学任务，由学生自己进行信息收集(通过专业书籍、说明书或网络等各种途径查找相关资料，或学习本项目的相关知识)，讨论并制订出本项目中课题的工作计划。

例如：

受众分析	年级	二年级	专业	汽车制造与装配	人数	40 人/班
	学生知识结构	①有一定的逻辑思维能力； ②具有自学能力； ③掌握了制动器的作用及制动系统的工作原理； ④掌握了制动器的拆装与调整的操作规程及注意事项； ⑤会使用常规的操作工具				

续表

<table>
<tr><td rowspan="12">制订计划</td><td rowspan="5">教师布置课题分组</td><td>组别</td><td>课题</td><td>课时</td><td>人数</td><td>组长</td></tr>
<tr><td>1</td><td>鼓式制动器的拆装与调整</td><td>4</td><td>10</td><td></td></tr>
<tr><td>2</td><td>鼓式制动器的拆装与调整</td><td>4</td><td>10</td><td></td></tr>
<tr><td>3</td><td>鼓式制动器的拆装与调整</td><td>4</td><td>10</td><td></td></tr>
<tr><td>4</td><td>鼓式制动器的拆装与调整</td><td>4</td><td>10</td><td></td></tr>
<tr><td>学生计划</td><td colspan="5">学生根据本项目和本组的课题安排和实训设备情况，进行信息收集，制订工作计划。例如：
①根据该项目内容写出整个检调过程的步骤；（可在实训课前完成）
②根据检调内容列出所需的工具；
③写出组内分工计划或轮岗计划</td></tr>
<tr><td>学生讲解</td><td colspan="5">每组学生选派一人讲解本组计划，其他组提出不同见解。每组可重新制订计划，定稿后交给教师评价（此项在课前学生自行完成，也可由教师在课堂上组织完成。）</td></tr>
<tr><td>教师辅助</td><td colspan="5">教师评价各个计划的可实施性，对于不可实施的，教师提出意见，由学生进行修改，再评价、再修改直到可以实施</td></tr>
<tr><td>实操指导</td><td colspan="5">学生根据自己的计划进行工作，教师观察其操作情况并作指导，及时纠正其错误。根据各组的不同情况有针对性地作进一步讲解</td></tr>
<tr><td>岗位轮换</td><td colspan="5">教师控制整个项目的课时，每组课时结束进行课题轮换。每组组长根据自己的课题课时控制小组的岗位轮换时间，例如每组可再分 2 个小组，由组长负责分工</td></tr>
<tr><td>备注</td><td colspan="5"></td></tr>
</table>

第三步：实施课题任务

①在学生操作之前，教师根据实训内容可先进行演示教学，或者进行操作步骤讲解。在本实训项目中，教师应对鼓式制动器的拆装调整方法进行演示讲解。

②不同组的同学根据自己制订的计划进行课题操作作业，完成任务后由教师统一安排课题轮换。

③教师观看学生的操作过程，进行有针对性的指导，例如鼓式制动器的拆装与调整是否达到规范值要求等。当第一轮操作结束后，教师可对学生存在的问题进行集中讲解，避免其他学生出现类似错误或不规范操作。

本项目的操作步骤如下。

1. 桑塔纳后轮制动器的拆装

桑塔纳后轮为鼓式复合制动器，其分解图参见图 19－7。

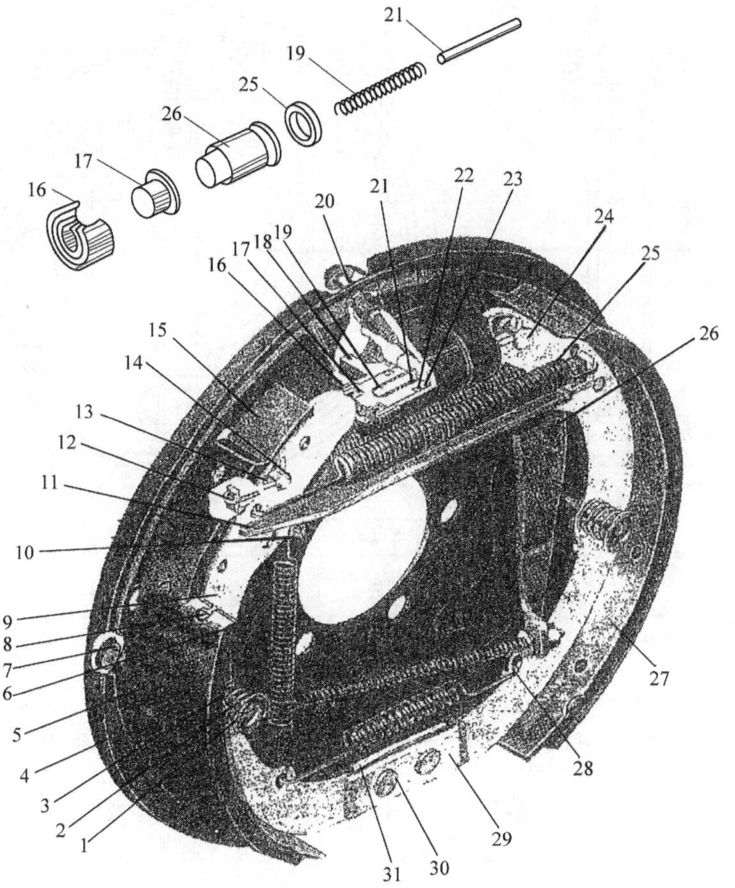

图 19-2　一汽奥迪 100 型轿车后轮制动器

1—限位弹簧座　2—限位弹簧　3—限位销钉　4—制动底板　5—摩擦片　6—调节齿轮拉簧　7—密封堵塞　8—铆钉　9—制动蹄腹板　10—调节齿板　11—驻车制动推杆　12—驻车制动推杆内弹簧　13—调节支撑板　14—铆钉　15—前制动蹄　16—密封罩　17—支撑座　18—轮缸壳体　19—活塞复位弹簧　20—放气螺钉　21—支撑杆　22—皮圈　23—活塞　24—平头销　25—驻车制动推杆外弹簧　26—驻车制动推杆　27—后制动蹄　28—制动蹄复位弹簧　29—限位板　30—平头销　31—支撑板

(1)拆卸与分解

①用千斤顶支起后轮，松开车轮螺母，拆下车轮(也可与轮毂一起拆下)。

②如图 19-8 所示，用专用工具撬下轮毂盖，取下开口销和开槽垫圈，旋下六角螺母，取出止推垫圈。

③如图 19-9 所示，通过车轮螺栓孔向上拨动调整楔形块，使制动蹄摩擦片与制动鼓放松。

④拉出制动鼓，用尖嘴钳拆下制动蹄保持弹簧及弹簧座圈。

⑤借助旋具、撬杆或用手从下面的支架上提起制动蹄，取出下回位弹簧。

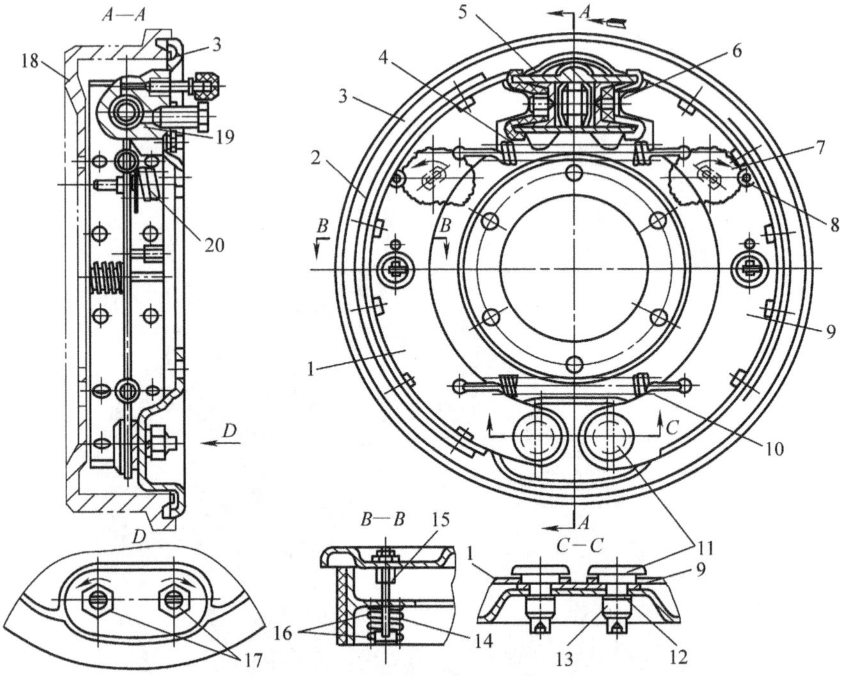

图 19－3　北京 BJ2020N 型汽车后轮制动器

1—前制动蹄　2—摩擦片　3—制动底板　4、10—制动蹄回位弹簧　5—制动轮缸活塞　6—活塞顶块　7—调整凸轮　8—调整凸轮锁销　9—后制动蹄　11—支撑销　12—弹簧垫圈　13—螺母　14—制动蹄限位弹簧　15—制动蹄限位杆　16—弹簧盘　17—支撑销内端面上的标记　18—制动鼓　19—制动轮缸　20—调整凸轮压紧弹簧

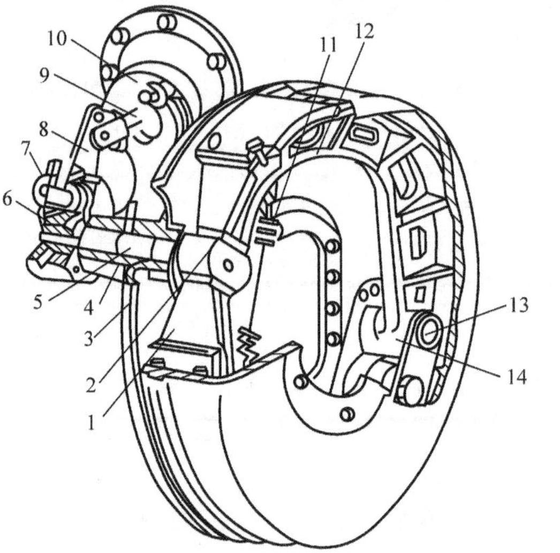

图 19－4　凸轮张开式车轮制动器

1—制动蹄　2—制动凸轮　3—制动底板　4—支架　5—制动凸轮轴　6—蜗轮　7—蜗杆　8—制动调整臂　9—连接叉　10—制动气室　11—回位弹簧　12—制动蹄　13—支撑销　14—制动蹄轴

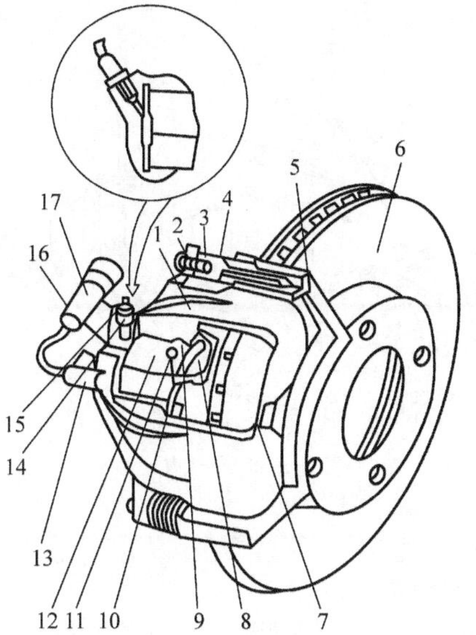

图 19-5　桑塔纳乘用车前轮制动器

1—制动钳体　2—紧固螺栓　3—导向销
4—防护套　5—制动钳支架　6—制动盘
7—固定制动块　8—消声片　9—防尘套
10—活动制动块　11—密封圈　12—活塞
13—电线导向夹　14—放气螺钉
15—放气螺钉帽　16—报警开关　17—电线夹

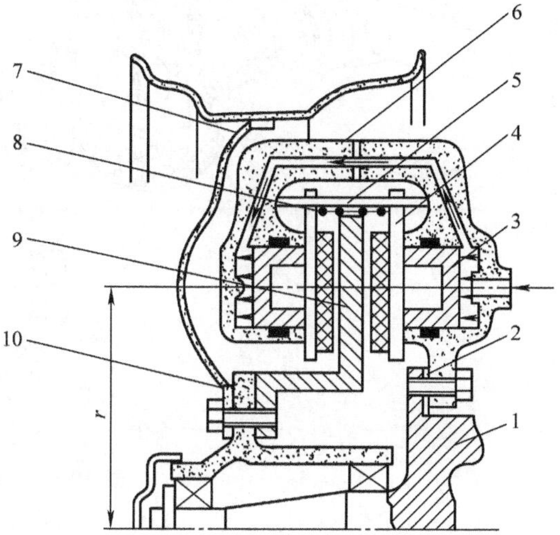

图 19-6　钳盘式制动器基本结构

1—转向节或桥壳凸缘　2—调整垫片　3—活塞
4—制动块　5—导向支撑销　6—钳体
7—轮辐　8—回位弹簧　9—制动盘　10—轮毂凸缘

⑥用钳子拆下制动杆上的手制动钢丝。

⑦用钳子取下楔形调整块弹簧和上回位弹簧。

⑧如图 19-10 所示，拆下制动蹄。

⑨将带推杆的制动蹄夹紧在台钳上，拆下定位弹簧，取下制动蹄。

⑩如有必要，拆下制动分泵并解体，如图 19-11 所示。

(2)制动蹄的装配

装配顺序按拆卸的相反顺序进行。

①先组装制动分泵，组装时，应注意清洁，活塞和皮圈安装时应涂以制动泵润滑剂，皮碗不得有损坏及膨胀现象。

②装配后应检查其密封性，并将制动分泵按规定力矩紧固于制动底板上。

③装上回位弹簧，并将制动蹄与推杆连接好。

④装上楔形调整块，凸出的一边朝向制动底板。

⑤将另一带有传动臂的制动蹄装到推杆上。

⑥装入回位弹簧，将驻车制动拉锁在传动臂上装好。

⑦将制动蹄装上制动底板，靠着制动分泵。

⑧装入下回位弹簧，提起制动蹄，装到下面的支架中。

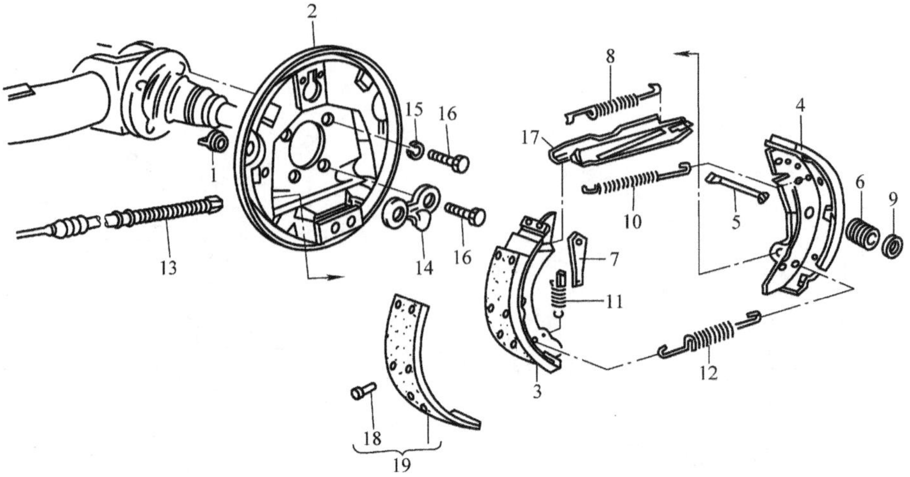

图 19-7　鼓式制动器

1—观察孔橡胶塞　2—制动底板　3—后轮前制动蹄　4—后轮后制动蹄　5—制动蹄定位销　6—定位销弹簧　7—制动蹄调整楔形件　8—前制动蹄回位弹簧　9—定位销压簧垫圈　10—前制动蹄回位弹簧　11—楔形件回位弹簧　12—前制动蹄下回位弹簧　13—手制动拉杆　14—制动拉索导引件　15—垫圈　16—螺栓　17—制动推杆　18—铆钉　19—制动摩擦片

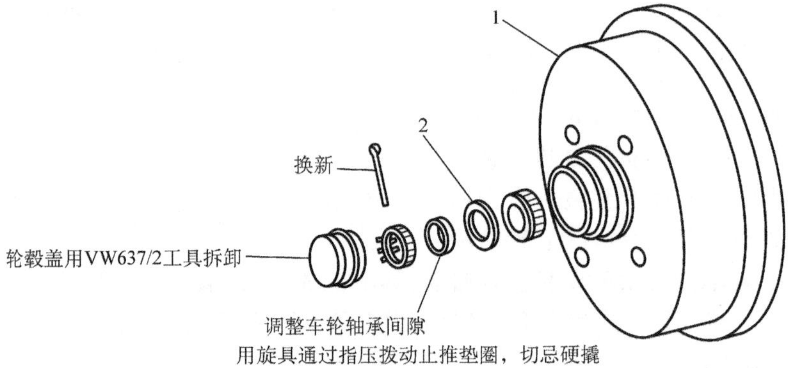

图 19-8　后轮制动器的拆卸与分解(一)

1—制动鼓　2—止推垫圈

⑨装楔形件的拉力弹簧、制动蹄保持弹簧和座圈。

(3)制动鼓的装配

①使制动蹄回位。

②装入制动鼓、后轮轴承和螺母。

③检查并调整好后轮轴承预紧度。

④用力踩制动踏板一次，使制动蹄能正确就位。制动间隙为 0.2～0.3 mm。

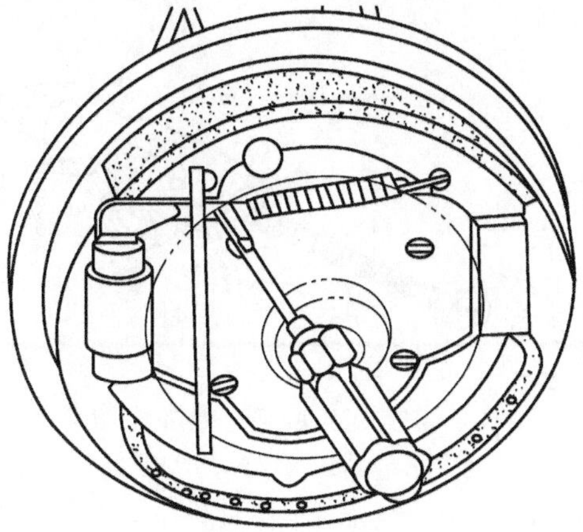

图 19-9　后轮制动器的拆卸与分解(二)

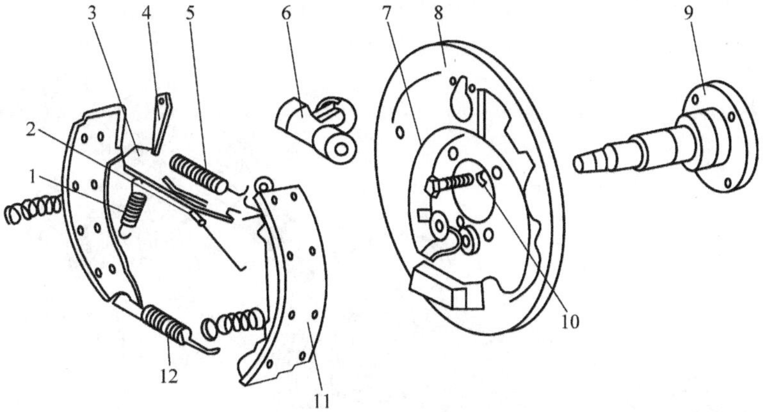

图 19-10　后轮制动器的拆卸与分解(三)

1—用于楔形件的回位弹簧　2—上回位弹簧　3—压力杆　4—楔形件　5—回位弹簧
6—车轮制动器分泵　7—底板固定螺栓　8—制动底板　9—车轮支撑短销
10—弹簧垫圈　11—带摩擦片的制动蹄　12—下回位弹簧

2. CA1092 凸轮张开式制动器的拆装与调整

(1)鼓式车轮制动器的拆装要点

图 19-12 所示为凸轮张开鼓式制动器分解图。

①分解时先支起前桥，用轮胎螺母拆装机拆去轮胎螺母，拆下前轮，再拆去前轮轮毂盖，剃平锁紧螺母锁片，拧下锁紧螺母，取下锁片垫圈。

②拧出轮毂轴承预紧度调整螺母，用拉拔器从转向节上拉下轮毂及制动鼓。

③用拉簧钩拆下制动蹄回位弹簧，取下支撑销的垫板，拆下支撑销、制动凸轮、调整臂总成及制动气室。

④最后拆下制动底板。

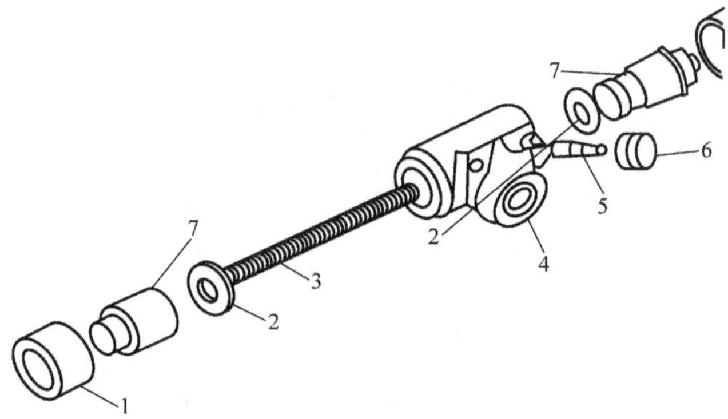

图 19－11　制动分泵的分解

1、6—防尘罩　2—皮圈　3—弹簧　4—车轮制动分泵　5—放气阀　7—活塞

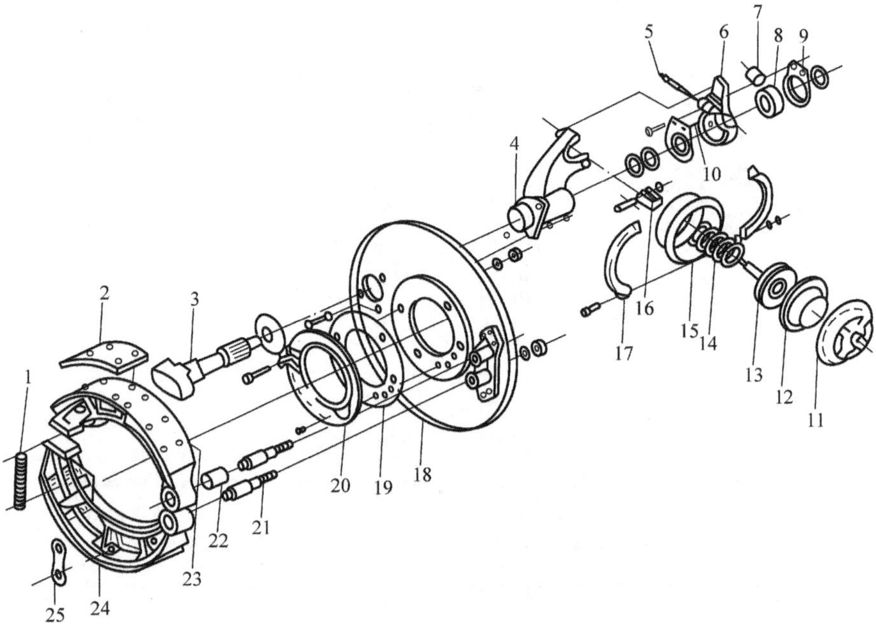

图 19－12　凸轮张开鼓式制动器分解图

1—回位弹簧　2—摩擦片　3—制动凸轮　4—支架　5—蜗杆轴　6—外壳　7—蜗杆　8—蜗轮　9—外壳盖　10—油脂嘴　11—外壳盖　12—皮膜　13—推杆　14—回位弹簧　15—外壳　16—连接叉　17—卡箍　18—制动底板　19—衬垫　20—挡尘盘　21—支撑销　22—衬套　23—制动蹄　24—蹄片总成　25—垫板

后轮制动器的拆卸基本与前轮相同。

鼓式车轮制动器的装配按上述相反顺序进行。但要注意：装复过程中，两制动蹄的位置不能互换，其上端面要与凸轮工作面完全贴合，支撑销端部的标记朝内相对。

(2)鼓式车轮制动器的调整

车轮制动器检修装配后，必须进行调整。调整分为局部调整和全面调整。

①车轮制动器的局部调整是在制动摩擦片磨损后，制动气室推杆行程超过40 mm的情况下或二级维护时，所进行的调整作业。

②车轮制动器的全面调整是在制动鼓与制动蹄摩擦片严重磨损时，更换制动鼓或摩擦片后，制动蹄轴和制动凸轮安装位置发生变化，为确保制动蹄摩擦片与制动鼓间的正常间隙而进行的调整作业。其调整必须在轮毂轴承调好后进行。

现以CA1092型汽车后轮为例，说明调整过程(参见图19-4)。

①支起调整车轮，取下制动鼓上的检视孔的盖片。

②用扳手拧松制动蹄轴(偏心支撑销)的固定螺母和制动凸轮轴支架的固定螺栓螺母。

③转动制动蹄轴，使两个轴端的标记朝内相对。

④反复拧转制动蹄轴和调整臂蜗杆轴，使制动蹄摩擦片与制动鼓完全贴合，用手转动制动鼓，应不能转动。

⑤拧紧凸轮轴支架，再用扳手紧固制动蹄轴固定螺母。紧固时，需保持制动蹄轴和凸轮轴支架的位置不变。

⑥将调整蜗杆轴拧松3～4响(退回1/2～2/3圈)。这时，用手转动制动鼓，应能自由转动且与摩擦片无碰撞现象，但允许有轻微的摩擦沙沙声。

⑦用塞尺相应的规片检查制动鼓与制动蹄摩擦片间隙，应符合技术标准。同一端两蹄之差不大于0.1 mm。通入压缩空气后，制动气室推杆的行程为25 mm±5 mm。否则应重新调整。

⑧装回制动鼓检视孔盖片。

第四步：检查实训过程

①学生进行实际操作时，教师巡视检查学生操作情况，及时指出其错误及注意事项。

②学生在操作时，同组成员观察操作情况并互相提醒，操作者可随时查看工作计划或工作页，做到自我检查，以保证操作的规范性和准确性。

③学生计划完成后，首先要进行自检，小组成员对本次任务进行评价，然后教师检查学生完成的效果。

第五步：评价总结阶段

一、自我评价

学生自我评价，同时对组内其他同学提出意见或建议，交流心得。

二、课题考核

1. 考核要求

①能按正确顺序进行鼓式制动器的拆装。

②会分析鼓式制动器的工作原理。

2. 考核

(1)操作考核(30 min)

具体考核内容及配分、评分标准如下表所示。

序号	考核项目	配分	考核内容	评分标准	扣分	得分	备注
1	操作准备	10	对结构原理的熟练程度	出现问题酌情扣分			
			零件的认知程度	出现问题酌情扣分			
			工具整理情况、工位整洁	出现问题酌情扣分			
2	工作态度	20	迟到、早退、旷课	迟到、早退每次扣5分,旷课一节扣20分			
			嬉戏打闹	出现问题酌情扣分			
			认真、严谨、团结、协作	出现问题酌情扣分			
3	操作过程	50	正确使用工量具	出现问题酌情扣分			因违规操作发生重大人身和设备事故,此题按0分计
			装配顺序	出现问题酌情扣分			
			拆卸顺序、符合标准	拆卸顺序错误一次扣3分			
			间隙检查、力矩要求合适	装配检查错误一次扣3分			
			操作安全	出现问题酌情扣分			
4	操作结果	20	任务完成时间	出现问题酌情扣分			
			任务完成质量	出现问题酌情扣分			
5	分数合计	100					

(2)理论考核(30 min)

①汽车制动系的功用是什么?评价制动效能的指标有哪些?(20分)

②汽车制动系由哪些装置组成?(20分)

③汽车制动系有哪些类型?(20分)

④行车制动装置由哪两大部分组成?鼓式车轮制动器由哪几大部分组成?(30分)

⑤车轮制动器有哪些类型?(10分)

项目二十　盘式车轮制动器的拆装

第一步：布置任务

一、项目要求

1. 项目名称

盘式车轮制动器的拆装。

2. 计划课时

4课时。

3. 器材及工具准备

要准备以下器材及工具：

①前桥车轮盘式制动器8个；

②塞尺8把，常用工具8套。

二、教学内容及目的

教学内容及目的如下：

①熟悉盘式制动器的构造、原理及拆装过程；

②掌握盘式制动器的自调原理。

三、技术标准及要求

盘式车轮制动器拆装的技术标准为：外侧摩擦片及内侧摩擦片磨损极限为7 mm（包括底板）。

四、相关知识准备

1. 车轮制动的类型及基本结构原理

车轮制动器按旋转元件的不同分为以下两大类。

鼓式车轮制动器，是通过制动蹄片挤压随车轮同步旋转的制动鼓的内侧而获得制动力矩。其主要由旋转部分、固定部分、张开机构和调整机构等组成。

盘式车轮制动器，是由摩擦衬块从两侧夹紧与车轮共同旋转的制动盘而产生制动力矩。

2. 盘式车轮制动器的类型

盘式车轮制动器根据其固定元件的结构形式可分为钳盘式和全盘式制动器（参见图20-1、图20-2）；钳盘式制动器按制动钳固定在支架上的结构形式又可分为浮动钳型和固定钳型（参见图20-3、图20-4）。

浮动钳盘式车轮制动器，是只在制动盘内侧装有轮缸，而外侧摩擦衬块附着在钳体上，制动钳相对于制动盘可以轴向滑动。

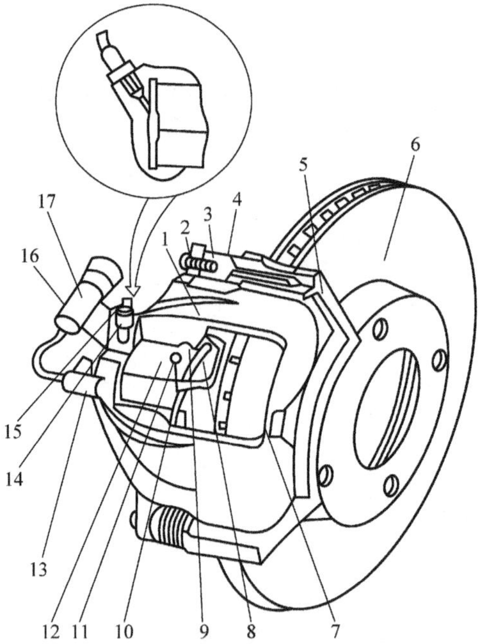

图 20-1　桑塔纳乘用车前轮制动器

1—制动钳体　2—紧固螺栓　3—导向销　4—防护套　5—制动钳支架　6—制动盘
7—固定制动块　8—消声片　9—防尘套　10—活动制动块　11—密封圈　12—活塞
13—电线导向夹　14—放气螺钉　15—放气螺钉帽　16—报警开关　17—电线夹

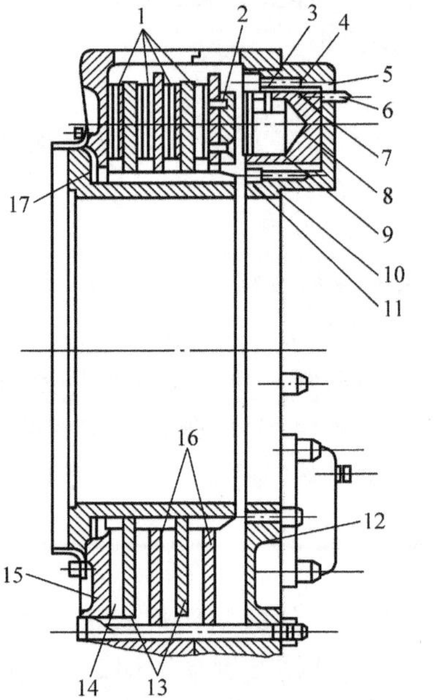

图 20-2　全盘式车轮制动器结构图

1—摩擦片　2—垫块　3—固定弹簧盘　4—油缸体　5—套筒密封圈　6—放气阀　7—活塞密封圈
8—活塞　9—活塞套筒　10—活塞套筒回位弹簧　11—调整螺圈　12—内侧壳体
13—旋转盘　14—带键螺栓　15—外侧壳体　16—固定盘　17—旋转花键毂

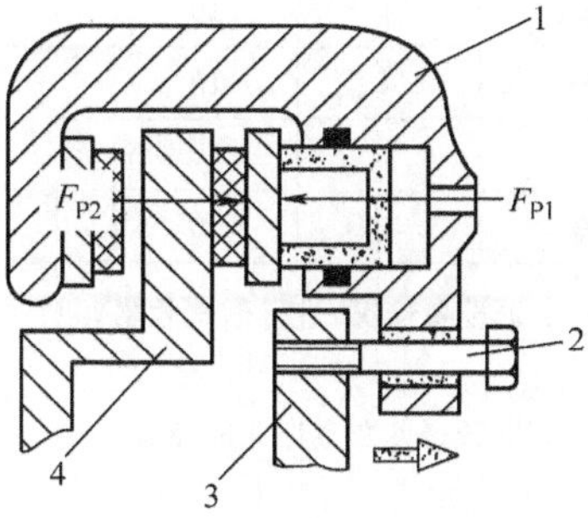

图 20-3　浮动钳盘式制动器结构原理示意图

1—制动钳体　2—导向销
3—转向节或桥壳凸缘　4—制动盘

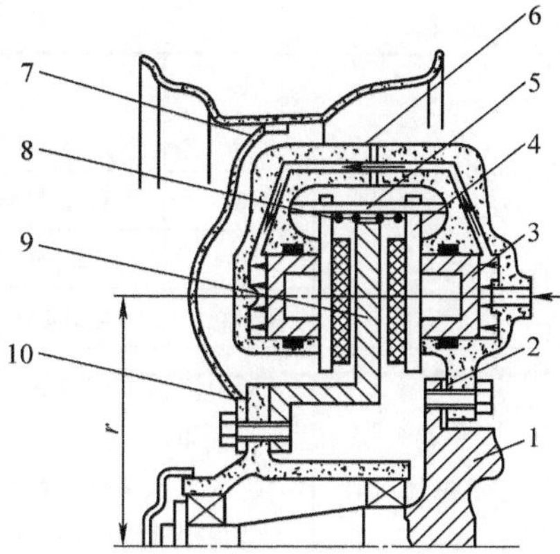

图 20-4　固定钳盘式制动器基本结构

1—转向节或桥壳凸缘　2—调整垫片　3—活塞
4—制动块　5—导向支撑销　6—钳体　7—轮辐
8—回位弹簧　9—制动盘　10—轮毂凸缘

固定钳盘式车轮制动器，是在制动盘两侧的制动钳上都装有轮缸，制动是由两侧活塞挤压摩擦衬块而实现的。

3. 盘式制动器的特点

①优点：散热能力强，抗水衰退能力强，制动平顺性好，制动间隙小又便于自动调节，结构简单，维修方便。

②缺点：无助势作用，要求工作油压表比鼓式制动器高，活塞回位能力差，防污性能差，磨损较快。

五、注意事项

拆装盘式制动器时须注意以下事项：

①注意拆装顺序及各部件的相互关系，注意操作规范、安全；

②保持场地清洁及零部件、工量具的清洁。

第二步：制订计划

教师辅助学生以小组方式，根据课时、人数及教学任务，由学生自己进行信息收集（通过专业书籍、说明书或网络等各种途径查找相关资料，或学习本项目的相关知识），讨论并制订出本项目中课题的工作计划。例如：

受众分析	年级	二年级	专业	汽车制造与装配	人数	40 人/班
	学生知识结构	①有一定的逻辑思维能力； ②具有自学能力； ③掌握了制动器的作用及制动系统的工作原理； ④掌握了制动器的拆装与调整的操作规程及注意事项； ⑤会使用常规的操作工具				

续表

<table>
<tr><td rowspan="12">制订计划</td><td rowspan="5">教师布置课题分组</td><td>组别</td><td>课题</td><td>课时</td><td>人数</td><td>组长</td></tr>
<tr><td>1</td><td>盘式制动器的拆装与调整</td><td>4</td><td>10</td><td></td></tr>
<tr><td>2</td><td>盘式制动器的拆装与调整</td><td>4</td><td>10</td><td></td></tr>
<tr><td>3</td><td>盘式制动器的拆装与调整</td><td>4</td><td>10</td><td></td></tr>
<tr><td>4</td><td>盘式制动器的拆装与调整</td><td>4</td><td>10</td><td></td></tr>
<tr><td>学生计划</td><td colspan="5">学生根据本项目和本组的课题安排及实训设备情况，进行信息收集，制订工作计划。例如：
①根据该项目内容写出整个检调过程的步骤；(可在实训课前完成)
②根据检调内容列出所需的工具；
③写出组内分工计划或轮岗计划</td></tr>
<tr><td>学生讲解</td><td colspan="5">每组学生选派一人讲解本组计划，其他组提出不同见解。每组可重新制订计划，定稿后交给教师评价(此项在课前学生自行完成，也可由教师在课堂上组织完成)</td></tr>
<tr><td>教师辅助</td><td colspan="5">教师评价各个计划的可实施性，对于不可实施的，教师提出意见，由学生进行修改，再评价、再修改直到可以实施</td></tr>
<tr><td>实操指导</td><td colspan="5">学生根据自己的计划进行工作，教师观察其操作情况并作指导，及时纠正其错误。根据各组的不同情况有针对性地作进一步讲解</td></tr>
<tr><td>岗位轮换</td><td colspan="5">教师控制整个项目的课时，每组课时结束进行课题轮换。各组组长根据自己的课题课时控制小组的岗位轮换时间，例如每组可再分2个小组，由组长负责分工</td></tr>
<tr><td>备注</td><td colspan="5"></td></tr>
</table>

第三步：实施课题任务

①在学生操作前，教师根据实训内容可先进行演示教学，或者进行操作步骤讲解。在本实训项目中，对盘式制动器的拆装与调整方法进行演示讲解。

②不同组的同学根据自己制订的计划进行不同的课题操作作业，完成任务后由教师统一安排课题轮换。

③教师观看学生的操作过程，进行有针对性的指导，例如对盘式制动器的拆装与调整项目进行检查。当第一轮操作结束后，教师可对学生存在的问题进行集中讲解，避免其他学生出现类似的错误或不规范操作。

本项目的操作步骤如下。(以桑塔纳轿车前轮制动器为例)

桑塔纳轿车制动装置采用液压、串联式总泵，带真空助力器，液压系统为对角布置的X形双回路。其前轮为浮动钳盘式制动器(如图20－1所示)，后轮为鼓式制动器，手制动为用于后轮的机械拉锁式。这是现代轿车普遍采用的结构。

(1)制动器的拆卸与分解

制动器的分解如图 20－5 所示。

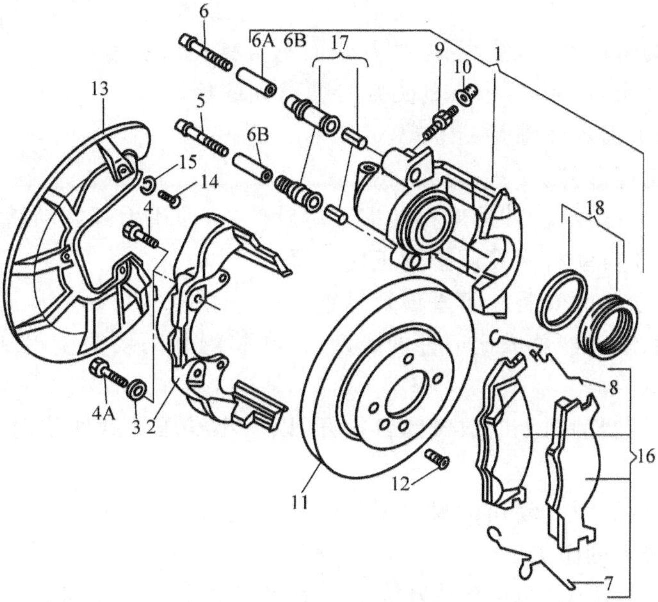

图 20－5　浮钳盘式制动器

1—制动钳总成　2—制动钳支架　3—垫圈　4、4A、5、6—螺栓　6A、6B—导向销　7、8—防震弹簧　9—放气螺钉　10—防尘罩　11—制动盘　12—制动盘固定销　13—防溅盘　14—防溅盘固定螺栓　15—弹簧垫圈　16—制动蹄(修理包)　17—导向销塑料套　18—活塞密封圈和防尘罩

①首先用千斤顶支起前轮,用扳手松开车轮螺栓、螺母,拆下前轮。

②松开制动钳壳体拧紧螺栓,使制动器与车轮支撑分离。

③拧松制动器罩的螺栓,将制动器罩从转向节体上取下。

④松开制动软管接头。

⑤用手先拆卸上、下定位弹簧。

⑥用内六角扳手拧松并拆卸上、下固定螺栓。

⑦取下制动钳壳体。

⑧从支架上拆下制动摩擦片。

⑨把制动钳活塞压回到制动钳壳体内。在压回活塞之前,应先从制动液储液罐抽出一部分制动液,以免活塞压回时,引起制动液外溢,损坏油漆。制动液具有毒性和较强的腐蚀性,因此排放时,须用专门的塑料瓶或其他容器存放。

⑩当需要检修活塞时还须继续分解。分解步骤为:

a. 在活塞对面垫上木板,从放气螺钉处用压缩空气把活塞从轮缸中压出;

b. 同时用旋具小心地从轮缸中取出密封圈。

(2)盘式制动器的装配

盘式制动器装配应按分解与拆卸的相反顺序进行。

①安装密封圈和防尘套时应注意:带外密封唇边的防尘套应先用螺钉旋具将内密封唇边掀入钳体的槽口内,然后再用专业工具将活塞压入缸套内,将活塞装入钳体。

②换上新的摩擦片。(注意:摩擦片表面不得有任何油污)

③装上制动钳,用 40 N · m 的力矩拧紧紧固螺栓。

④安装上、下固定摩擦片的卡簧。

⑤安装车轮等部件。

装好后,应进行放气,并使摩擦片能正确就位。(即用力踩制动踏板到底,连踩数次,以便使制动器自动将间隙调整到正确位置。)

(3)盘式制动器的安装注意事项及调整

①由于新的制动器总成比旧件的厚度大,在装配制动块前应将制动钳的活塞推回一定距离。

②操作时,将制动钳上的放气螺钉拧开,以减小推压活塞回位时的阻力,使活塞易于回位。

③组装时,应润滑制动钳的滑轨或滑销。装复后,踩几次制动踏板,检查制动盘的运转是否有较大的阻力。

盘式车轮制动器的间隙可自动调整,所以在维修中,没有制动间隙调整的作业项目。

第四步:检查实训过程

①学生进行实际操作时,教师巡视检查学生操作情况,及时指出其错误及注意事项。

②学生在操作时,同组成员观察操作情况并互相提醒。操作者可随时查看工作计划或工作页,做到自我检查,以保证操作的规范性和准确性。

③学生计划完成后,首先要进行自检,小组成员对本次任务进行评价,然后教师检查学生完成的效果。

第五步:评价总结阶段

一、自我评价

学生自我评价,同时对组内其他同学提出意见或建议,交流心得。

二、课题考核

1. 考核要求

①能按正确顺序进行盘式制动器的拆装。

②能正确阐述盘式制动器的工作原理。

2. 考核

(1)操作考核(20 min)

具体考核内容及配分、评分标准如下表所示。

序号	考核项目	配分	考核内容	评分标准	扣分	得分	备注
1	操作准备	10	对结构原理的熟练程度	出现问题酌情扣分			
			零件的认知程度	出现问题酌情扣分			
			工具整理情况、工位整洁	出现问题酌情扣分			
2	工作态度	20	迟到、早退、旷课	迟到、早退每次扣5分，旷课一节扣20分			
			嬉戏打闹	出现问题酌情扣分			
			认真、严谨、团结、协作	出现问题酌情扣分			
3	操作过程	50	正确使用工量具	工量具使用错误酌情扣分			因违规操作发生重大人身和设备事故，此题按0分计
			拆装顺序符合标准	顺序错误酌情扣分			
			间隙检查、力矩要求合适	出现问题酌情扣分			
			操作规范、有序	出现问题酌情扣分			
			操作安全	出现问题酌情扣分			
4	操作结果	20	任务完成时间	出现问题酌情扣分			
			任务完成质量	出现问题酌情扣分			
5	分数合计	100					

(2)理论考核(30 min)

①盘式车轮制动器的基本制动原理是什么？(30分)

②盘式车轮制动器有哪些类型？各有什么特点？(40分)

③盘式车轮制动器的制动特点有哪些？(30分)

项目二十一　液压制动传动装置的拆装

第一步：布置任务

一、项目要求

1. 项目名称

液压制动传动装置的拆装。

2. 计划课时

12课时。

3. 器材及工具准备

要准备以下器材及工具：

①北京BJ2020(或BJ1040)汽车3辆，双腔制动主缸、液压轮缸6～8套；

②千斤顶、游标卡尺、厚薄规、内卡钳、卡簧钳、量缸表及其他常用工量具各8套。

二、教学内容及目的

教学内容及目的如下：

①了解液压制动传动装置的拆装调整过程；

②熟悉双腔制动主缸及液压轮缸拆装工艺。

三、技术标准及要求

制动系主要螺纹连接件的扭矩要求见下表：

制动系主要螺纹连接件的扭矩　　N·m

螺纹连接件	扭矩	螺纹连接件	扭矩
制动钳支架紧固螺栓	70	真空助力器固定螺母	20
制动钳体定位螺栓	40	后制动轮缸固定螺栓	20
制动底板固定螺栓	60	油管接头螺母	25
真空助力器与主缸连接螺栓	20	轮胎螺母	110
真空助力器支架固定螺母	15		

四、相关知识准备

1. 行车制动传动装置的类型、工作原理及特点

汽车制动传动装置按动力源不同分为：液压制动传动装置和气压制动传动装置。

液压制动传动装置，系统利用制动液，将制动踏板力转换为液压力，通过管路传至车轮制动器，再将液压力转变为制动蹄张开的机械推力。其特点是：制动柔和、灵敏、结构简单、使用方便，而且不消耗发动机功率。但操纵较费力，制动液低温流动性

差，高温易产生气阻，若空气渗入或泄漏会降低制动效能，甚至失效。

气压制动传动装置，是将压缩空气的压力转变为机械推力，使车轮产生制动。其特点是：踏板行程较短，操纵轻便，制动力较大；但其需要消耗发动机的动力，而且结构复杂，制动不够柔和，故多用于中、重型汽车上。

2. 液压制动传动装置的基本构成（参见图 21－1）

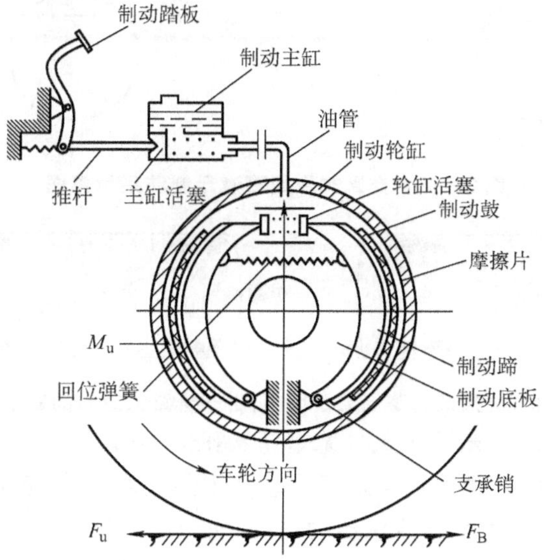

图 21－1　液压制动系统

液压制动传动装置主要由制动踏板、推杆、制动主缸、制动轮缸、储液罐、油管以及制动灯开关、指示灯、比例阀等组成。

3. 液压传动装置常见的布置形式（参见图 21－2、图 21－3、图 21－4）

其双回路布置形式有很多方案，例如：前后独立式的双回路液压制动传动装置、交叉式双回路液压制动传动装置，以及一个制动器上两个轮缸彼此独立的方案等。

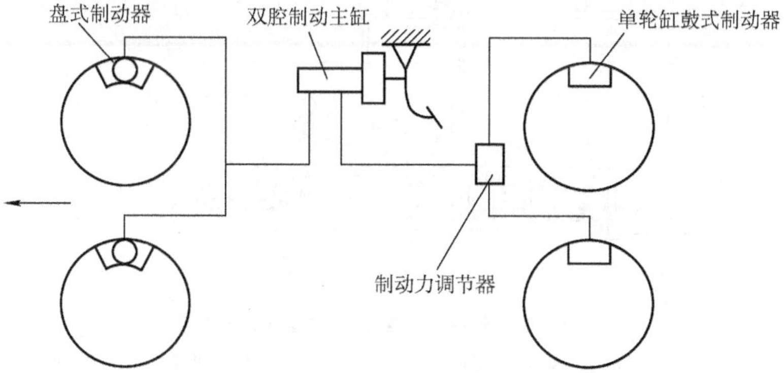

图 21－2　前后独立式双回路液压制动系示意图

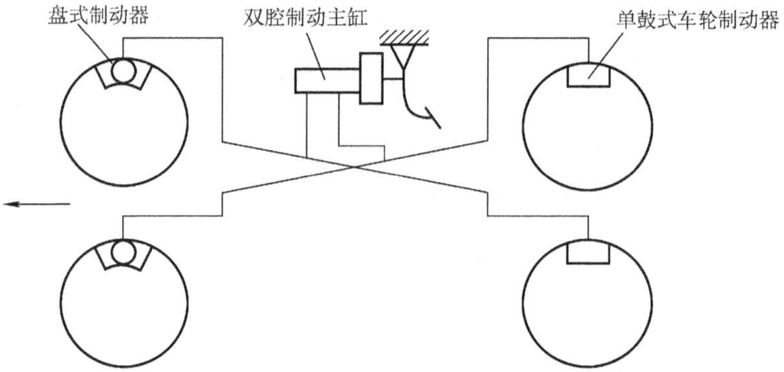

图 21－3 交叉式双回路液压制动系示意图

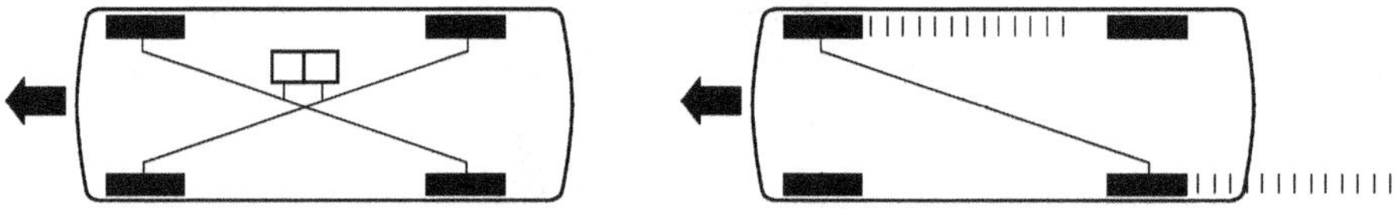

图 21－4 交叉式管路制动系统中，当一管路失效时的制动示意图

4. 制动主缸的功用、结构形式及基本结构组成

①功用：制动主缸又称为制动总泵。它处于制动踏板与管路之间。其功用是将制动踏板输入的机械推力转换成液压力。

②结构形式：现代汽车的行车制动系多采用串联双腔制动主缸。

③结构组成：(参见图 21－5、图 21－6)串联双腔制动主缸主要由贮液罐、制动主缸外壳、前活塞、后活塞及前后活塞弹簧、推杆、皮碗等组成。

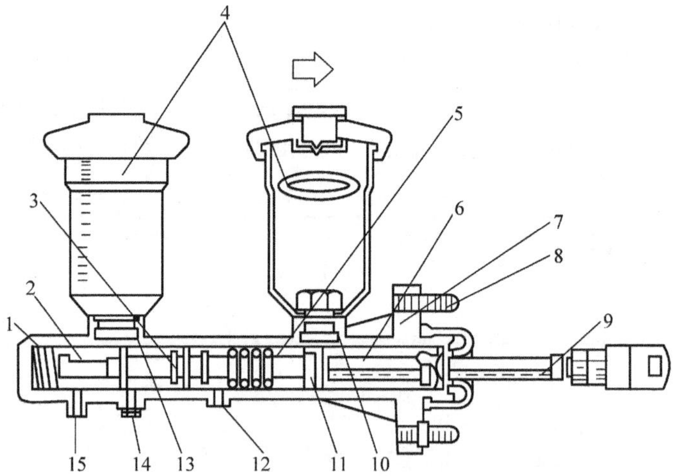

图 21－5 串联双腔制动主缸结构示意图

1—前活塞弹簧 2—前活塞 3、11—皮碗 4—储液室 5—后活塞弹簧 6—后活塞 7—壳体 8—固定螺钉 9—推杆 10、13—进油口 12—后出油口 14—限位螺钉 15—前出油口

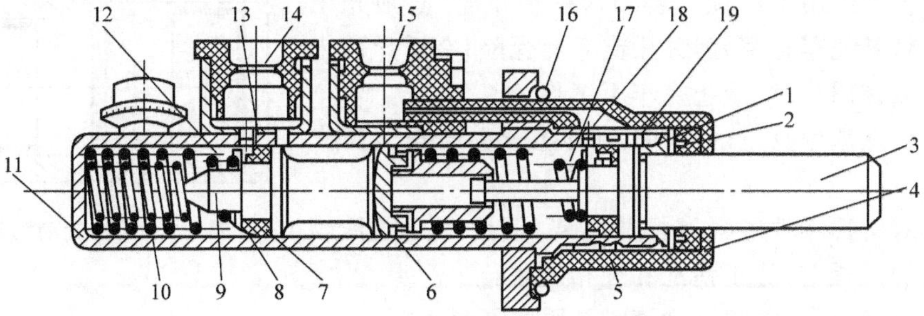

图 21－6　串联式双腔制动主缸

1—隔套　2—密封圈　3—后活塞(带推杆)　4—防尘罩　5—防动圈　6、13—密封圈　7—垫圈　8—皮碗护圈　9—前活塞　10—前活塞弹簧　11—缸体　12—前腔　14、15—进油孔　16—定位圈　17—后腔　18—补偿孔　19—回油孔

5. 制动轮缸的功用及类型

①制动轮缸的作用是将主缸传来的液压力转变为使制动蹄张开的机械推力。

②常见的制动轮缸类型有双活塞式、单活塞式、阶梯式等。(参见图 21－7、图 21－8、图 21－9)

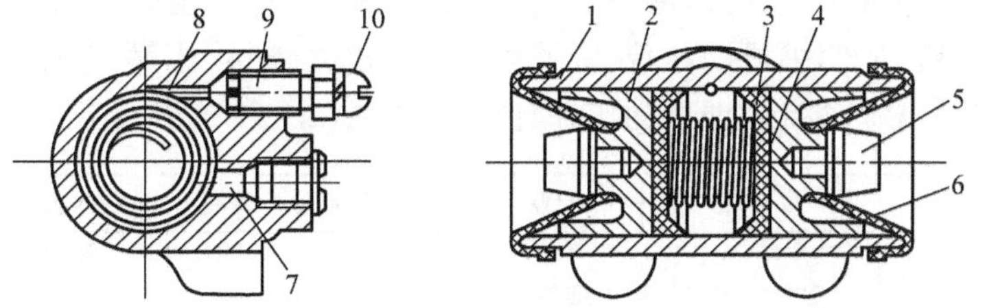

图 21－7　双活塞式制动轮缸

1—缸体　2—活塞　3—皮碗　4—弹簧　5—顶块　6—防护罩　7—进油孔　8—放气孔　9—放气阀　10—放气阀螺钉

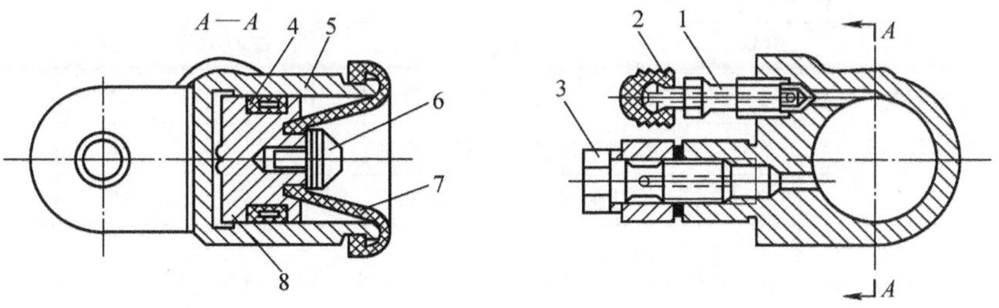

图 21－8　单活塞式制动轮缸

1—放气阀　2—护罩　3—进油管接头　4—皮碗　5—缸体　6—顶块　7—防护罩　8—活塞

五、注意事项

拆装液压制动传动装置时须注意以下几点：

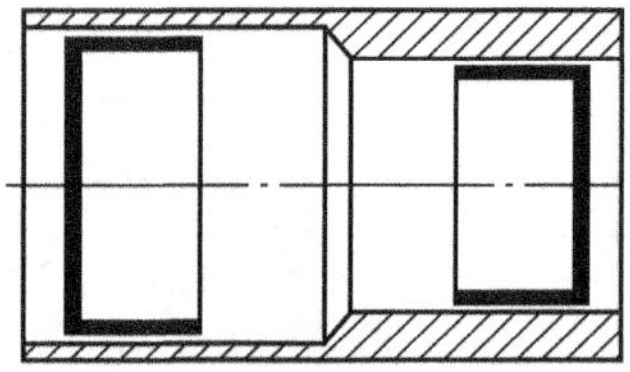

图 21－9　阶梯式制动轮缸

①正确使用千斤顶。若顶起一个车轮，必须先用三角木将其他车轮塞好，并用支车凳保险；在千斤顶未支牢前或在回落时，禁止在车下工作。

②合理选用及正确使用工具，注意遵守安全操作规程。

③对所拆零件应分类摆放整齐，使用的工量具放在一定的位置上，防止错乱和互相磕碰。

④正确操作，以防制动液溅到眼睛及身上。

⑤注意拆装顺序及各部件的相互关系。在拆装中不要损坏皮碗。

⑥装配前用制动液或酒精清洗缸壁。

⑦主缸和轮缸装合后，用推杆或手推动活塞，活塞回位应灵活自如；主缸放松推杆后，回油孔不得被皮碗封住，有此现象时应予以排除。

⑧北京 BJ2020 型汽车前轮轮缸是单向轮缸，左右不可互换。

⑨主缸和轮缸上的防尘套、轮缸上的放气阀均应齐全有效。

第二步：制订计划

教师辅助学生以小组方式，根据课时、人数及教学任务，由学生自己进行信息收集（通过专业书籍、说明书或网络等各种途径查找相关资料，或学习本项目的相关知识），讨论并制订出本项目中课题的工作计划。例如：

<table>
<tr><td rowspan="2">受众分析</td><td>年级</td><td>二年级</td><td>专业</td><td>汽车制造与装配</td><td>人数</td><td>40 人/班</td></tr>
<tr><td>学生知识结构</td><td colspan="5">①有一定的逻辑思维能力；
②具有自学能力；
③掌握了液压制动传动装置的工作原理；
④掌握了液压制动传动装置的拆装与调整的注意事项；
⑤会使用常规的操作工具</td></tr>
<tr><td rowspan="5">制订计划</td><td rowspan="4">教师布置课题分组</td><td>组别</td><td>课题</td><td>课时</td><td>人数</td><td>组长</td></tr>
<tr><td>1</td><td>液压制动传动装置的拆装</td><td>4</td><td>14</td><td></td></tr>
<tr><td>2</td><td>液压制动传动装置的检修</td><td>4</td><td>13</td><td></td></tr>
<tr><td>3</td><td>液压制动传动装置的调整</td><td>4</td><td>13</td><td></td></tr>
<tr><td>学生计划</td><td colspan="5">学生根据本项目及组别的课题安排及实训设备情况进行信息收集，制订工作计划。例如：
①根据该项目内容写出整个检调过程的步骤；（可在实训课前完成）
②根据检调内容列出所需的工具；
③写出组内分工计划或轮岗计划</td></tr>
</table>

续表

制订计划	学生讲解	每组学生选派一人讲解本组计划，其他组提出不同见解。每组可重新制订计划，定稿后交给教师评价（此项在课前由学生自行完成，也可由教师在课堂上组织完成。）
	教师辅助	教师评价各个计划的可实施性，对于不可实施的，教师提出意见，由学生进行修改，再评价、修改直到可以实施
	实操指导	学生根据自己的计划进行工作，教师观察其操作情况并作指导，及时纠正其错误。根据各组的不同情况有针对性地作进一步讲解
	岗位轮换	教师控制整个项目的课时，每组课时结束进行课题轮换。每组组长根据自己的课题课时控制小组的岗位轮换时间，例如每组可再分 2～3 个小组，由组长负责分工
	备注	

第三步：实施课题任务

①在学生操作之前，教师可对本实训课的规范操作、安全注意事项等对学生进行讲解，抑或有针对性地进行演示指导。在本实训项目中，教师应对制动系的检测调整方法进行演示讲解。

②不同组的同学根据自己制订的计划进行不同的课题操作作业，完成任务后由教师统一安排课题轮换。

③教师观看学生的操作过程，进行有针对性的指导，例如制动系检调方法等。当第一轮操作结束后，教师可对学生存在的问题进行集中讲解，避免其他学生出现类似错误或不规范操作。

本项目的操作步骤如下。

1. 制动主缸的拆装

(1)串联制动主缸的拆卸(参见图 21－10)

串联式双腔制动主缸的拆卸步骤如下：

①放出制动液，拆下前、后油管接头；

②从车架上拆下主缸后，取下防尘罩及推杆；

③将主缸夹持在台虎钳上，用螺钉旋具顶住活塞，拆下弹簧片，然后慢慢放松螺钉旋具，依次取出后活塞、皮碗及后活塞弹簧；

④拆下限位螺钉，依次取出前活塞、皮碗及前活塞弹簧。

(2)双腔主缸的装配

串联双腔制动主缸的装配按拆卸的相反顺序进行操作，并注意下列事项：

①所有零件在装合前，应用制动液或酒精清洗，疏通各通道、油路，并用压缩空气吹干后，全部浸泡在清洁的制动液内润滑；

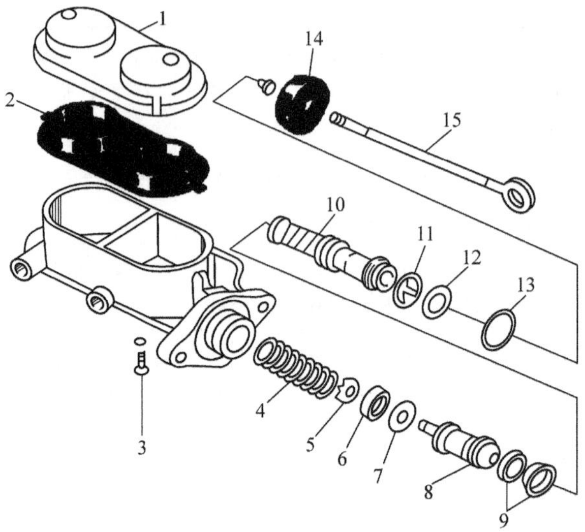

图 21-10　串联式双腔制动主缸的分解图

1—贮液罐盖　2—膜片　3—限位螺钉　4—弹簧　5—皮碗护圈　6—前皮碗　7—垫圈　8—前活塞　9—后皮碗　10—后活塞　11—推杆座　12—垫圈　13—锁圈　14—防尘套　15—推杆

②活塞与缸筒的配合间隙应符合规定；

③主缸活塞的位置不当会引起回油孔堵塞，或使制动发生作用时间延迟；

④装合后应检查回油孔，使其不被皮碗堵住；

⑤制动主缸装配后应检查其密封性。

2. 制动轮缸的拆装

(1)双活塞制动轮缸的拆卸(参见图 21-11)

双活塞制动轮缸的拆卸步骤如下：

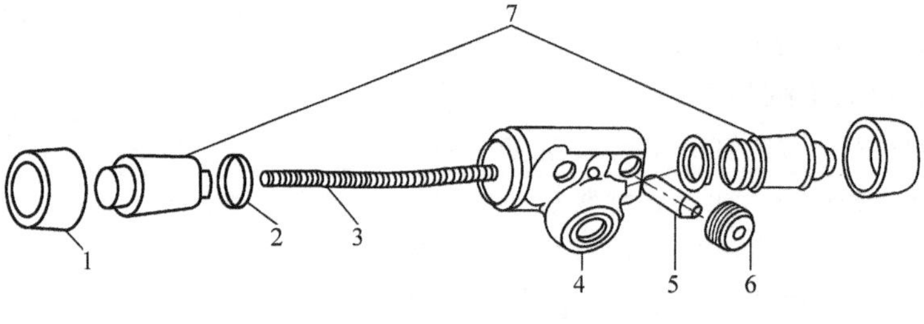

图 21-11　双活塞式制动轮缸的分解图

1、6—防尘罩　2—皮碗　3—弹簧　4—制动轮缸外壳　5—放气阀　7—活塞

①松开制动轮缸进油管接头，使制动轮缸与进液管脱开；

②取下制动蹄回位弹簧，使制动蹄与制动轮缸的活塞脱开；

③卸下制动轮缸与制动底板的连接螺栓，取下制动轮缸以待分解；

④取下缸体两端的防尘罩；

⑤从轮缸内取出活塞、顶块、皮碗及活塞回位弹簧；

⑥卸下放气阀。

(2)双活塞制动轮缸的装配

双活塞式制动轮缸的装配按拆卸的相反顺序进行操作，并注意下列事项：

①装合前所有零件应用制动液或酒精清洗，用压缩空气吹干后，全部浸泡在清洁的制动液内润滑；

②连接油管不允许有漏液现象；

③皮碗不得有磨损及发胀现象；

④装配后应试验其密封性，即将制动轮缸沉入盛有酒精的盆内，应不产生漏气的气泡。

3. 液压制动传动装置的调整

(1)液压制动踏板自由行程的调整

踏板的自由行程就是从踏板最初被踏下的位置，到感觉有阻力时为止的距离。对于无制动助力装置的踏板自由行程的调整，一般是改变推杆的长度或校准偏心调整螺栓。液压制动踏板自由行程为 10～14 mm。对于装有制动助力装置的踏板自由行程调整，分两个阶段进行：

①从控制杆开始移动起，直到控制杆与助力装置空气阀接触为止；

②从控制杆与空气阀接触起，直到与助力装置活塞杆与制动主缸接触为止。

检查踏板自由行程应在发动机熄火的情况下进行。踩下制动踏板数次，直到在制动助力器内不再有真空。踩下踏板，感觉有阻力时，测量踏板自由行程。

(2)制动系统中空气的排除

液压制动系统修复安装后，应加注制动液并要排出制动系统中的空气，若不及时排出空气，将造成制动的失效。常用的排出方法有人工法和压力法。

1)人工法

首先在储液室中加足制动液(达到 MAX 处)，然后旋出轮缸的放气螺钉，用一根皮管装在放气螺塞上，另一端插入盛制动液的容器中。这时，由两个人协同进行，一人在驾驶室内，踩下和放松制动踏板数次，直至踩不下去为止，并用力踩住踏板。此时，另一人在车下把轮缸放气螺塞旋松，空气随制动液一起排出，当制动踏板下降到底后，立即拧紧放气螺塞，然后再抬起踏板。如此反复数次，直至放出的制动液中无气泡为止。

在排气时，一般由最远的一个轮缸先进行，各轮缸的排气顺序应为：右后轮—左后轮—右前轮—左前轮。空气排出后，储液室液面距加油口高度应为 15～20 mm。

2)加压法

将专用加液放气装置 VW1238/1 连接在储液罐上，在轮缸放气螺塞上接一软管并将软管放入容器内，然后根据各轮缸放气顺序进行放气。此装置是以一定的压力把制动液充到制动系统中，使空气排出。最后储液罐的液面高度必须达到 MAX 处。

第四步:检查实训过程

①学生进行实际操作时,教师巡视检查学生操作情况,及时指出其错误及注意事项。

②学生在操作时,同组成员观察操作情况并互相提醒,操作者可随时查看工作计划或工作页,做到自我检查,以保证操作的规范性和准确性。

③学生计划完成后,首先要进行自检,小组成员对本次任务进行评价,然后教师检查学生完成的效果。

第五步:评价总结阶段

一、自我评价

学生自我评价,同时对组内其他同学提出问题,交流心得。

二、课题考核

1. *考核要求*

能正确进行液压制动传动装置的拆装。

2. *考核*

(1)操作考核(90 min)

具体考核内容及配分、评分如下表所示。

序号	考核项目	配分	考核内容	评分标准	扣分	得分	备注
1	操作准备	10	对结构原理的熟练程度	出现问题酌情扣分			
			零件的认知程度	出现问题酌情扣分			
			工具整理情况、工位整洁	出现问题酌情扣分			
2	工作态度	20	迟到、早退、旷课	迟到、早退每次扣5分,旷课一节扣20分			
			嬉戏打闹	出现问题酌情扣分			
			认真、严谨、团结、协作	出现问题酌情扣分			
3	操作过程	50	正确使用工量具	工量具使用错误酌情扣分			因违规操作发生重大人身和设备事故,此题按0分计
			拆卸顺序、要求符合标准	顺序错误酌情扣分			
			调整过程符合要求	出现问题酌情扣分			
			操作规范、有序	出现问题酌情扣分			
			操作安全	出现问题酌情扣分			
4	操作结果	20	任务完成时间	出现问题酌情扣分			
			任务完成质量	出现问题酌情扣分			
5	分数合计	100					

(2)理论考核(30 min)

①行车制动装置分为哪几大类？各有什么特点？(30分)

②液压制动传动装置的基本原理是怎样的？(20分)

③液压制动传动装置主要由哪些零部件组成？(30分)

④液压制动传动装置常见的布置形式有哪几种？(20分)

参考文献

[1] 张红伟.汽车底盘构造与维修[M].2版.北京:高等教育出版社,2007.

[2] 劳动和社会保障部教材办公室.汽车底盘构造与维修[M].北京:中国劳动社会保障出版社,2005.

[3] 尹维贵.汽车底盘构造与维修[M].北京:机械工业出版社,2008.

[4] 孔令来.汽车底盘构造与维修[M].北京:机械工业出版社,2007.

[5] 陈家瑞.汽车构造[M](下册).2版.北京:机械工业出版社,2005.

[6] 姜年强.汽车修理工艺[M].北京:人民交通出版社,1999.

[7] 常明.汽车底盘构造[M].北京:国防工业出版社,2005.

[8] 陈家瑞.汽车构造[M](上册).北京:人民交通出版社,2002.

[9] 孔宪峰.汽车发动机构造与维修[M].2版.北京:高等教育出版社,2007.

[10] 张朝山.汽车拆装与维修[M].北京:机械工业出版社,2003.

[11] 刘雅琴.上海桑塔纳轿车结构图册[M].上海:上海科学技术出版社,1997.

项目一　常用的汽车拆装工具　工作页

姓名________　班级________　学号________　日期________

1. 手动工具选择顺序。

①选择扳手的优先顺序：a. ____________________

b. ____________________

c. ____________________

d. ____________________

②根据工作场所选择：

选择顺序：a. ____________________

b. ____________________

c. ____________________

2. 常用的吊车有________、________、________和________四种类型。

在汽车拆装实训中使用最多的是________________吊车，它分为机械式和液压式两大类。

3. 写出下列工具的名称及各部结构名称。

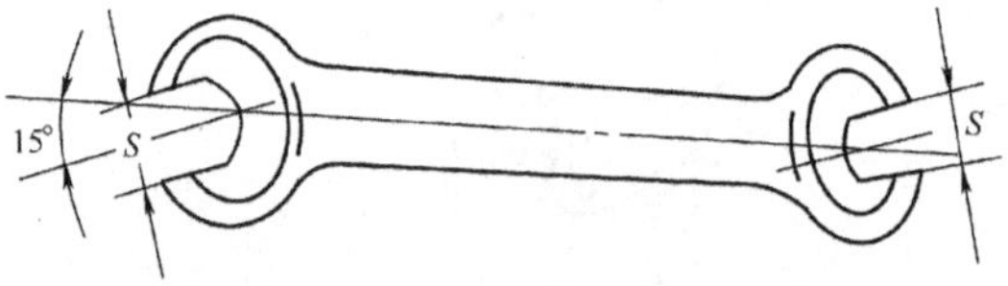

工具名称________________

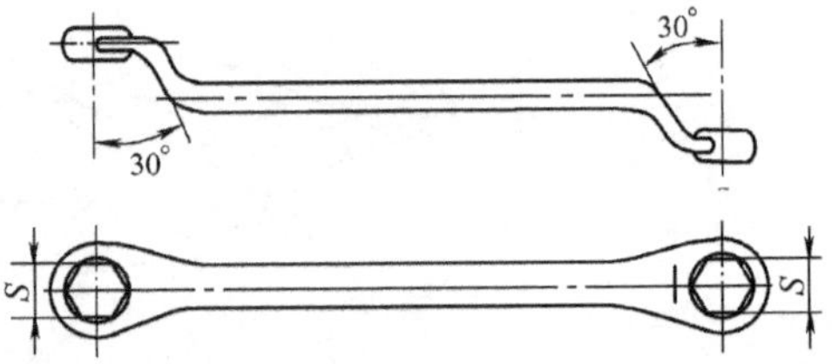

工具名称________________

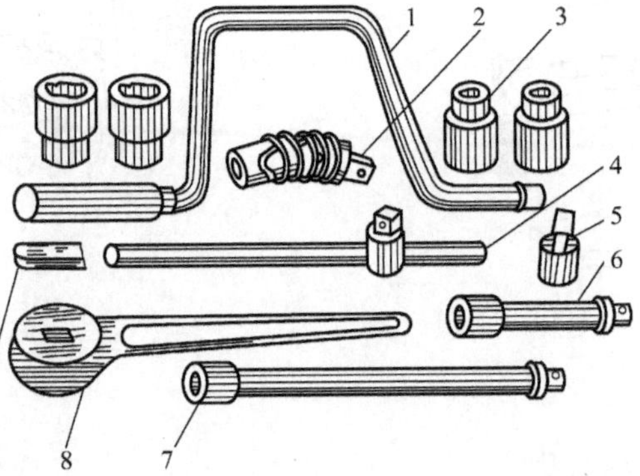

工具名称：__________ 各部分结构名称：1. __________ 2. __________

3. __________ 4. __________ 5. __________ 6. __________

7. __________ 8. __________ 9. __________

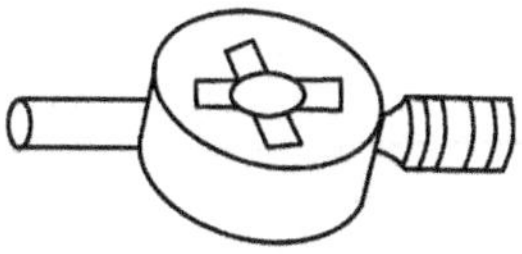

工具名称__________　　工具名称__________

工具名称：__________

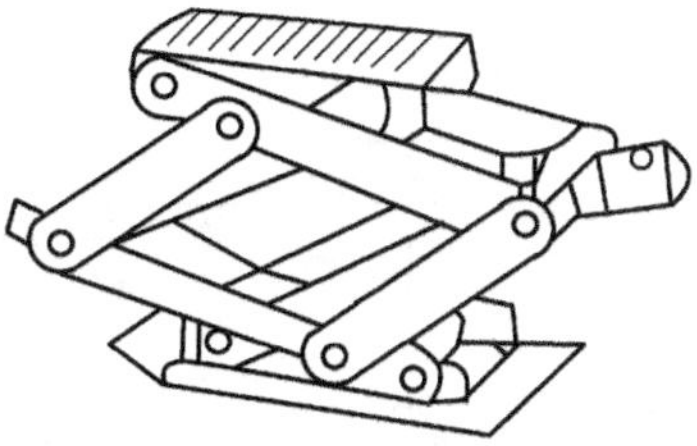

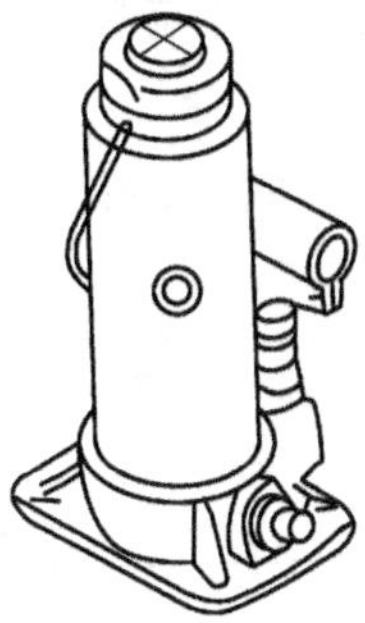

工具名称__________　　工具名称__________

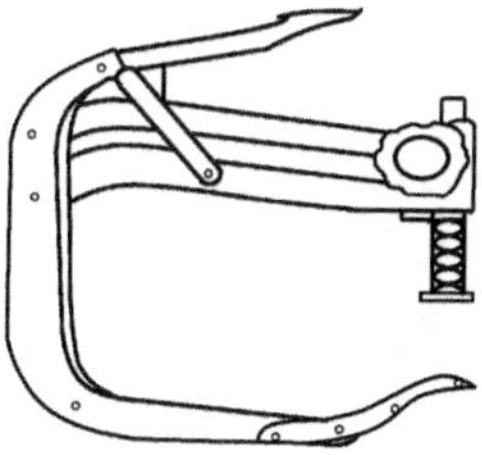

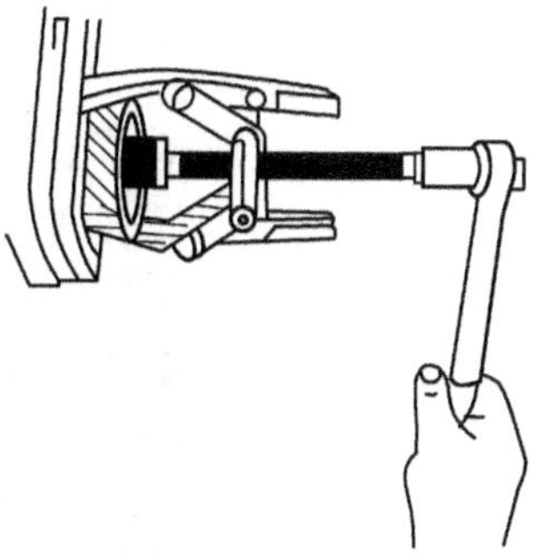

工具名称__________　　工具名称__________

4. 写出活塞环拆装钳使用方法

项目二　常用的汽车拆装量具　工作页

姓名________　班级________　学号________　日期________

1. 为了实现正确可靠的测量，在实际测量中，应遵守哪几项测量原则？

____

____

____

2. 解释下列测量器具的主要技术性能指标。

(1)量具的标称值：____

____

(2)量程：____

____

(3)灵敏度：____

(4)测量力：____

____

____

(5)示值误差：____

____

(6)回程误差：____

____

3. 写出下列测量仪器的名称及各部分结构名称。

仪器名称__________规格__________ mm

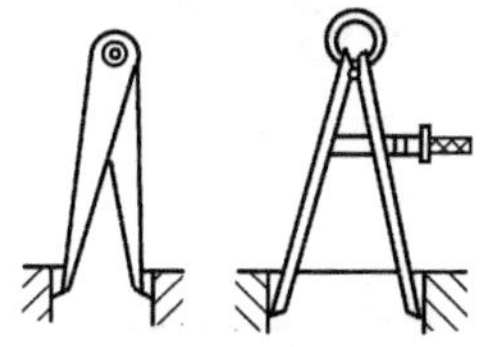

仪器名称__________

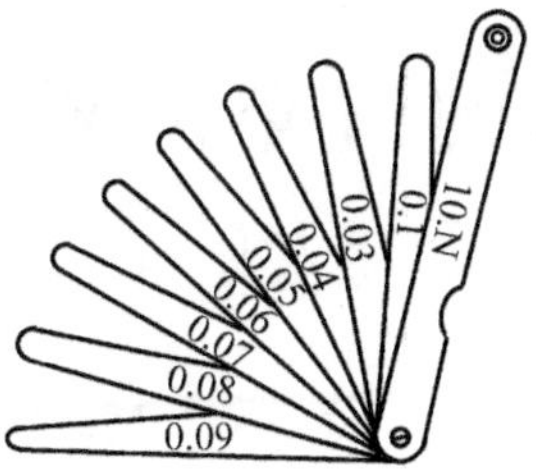

仪器名称__________

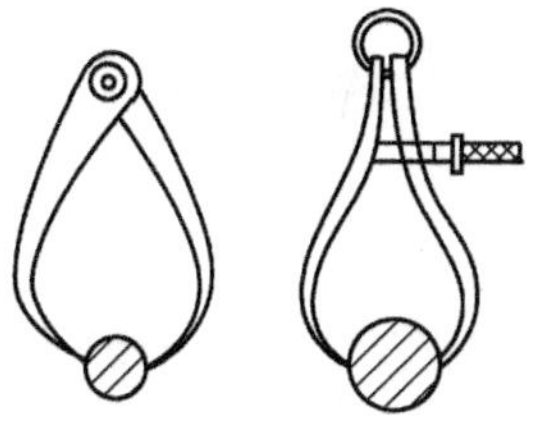

仪器名称__________

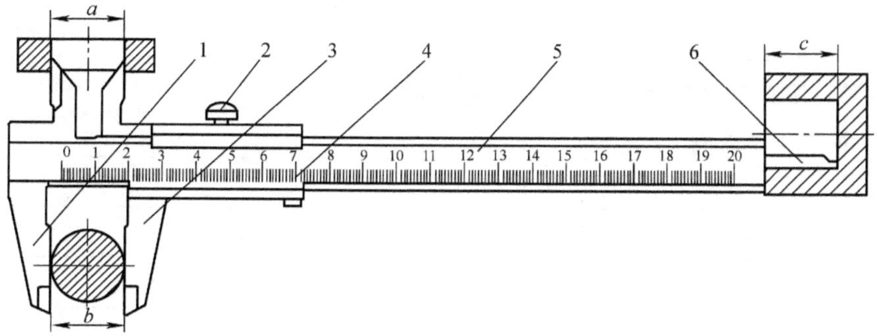

仪器名称__________

功用 a __________ b __________ c __________

1—尺框　2—固定螺钉　3—内外量爪

4 ______　5—尺身　6 ______

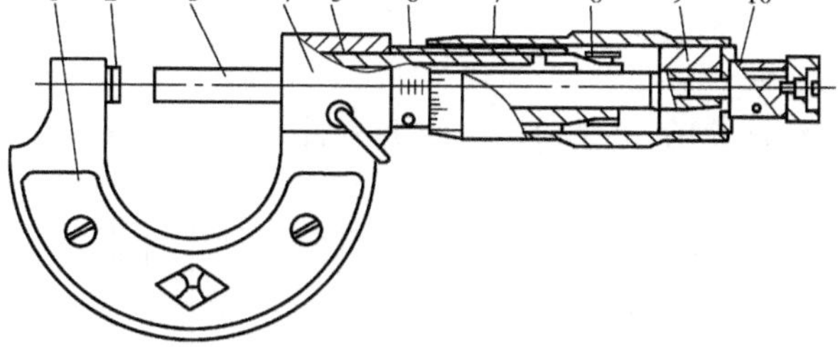

仪器名称__________

1—尺架　2—砧座　3 ______　4—锁紧装置　5—螺纹轴套　6—固定套管

7 ______　8—螺母　9—接头　10 ______

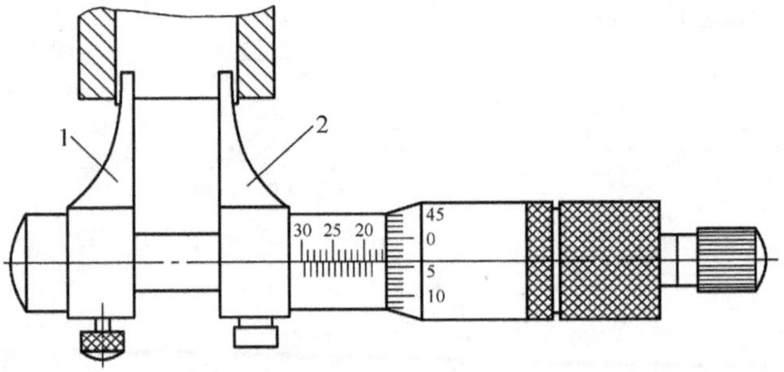

仪器名称__________

1—尺框　2—量尺

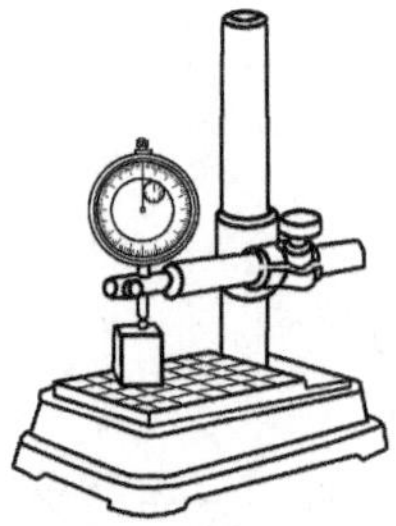

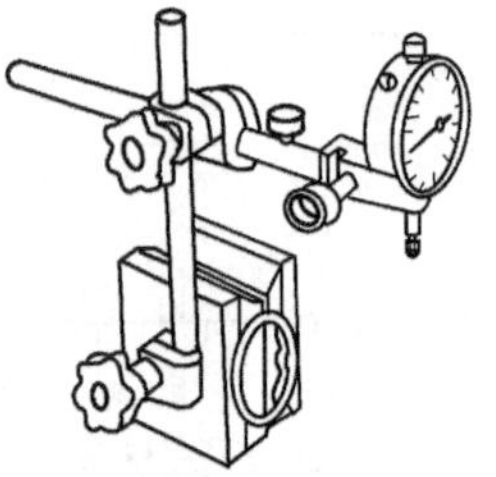

表座名称______　表座名称______

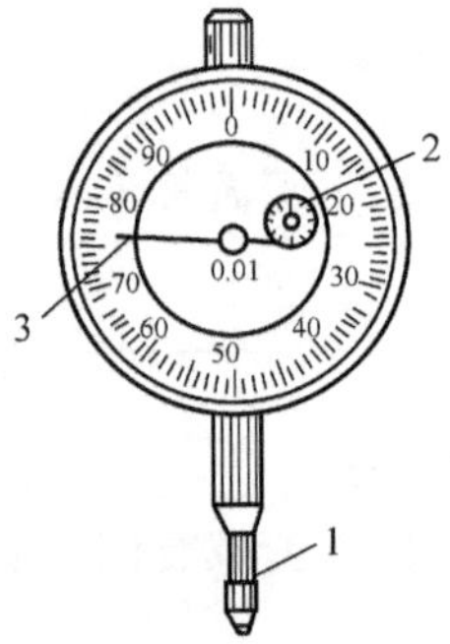

仪器名称__________

1—测量杆　2—大指针　3—小指针

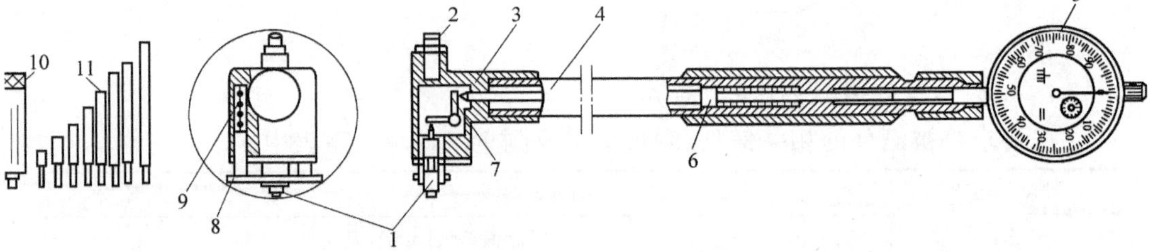

仪器名称__________

1 __________　2 __________　3—三通管　4—连杆　5—百分表　6—活动杆

7—杠杆　8—定心护桥　9—弹簧　10 __________　11 __________

4. 说出下列各图钢板尺的用途。

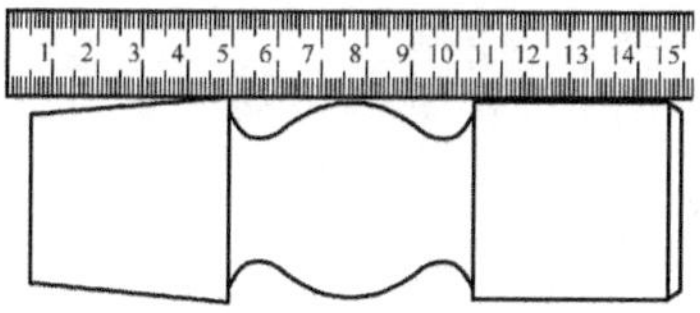

A__________

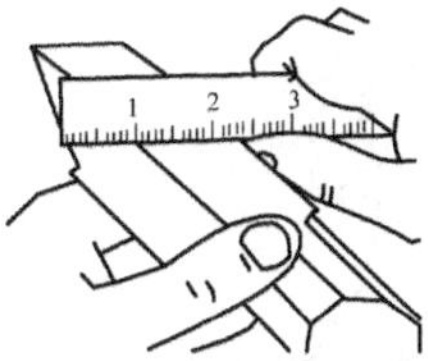

B__________

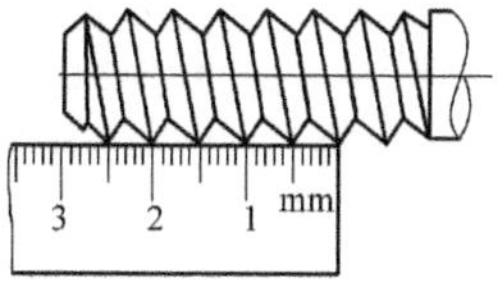

C__________

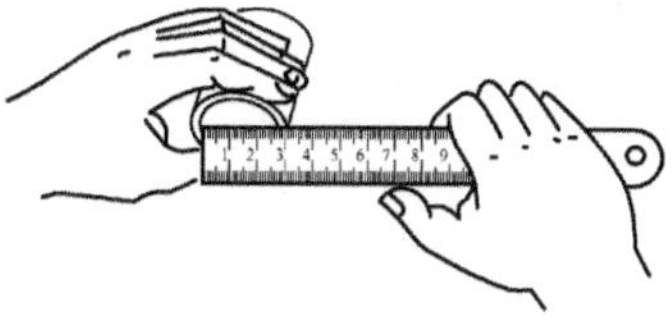

D__________

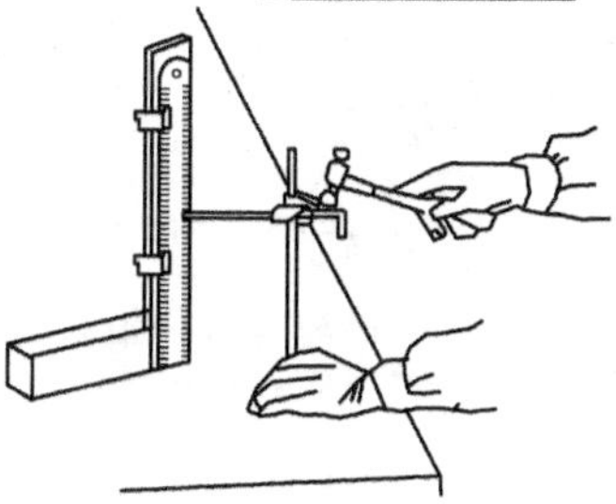

E__________

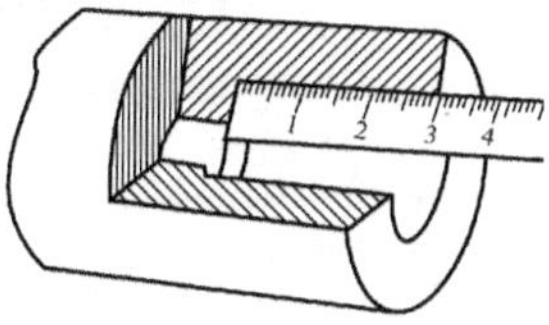

F__________

5. 读出下图游标卡尺的读数。

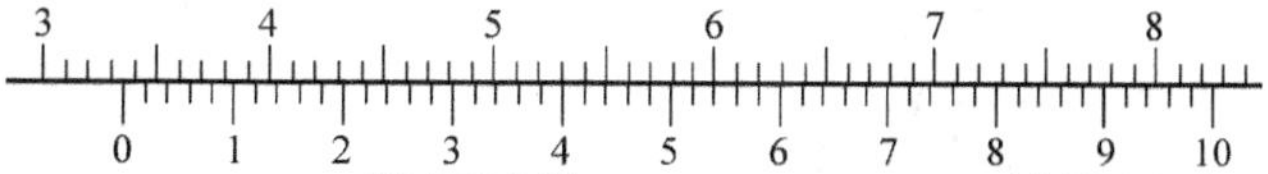

主尺读数__________ mm；游标读数__________ mm；被测尺寸__________ mm

6. 读出下图螺旋测微器的读数。

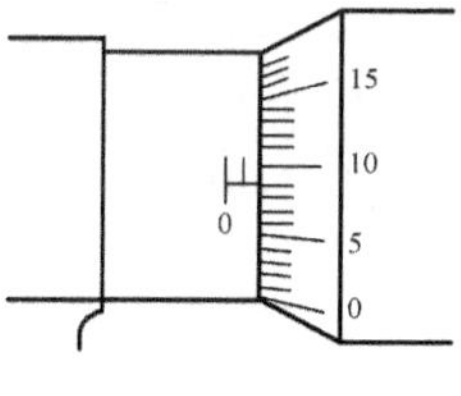

固定套管读数__________

微分筒读数__________

被测尺寸__________

7. 用内径百分表测量孔径。

按要求将被测件的相关信息、测量结果及测量条件填入下表中。

被测件名称		测量日期	年　月　日	
测量部位	实际偏差值(mm)			
上	A—A		B—B	
中	A—A		B—B	
下	A—A		B—B	
结论			测量者	

项目三　发动机总成的拆装　工作页

姓名________　班级________　学号________　日期________

工作 1

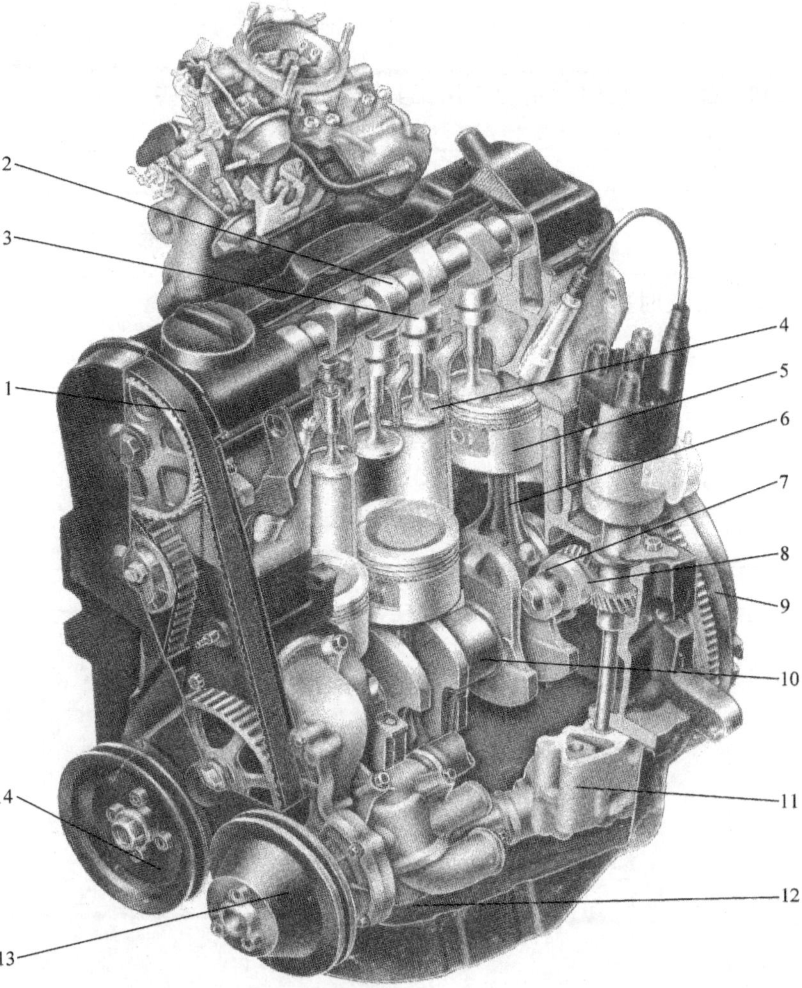

(1)请标出上图中各组成部分的名称：

1. __________ 2. __________ 5. __________ 6. __________

10. __________ 11. __________ 12. __________

(2)简述发动机的拆卸顺序。

工作 2

(1)发动机拆装过程中所用的常用工具和专用工具有哪些?

(2)发动机安装时应注意哪些事项?

项目四　发动机机体组的拆装　工作页

姓名________　班级________　学号________　日期________

1. 请说明 V 形皮带及齿形带的拆卸步骤。

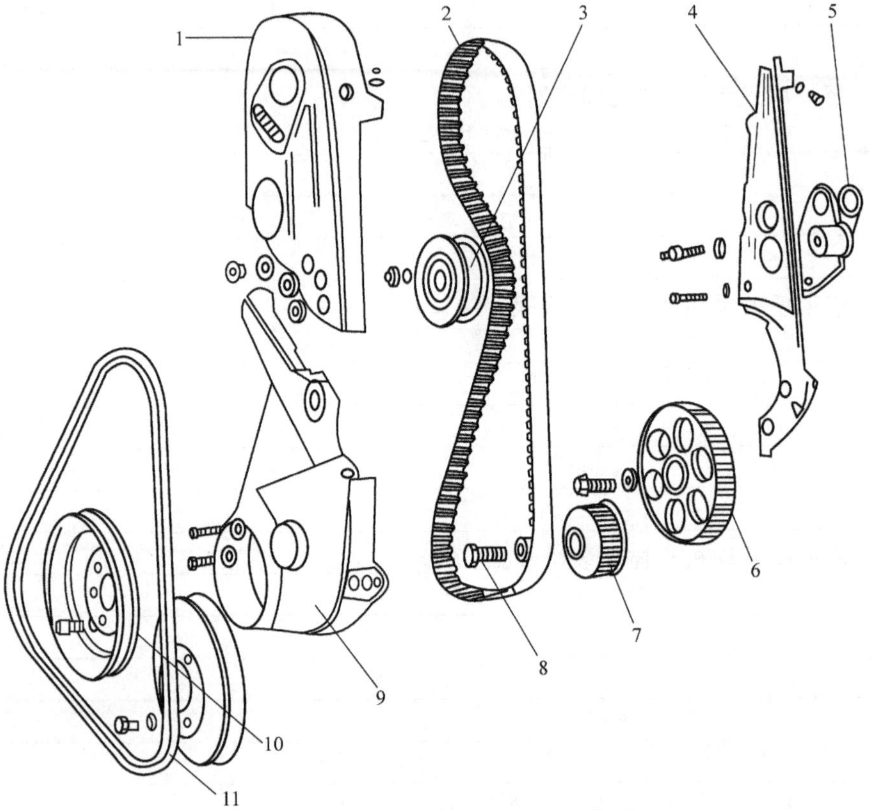

发动机前端零部件

1—齿形带上护罩　2—齿形带　3—齿形带张紧轮　4—齿形带后护罩
5—塞盖　6—中间轴齿形带轮　7—主轴齿形带轮　8—主轴齿形带轮紧固螺栓
9—齿形带下护罩　10—主轴带轮　11—V 形皮带

V 形皮带的拆卸：____

____

____

____

齿形带的拆卸：____

注意：拆卸齿形带时应________。

2. 请说明发动机外部附件的拆卸过程。

3. 请说明发动机机体拆装过程。

4. 请说明发动机机体解体步骤。

5. 请说明发动机机体的装配步骤。

注意事项：①在拆卸与拧紧缸盖螺栓时，应按规定进行；
②观察汽缸垫的安装方向(OPEN. TOP 向上)；
③观察离合器装配标记并做好装配记号。

项目五　活塞连杆组的拆装　工作页

姓名________　班级________　学号________　日期________

1. 拆卸活塞连杆组应注意哪些事项？

____

____

____

____

2. 活塞连杆组的检验。

用塞尺检测活塞环的侧隙。

新发动机：

____________ mm

磨损界限：

____________ mm

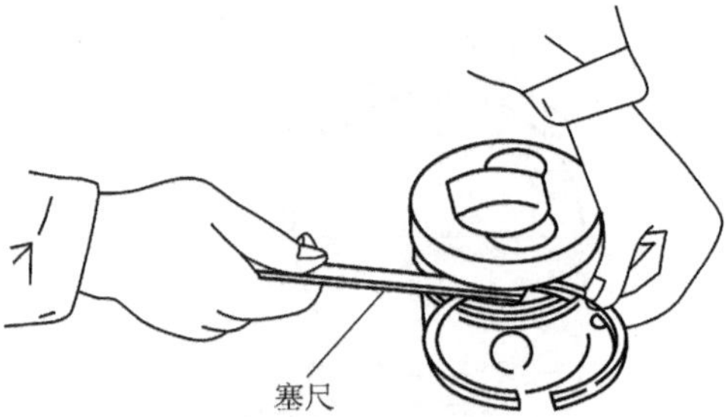

活塞环侧隙的测量

你的发动机活塞环侧隙为多大？

汽缸 / 环	1	2	3	4
气环				
气环				
油环				

用塞尺检测活塞环的端隙。

新发动机：

____________ mm

磨损界限：

____________ mm

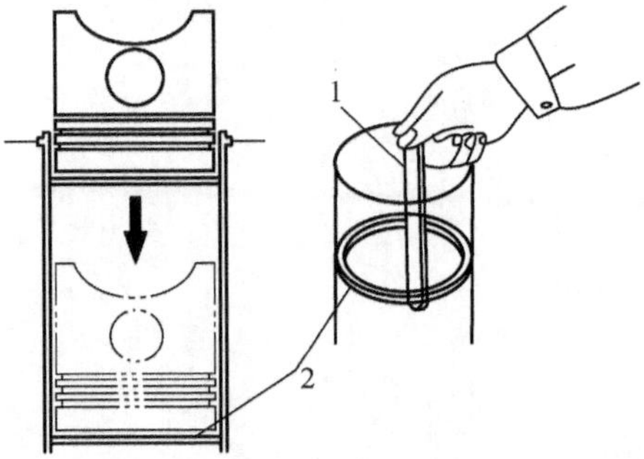

活塞环端隙的测量

你的发动机活塞环端隙为多大？

汽缸 环	1	2	3	4
气环				
气环				
油环				

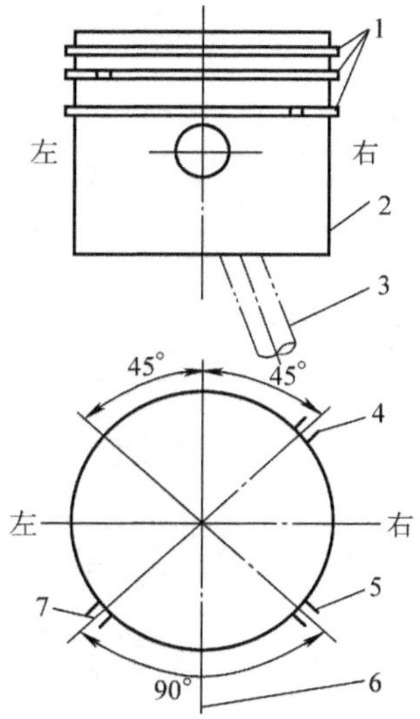

活塞环的开口方向

1—活塞环　2—活塞　3—连杆
4—第一道环开口　5—第三道环开口
6—活塞销轴线　7—第二道环开口

3. 装配活塞连杆组。

①将活塞装入汽缸。

(活塞顶部的箭头必须在哪个方向?)

____

____

②将活塞环开口置于正确位置。

(应怎样安置活塞环的开口位置?)

____

____

③安装连杆盖。

注意：

①安装活塞销时要用专用工具或加热到60℃进行。

②活塞销挡圈开口要与活塞销孔上的缺口错开。

项目六　气门间隙的检查与调整　工作页

姓名________　班级________　学号________　日期________

技术标准及要求：

·冷机时气门间隙：进气门__________ mm

排气门__________ mm

·解放 CA1091 发动机点火顺序为________________。

1. 采用逐缸调整法。

①首先要找到____________________。

②确定 1 缸在压缩行程上止点位置，分别调整进、排气门间隙，使之符合技术要求。

③用手柄转动曲轴 120°，按照发动机工作顺序，调整__________进、排气门间隙，使之符合技术要求。

④按照上述方法依次调整其他气门间隙。

⑤调整时，用厚薄规插入________________之间，来回拉动时感到有轻微阻力为合适。

⑥如何调整？

____

____

____

2. 采用两次调整法。

调整前应做哪些准备工作？

____

____

____

____

____

____

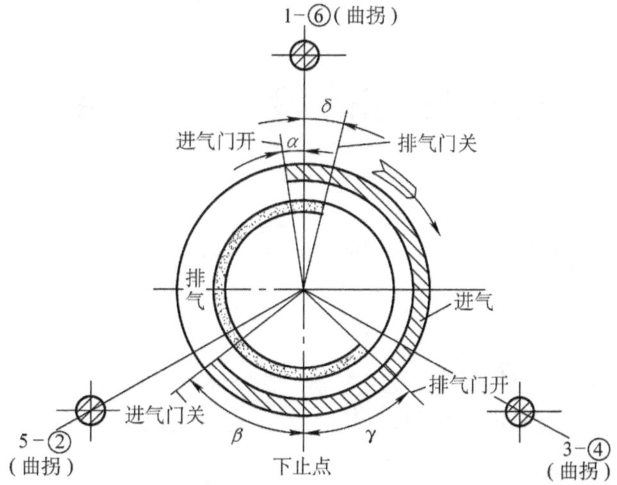

用配气相位图确定发动机的可调气门

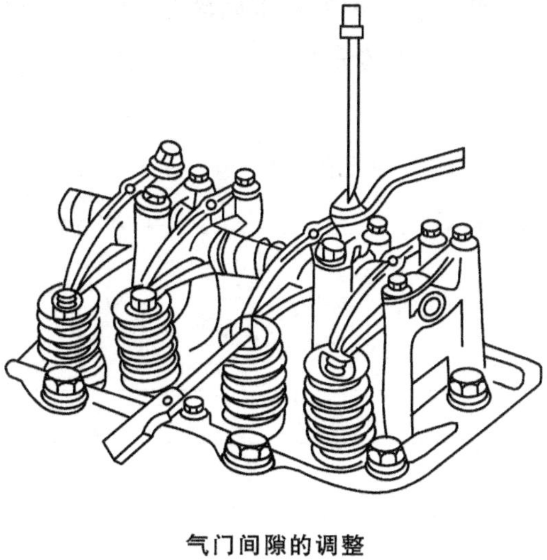

气门间隙的调整

如何调整？

项目七　冷却系的拆装　工作页

姓名________　班级________　学号________　日期________

工作 1：找出冷却水的循环路线。

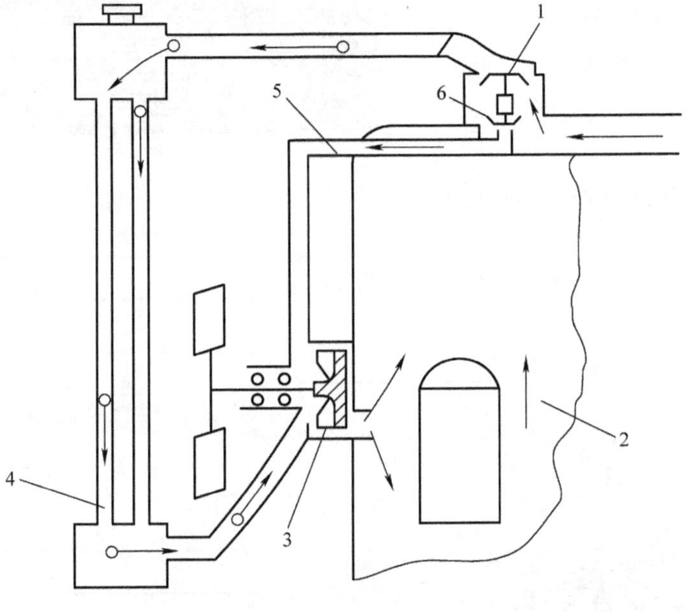

冷却系循环图

1—______ 2—______ 3—______ 4—______ 5—______ 6—______

小循环：______________________________

大循环：______________________________

混合循环：______________________________

工作 2：进行冷却系的拆卸(以桑塔纳轿车为例)。

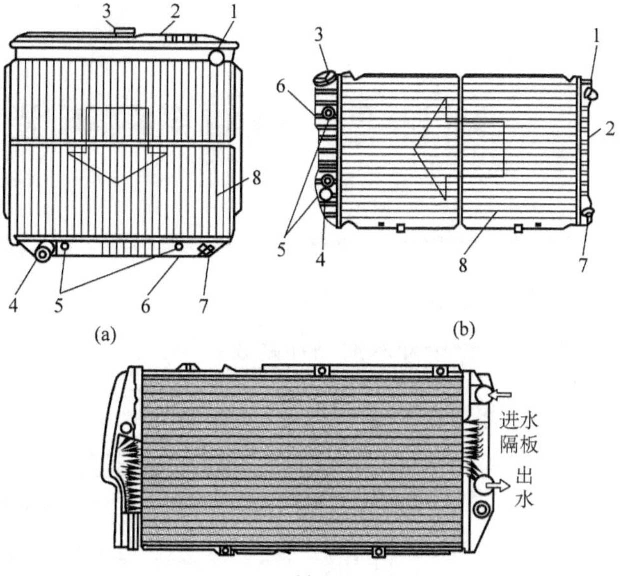

散热器结构形式

(a)纵流式散热器　(b)、(c)横流式散热器

1—进水口　2—进水室　3—散热器盖　4—出水孔　5—自动变速器油冷却器进出口　6—出水室　7—放水阀　8—散热器芯

①如何控制仪表板上的暖风？

____;

②风扇电机热敏开关开启温度是________，关闭温度是________；

③散热器盖开启压力是________；

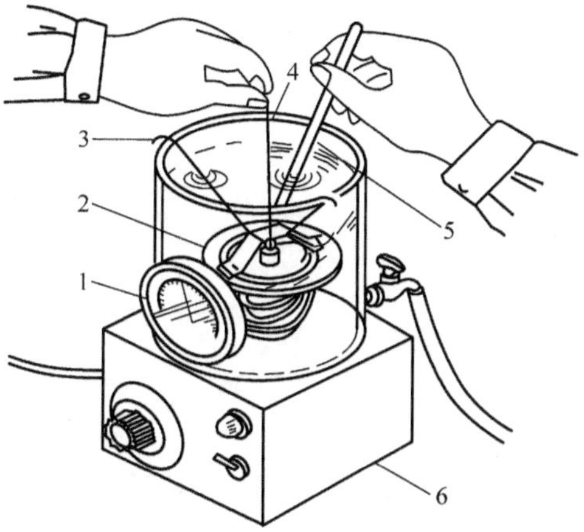

蜡式节温器的检查

1—温度计　2—节温器　3—金属挂钩　4—牵线　5—搅棒　6—加热炉

④ 如何检查节温器？

____

____

____

____

____

____

项目八　润滑系的拆装　工作页

姓名________　班级________　学号________　日期________

工作 1

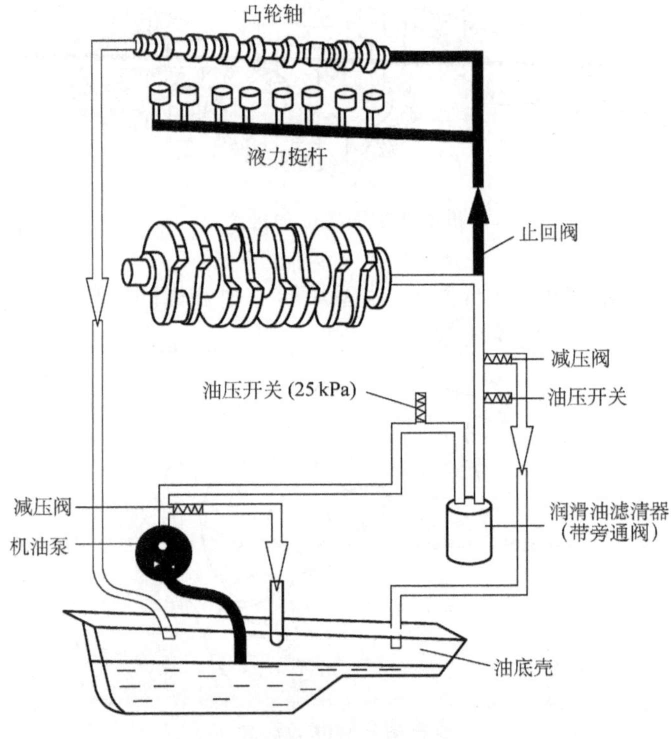

AJR 型发动机润滑系示意图

试分析采用传统的飞溅和压力润滑相结合的方式时的润滑油路。

____

____

____

____

____

____

工作 2：检验机油泵

(1)检测机油泵盖与齿轮端面间隙：标准为________。

(2)若超过使用极限时,应如何测量及调整?

____

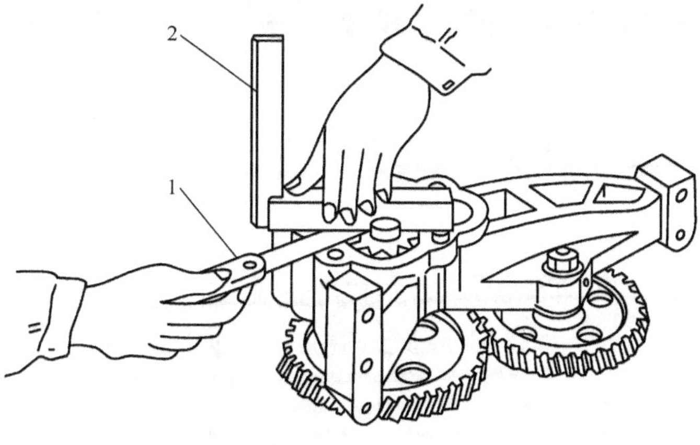

机油泵端面间隙的检查

1—塞尺　2—宽座角尺

(3)检测主、从动齿轮和啮合间隙:用塞尺插入啮合齿间,测量________齿侧,标准为________,使用极限为____________。

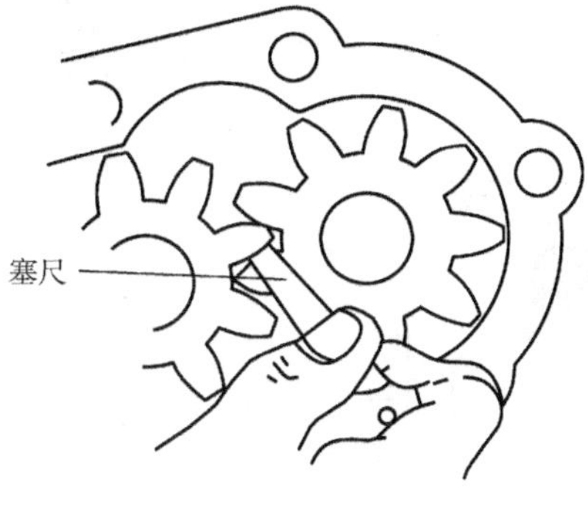

齿轮啮合间隙的检查

项目九　燃油供给系的拆装与检查　工作页

姓名________　班级________　学号________　日期________

课题一　汽油泵的拆装与检测

工作 1

以 EQB501－C 型汽油泵为例，对汽油泵进行拆解：

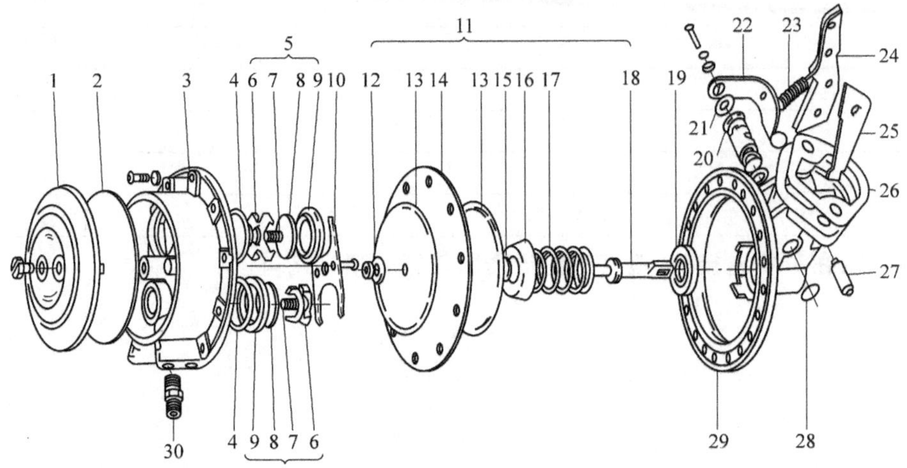

EQB501 型汽油泵分解图

1—上盖　2—上盖衬片　3—泵盖　4—阀衬片　5—阀门总成　6—阀门盖　7—阀门弹簧　8—阀门　9—阀门盖　10—阀门支持片　11—泵膜总成　12—垫圈　13—泵膜夹片　14—泵膜　15—垫圈　16—泵膜弹簧座　17—泵膜弹簧　18—泵膜拉杆　19—泵膜拉杆油封总成　20—手拉杆轴　21—手拉杆轴密封圈　22—手拉杆　23—摇臂复位弹簧　24—摇臂　25—泵膜拉杆拉钩内摇臂　26—汽油泵衬垫　27—摇臂轴　28—钢丝挡圈　29—油泵本体　30—管接头

工作 2

汽油泵装复后如何检查膜片的密封性？

工作 3

进行汽油泵拆装时应注意哪些问题？

课题二　汽油滤清器的更换

更换燃油滤清器时，应注意____________________。

更换步骤：

①____________________

②____________________

③____________________

④____________________

⑤____________________

⑥____________________

注意：在重新连接前，应彻底清洁高压软管的喇叭接口。

项目十　柴油机喷油泵的拆装　工作页

姓名________　班级________　学号________　日期________

以 A 型泵为例。

1. 喷油泵的拆卸(见下图)

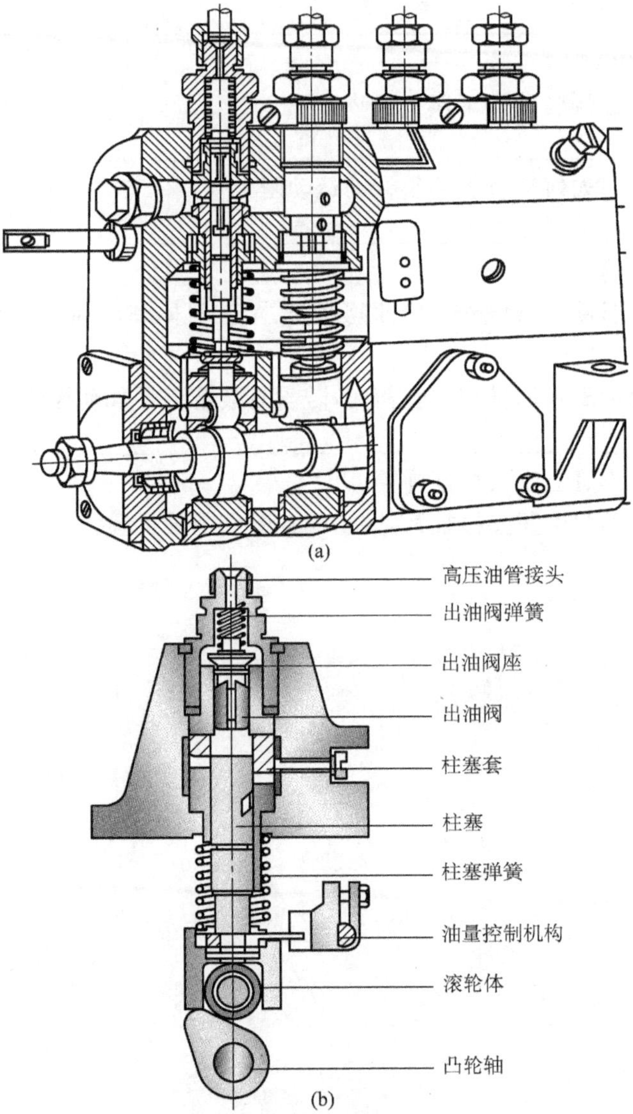

A 型油泵结构图

(a)整体结构　(b)单体结构

①清洗剂清洗泵体外部，固定喷油泵。

②使滚轮体和凸轮轴脱离。

③如何拆解凸轮轴部件？

2. 喷油泵的装配

①装配前需做哪些准备工作？

②装供油杆。如何检查供油齿杆的运动阻力？

③装柱塞套筒。

④将出油阀偶件、密封垫圈、出油阀弹簧、减容器体和出油阀压紧座依次装入泵体。

⑤装复供油齿圈和油量控制套筒时，若没有装配记号如何操作？

⑥装入柱塞弹簧上座及柱塞弹簧。

⑦装复凸轮轴和中间支撑轴瓦，装上调速器和前轴承盖。

项目十一　柴油机喷油器的检查与调整　工作页

姓名________　班级________　学号________　日期________

工作 1

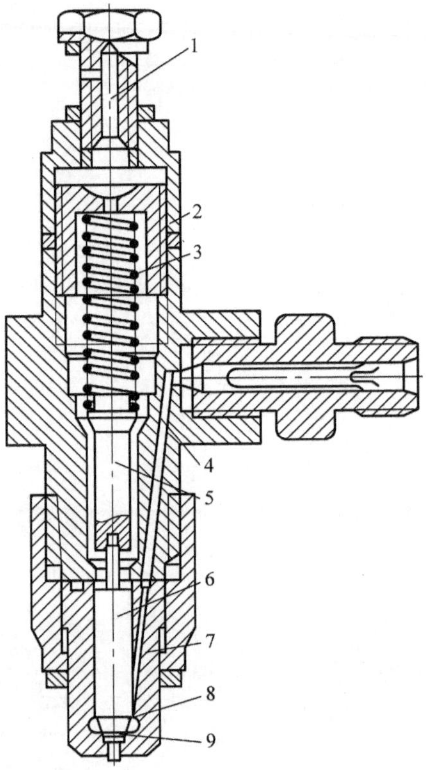

①标出上图中各组成部分的名称。

1—______　2—______　3—______　4—______　5—______　6—______　7—______
8—______　9—______

②简述喷油器的工作原理。

____

____

____

____

工作 2

①如何检查和调整喷油器的喷油压力？

②如何检查喷油器的喷雾质量？

项目十二　离合器的拆装　工作页

姓名________　班级________　学号________　日期________

工作 1

如何拆卸离合器？

____

____

____

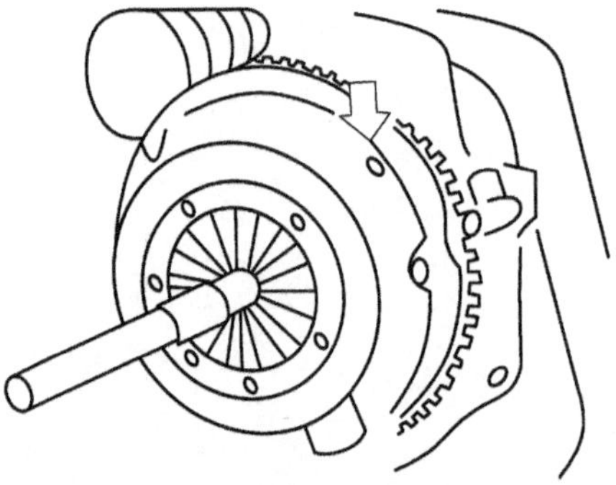

拆卸离合器

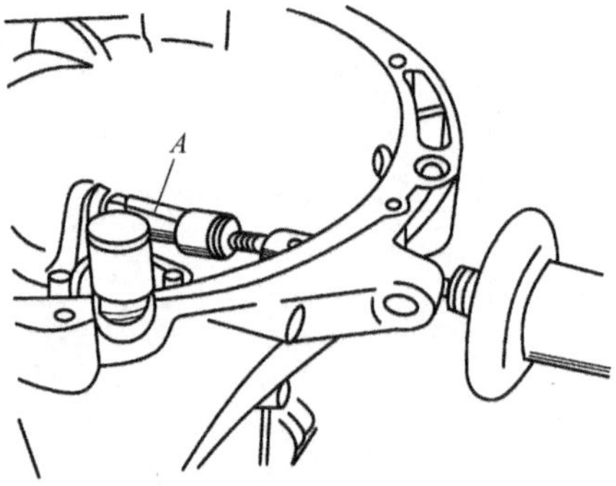

拉出分离轴承衬套

工作 2

①什么是离合器踏板自由行程？

____

____

②离合器踏板自由行程发生变化有何后果？

____

____

③调整离合器踏板自由行程。

离合器踏板自由行程标准为________________________，调整方法为________________________。

离合器踏板总自由行程标准为________________________，调整方法为________________________。

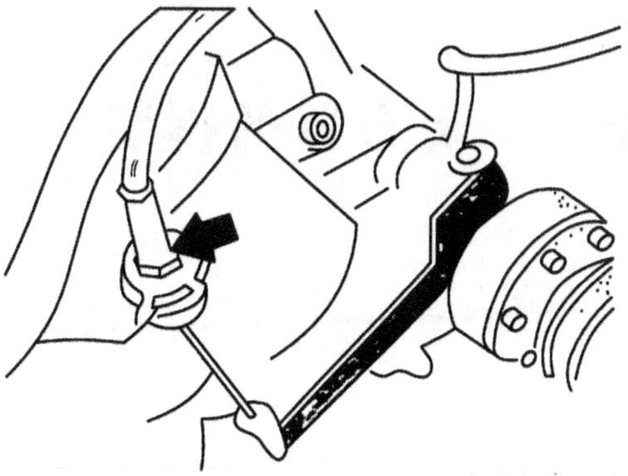

离合器踏板自由行程的调整

项目十三　机械式变速器的拆装　工作页

姓名________　班级________　学号________　日期________

工作 1

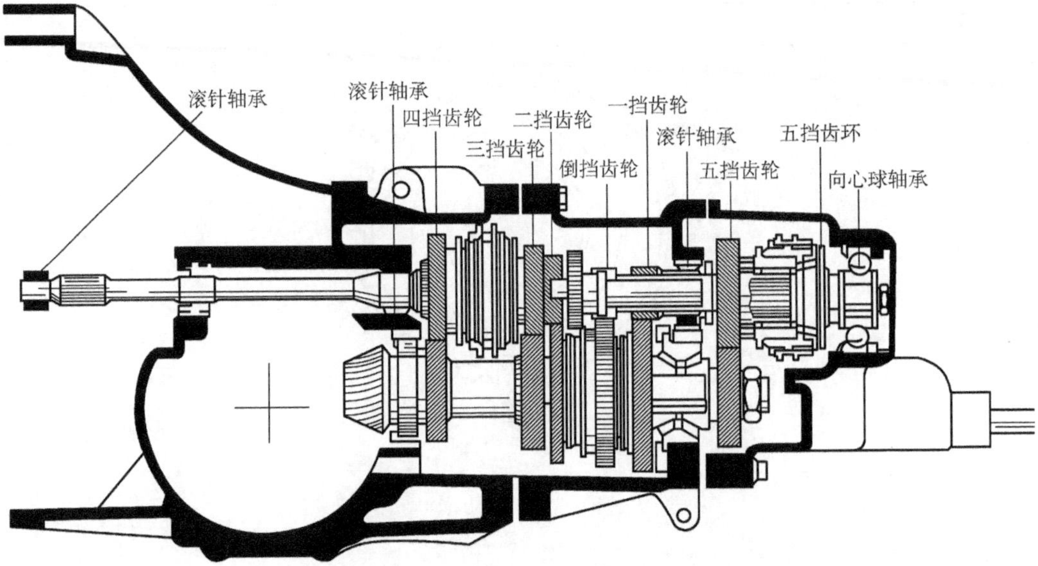

桑塔纳2000型乘用车5挡手动机械变速器的结构图

以上图为例说明此变速器的动力传递路线。

一挡：

二挡：

三挡：

四挡：

五挡：

倒车挡：

工作 2

组装同步器时，应注意什么问题？

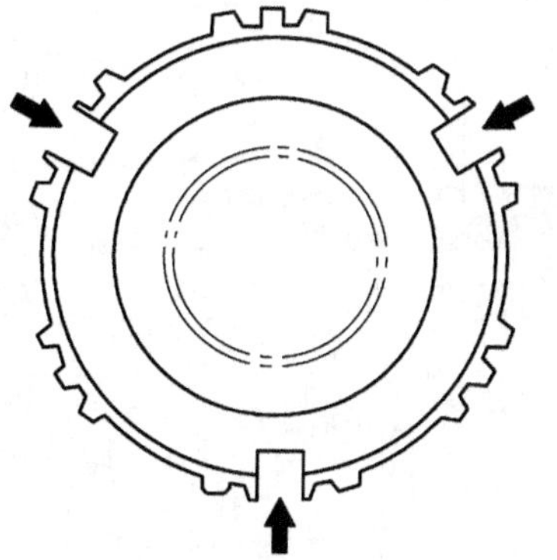

项目十四　驱动桥的拆装　工作页

姓名________　班级________　学号________　日期________

工作1：驱动桥的拆卸与分解

①在拆解主减速器与差速器时，应先在________________与________________上做好装配记号(注意：________________不能互换)。

②驱动桥的拆解过程分为哪几步？

____

____

____

____

工作2：驱动桥的装配与调整

①装配前各零部件应__________并用__________，确保__________。加工表面特别是________________不得有________________，各零件的________________、________________应预先涂以润滑油。

②在进行主、从动锥齿轮啮合间隙的调整之前，应先调整好________________。

③检查主、从动锥齿轮的啮合间隙时，应将________________，并按______________将差速器轴承盖螺栓或螺母拧紧。

④试述桑塔纳主减速器的主从动锥齿轮啮合印痕的检查方法。

____

____

____

⑤桑塔纳主减速器的调整项目有哪些？

____

____

项目十五　车轮与轮胎的拆装保养　工作页

姓名________　班级________　学号________　日期________

工作 1

写出下列技术标准。

①轮胎花纹深度________________________

②前轮气压________________________

③后轮气压________________________

工作 2

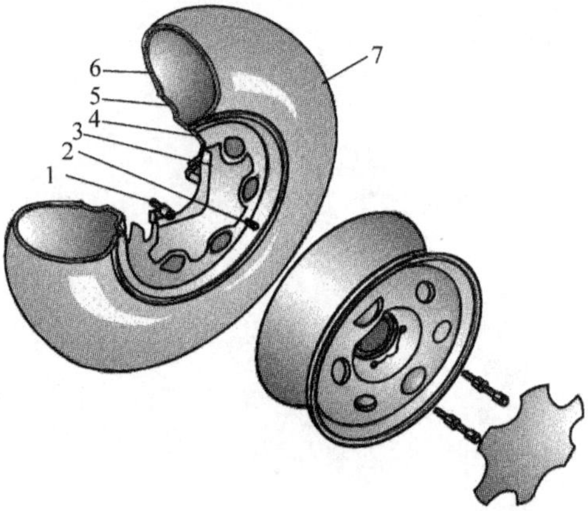

标出上图中的各部件名称。

1—________ 2—________ 3—________ 4—________ 5—________ 6—________

工作 3

①车轮轴承应进行哪些项目的检查？

____

____

____

②汽车轮胎检查项目有哪些？

____

____

____

____

项目十六　车轮定位参数的检测和调整　工作页

姓名________　班级________　学号________　日期________

技术标准：

车轮	项目	桑塔纳 LX 型轿车	桑塔纳 2000 型轿车
前轮	前束		
	车轮外倾角		
	主销后倾角		
	主销内倾角		
	左、右车轮外倾角允许差		
后轮	前束		
	车轮外倾角		

工作过程：

①如何进行前束的检测？

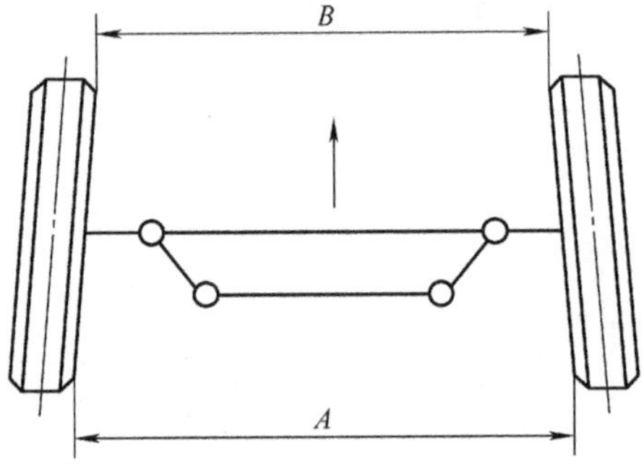

前轮前束示意图

②前束的调整

桑塔纳轿车：

上海桑塔纳轿车：

奥迪轿车：

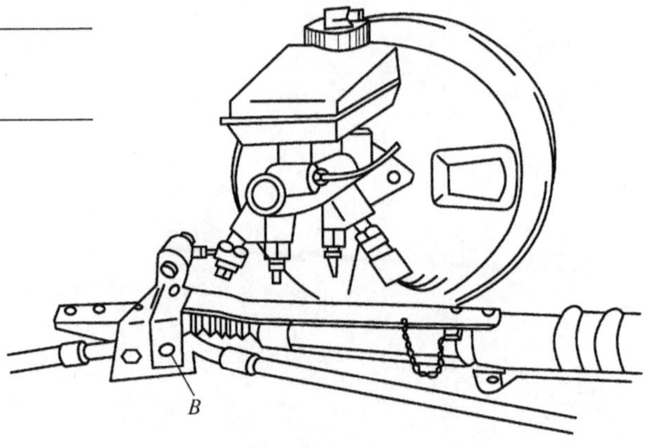

前轮的调整

项目十七　车轮与悬架的拆装　工作页

姓名________　班级________　学号________　日期________

1. 标出下图中各组成部分名称。

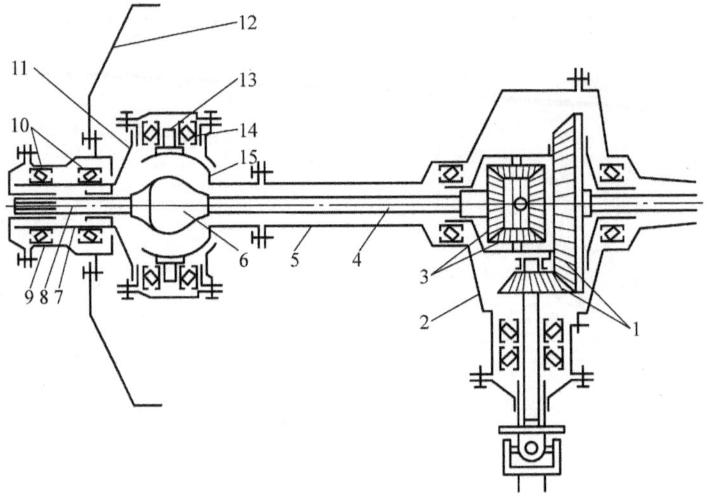

1—__________ 2—__________ 3—__________ 4—__________ 5—__________

6—__________ 7—__________ 8—__________ 9—__________ 10—__________

11—__________ 12—__________ 13—__________ 14—__________ 15—__________

2. 前轴的磨损。

①钢板弹簧座平面磨损大于__________，定位孔磨损大于__________，堆焊后加工修复或更换新件。

②主销承孔的磨损。承孔与主销的配合间隙：轿车不大于__________，载货汽车不大于__________。磨损超过极限，可采用__________法修复。

3. 转向节磨损的检修。

①转向节轴磨损的检修。轴颈与轴承的配合间隙：轴颈直径不大于 40 mm 时，配合间隙为__________；轴颈直径大于 40 mm 时，配合间隙为__________。转向节轴轴颈磨损超标后应更换新件。

②转向节轴锁止螺纹的检验。损伤不多于__________牙。锁止螺母只能用扳手拧入，若能用手拧入，说明螺纹中径磨损松旷，应予以修复或更换转向节。

③转向节上面锥孔的检验。与转向节臂等杆件配合的锥孔的磨损，应使用__________进行检验，其接触面积不得小于 70%，与锥孔配合的锥颈的推力端面沉

入锥孔的沉入量不得小于__________,否则更换转向节。

4. 拆装前悬架时应注意哪些问题?

____

____

____

____

____

____

项目十八　转向器的拆装　工作页

姓名________　班级________　学号________　日期________

准备工作

①什么是转向盘的自由行程？

---

②转向盘的自由行程产生的主要原因是：

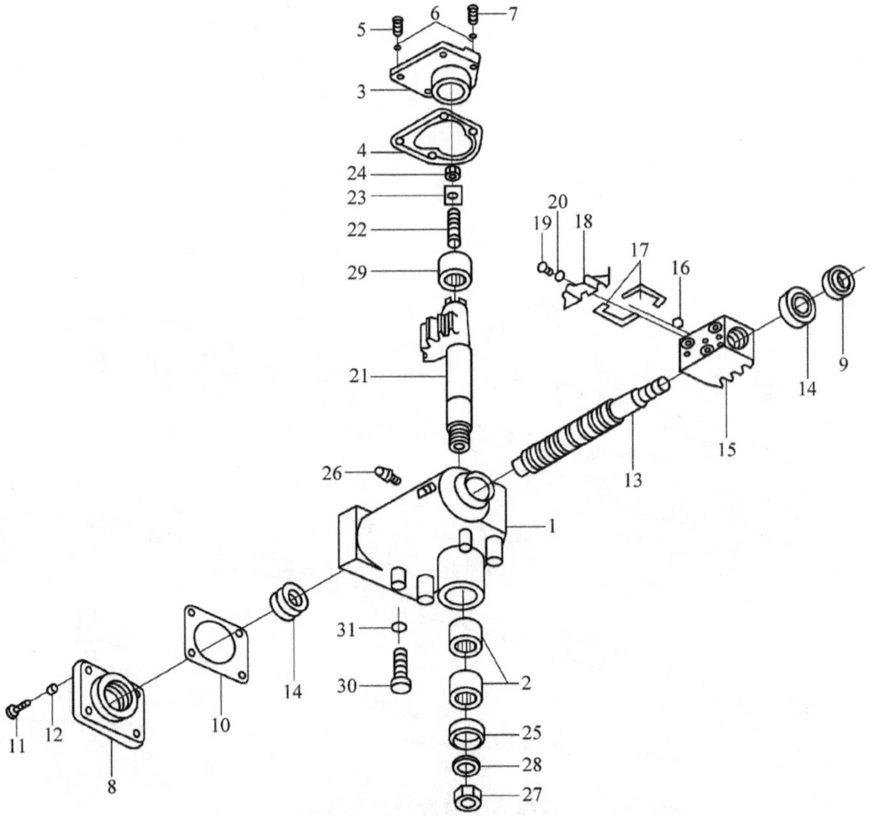

循环球式转向器分解图

1—外壳　2—滚针轴承　3—侧盖　4、10—垫片　5、7、11、30—螺栓　6、20、28、31—弹簧垫圈　8—底盖　9—油封总成　12—垫圈　13—转向螺杆　14—球轴承　15—转向螺母　16—钢球　17—钢球导管　18—导管夹　19—螺钉　21—转向臂轴　22—调整螺钉　23—调整垫圈　24、27—螺母　25—油封　26—通气塞　29—滚针轴承

③转向盘自由行程过大有什么影响?

____

工作 1:循环球式转向器的装配

①______________________________

②______________________________

③______________________________

④______________________________

⑤______________________________

⑥装配后螺杆应________,并无________的感觉。当用扭矩扳手或弹簧秤检查时,转向螺杆的转动力矩(不带螺杆油封时)应为________。

若力矩小于该值或感到有轴向间隙时,应________;若力矩过大,则应________。

工作 2:齿轮齿条式转向器的拆解

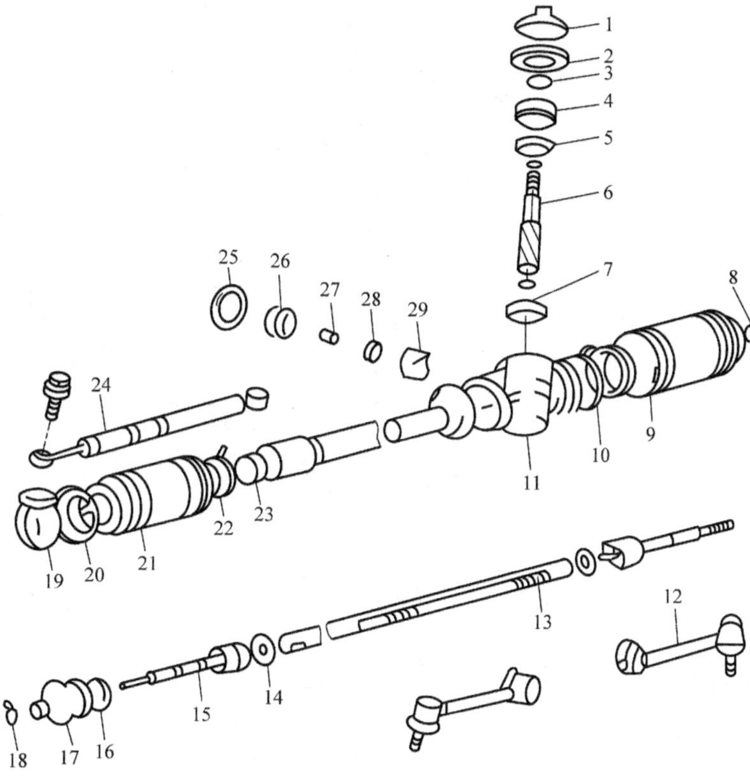

齿轮齿条转向器分解图

1、17、21—防尘套　2—锁紧螺母　3—油封　4—调整螺塞　5—上轴承　6—转向齿轮　7—下轴承　8、18—夹子　9—齿条防尘罩　10、22—箍带　11—齿条壳体　12—横拉杆　13—转向齿条　14—垫圈　15—齿条端头　16—固定环　19—减振器支架　20—防尘套罩圈　23—齿条衬套　24—转向减振器　25—螺母　26—调整螺塞　27—弹簧　28—隔环　29—齿条导块

①____

②____

③____

④____

⑤拆卸分解时，应先在________与________打上安装标记。

⑥抽出转向齿条时，应注意什么问题？

____

____

项目十九　鼓式车轮制动器的拆装　工作页

姓名________　班级________　学号________　日期________

工作 1：CA1092 凸轮张开鼓式制动器的拆装

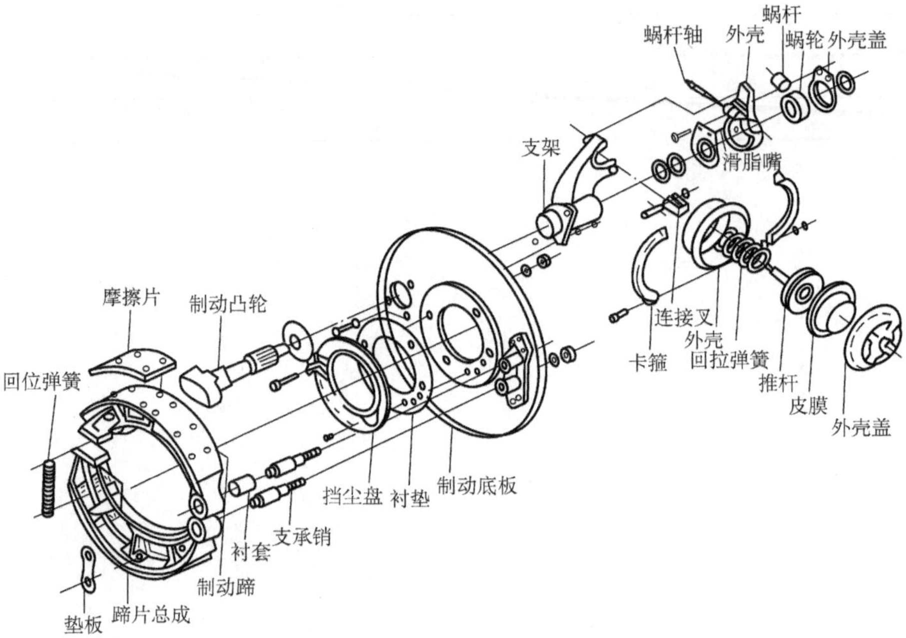

鼓式制动器分解图

①试述分析拆解步骤。

____

____

____

____

____

____

②装复过程中应注意：两制动蹄的位置____________，其上端面要与____________，支撑销端部的标记____________。

工作 2：CA1092 制动器的调整

其调整分为：________________和________________。

局部调整是在________________________________所进行的调整作业。

全面调整是在________________________________而进行的调整作业。

工作 3：桑塔纳后轮制动器的拆装

· 分析拆解步骤。

____

____

____

____

____

____

项目二十　盘式车轮制动器的拆装　工作页

姓名________　班级________　学号________　日期________

工作 1：制动器的拆解

①如何将制动钳活塞压回到制动钳壳体内？

____

____

____

____

②当需要检修活塞时，如何继续分解？

____

____

____

____

工作 2：制动器的装配

①安装密封圈和防尘套时应注意：带外密封唇边的防尘套应先用________将内密封唇边掀入________内，然后再用专业工具将活塞压入________内，将活塞装入________。

②制动器安装好之后，应进行__________，并使摩擦片能__________。即______________________________。

项目二十一　液压制动传动装置的拆装　工作页

姓名________　班级________　学号________　日期________

工作 1：制动主缸的拆装

(1)试述串联主缸的拆解步骤。

①________________________________

②________________________________

③________________________________

④________________________________

(2)主缸装配时应注意：所有零件在装合前，应用制动液或酒精________，疏通各________、________，并用________后，全部________________。

工作 2：制动轮缸的拆装

试述双活塞轮缸的拆解步骤。

①________________________________

②________________________________

③________________________________

④________________________________

⑤________________________________

⑥________________________________

工作 3：液压制动踏板自由行程的调整

(1)液压制动踏板自由行程是指____。

(2)检查踏板自由行程应在________的情况下进行。踩下________，直到________为止。踩下________，感觉________时，测量踏板自由行程。

工作 4：制动系统中空气的排除

(1)液压制动系统修复安装后，应加注____________并要排出____________，若不及时排出空气，将造成____________。常用的排出方法有____________和____________。

(2)人工排气过程中，必须随时检查____________，并不断____________。在加注制动液时应注意，由于各厂家生产的制动液化学成分不同，____________。

(3)叙述排除空气的人工法操作过程

____

ISBN 978-7-5618-3247-9
定价：33.00 元